中国法学会证券法学研究会2019年重点课题

智能投顾时代的崛起
——智能投顾法律问题研究

邢会强 等著

中国金融出版社

责任编辑：李　融　李林子
责任校对：李俊英
责任印制：张也男

图书在版编目（CIP）数据

智能投顾时代的崛起——智能投顾法律问题研究/邢会强等著. —北京：中国金融出版社，2020.3

ISBN 978 - 7 - 5220 - 0355 - 9

Ⅰ.①智…　Ⅱ.①邢…　Ⅲ.①投资—金融法—研究—中国　Ⅳ.①D922.280.4

中国版本图书馆CIP数据核字（2019）第269644号

智能投顾时代的崛起——智能投顾法律问题研究
Zhineng Tougu Shidai de Jueqi——Zhineng Tougu Falü Wenti Yanjiu

出版
发行　**中国金融出版社**

社址　北京市丰台区益泽路2号
市场开发部　　（010）63266347，63805472，63439533（传真）
网上书店　http://www.chinafph.com
　　　　　　（010）63286832，63365686（传真）
读者服务部　　（010）66070833，62568380
邮编　100071
经销　新华书店
印刷　保利达印务有限公司
尺寸　169毫米×239毫米
印张　23.5
字数　320千
版次　2020年3月第1版
印次　2020年3月第1次印刷
定价　72.00元
ISBN 978 - 7 - 5220 - 0355 - 9
如出现印装错误本社负责调换　联系电话（010）63263947

目录

引　言

国务院于2017年7月印发的《新一代人工智能发展规划》提出了我国新一代人工智能发展的战略目标，到2020年，我国人工智能总体技术和应用与世界先进水平同步，人工智能产业竞争力进入国际第一方阵；到2025年，我国人工智能基础理论实现重大突破，部分技术与应用达到世界领先水平；到2030年，我国人工智能理论、技术与应用总体达到世界领先水平，成为世界主要人工智能创新中心。

国际社会对我国人工智能的发展也非常关注。2017年2月4日，《纽约时报》发表《中国人工智能赶超美国不是梦话》一文，认为中国的研究人员和企业在人工智能领域正大幅跃进，美国在这一领域的垄断优势地位不再。7月15日，英国《经济学家》（The Economist）杂志发表了题为"算法王国"一文，该文在其网站发表时则以"中国可能在人工智能领域媲美甚至超过美国"为标题刊发。

无论我国的人工智能是否有意超越美国，我们都将在人工智能领域采取"弯道超车"战略，缩小与发达国家的差距。智能投资顾问、智能理财顾问、智能财富顾问（前者简称智能投顾，后两者简称智能财顾）是人工智能的一个应用场景。我国《新一代人工智能发展规划》则提出："创新智能金融产品和服务，发展金融新业态。鼓励金融行业应用智能客服、智能监控等技术和装备。"

目前正值我国人工智能发展的黄金时期。我国在市场资源、数据资源、场景应用、产品创新、政策驱动等方面都具有极大优势，机会难得，我国应抓住这一黄金机遇期，迎接挑战，加快发展，力图使我国在人工智能领域跻身于发达国家行列。

作为人工智能的重要应用领域，智能投顾也蕴藏着极大的发展潜力，是各国金融业发展的最新趋势，已成为各国金融竞争的重要领域。在未来，智能投顾的市场份额将越来越大。

在我国，传统的金融机构和新兴的互联网公司都在为蓄势待发的智能投顾市场做准备，有的甚至推出了自己所谓的智能投顾应用端。相较传统的投资顾问，智能投顾具有成本低廉、普惠包容、公开透明、理性客观等优势。但是，囿于相关法律法规的滞后和缺失，新兴的互联网公司在发展智能投顾方面还存在着一定的法律障碍，这在一定程度上影响甚至阻碍了智能投顾市场的发展。

基于此，本报告将对智能投顾的法律规制问题进行研究，以期为立法部门和监管部门提供决策参考。本报告研究的重要法律问题包括但不限于智能投顾的市场准入法律问题、智能投顾的算法监管法律问题、智能投顾的信息披露、智能投顾的义务和责任等。

第一章　智能投顾的出现与发展

一、智能投顾在全球的发展历程与现状

由于2008年国际金融危机后美国证券市场波动加剧，投资者逐渐接受交易所交易基金（ETF）被动化指数产品，同时ETF的费率也比共同基金低，导致大量资金转向ETF投资，ETF基金的发展为财富管理的升级优化奠定了基础。随着科技的不断进步和个人投资者需求的演变，智能投顾得以快速发展[①]。

咨询公司艾特集团（Aite Group）的报告显示，美国的智能投顾市场从2010年的51只产品、20亿美元的管理资产，迅速增长到2017年的2000多只产品、1400亿美元的管理资产。如果将视野扩展到全球，BI Intelligence的一份报告预测，到2020年，智能投顾将占据全球10%的财富管理市场。这就意味着，届时全世界将有8万亿美元的资金会交给机器人去打理[②]。

---

① 姜海燕：《机器人投顾领跑资管创新》，载《清华金融评论》，2016（12）。
② 郑毓栋：《智能投顾正在进入2.0时代》，载《清华金融评论》，2017（7）。

美国是智能投顾的领跑者。2008年是智能投顾元年。智能投顾体系最早由几家硅谷金融技术初创公司如Wealth Front、贝特曼（Betterment）、Personal Capital设立。Betterment和Personal Capital的成立标志着智能投顾模式的开启，作为智能投顾行业的领头羊，Betterment和Personal Capital以不同的策略占领了大部分市场，规模也有着惊人的增长。从2016年3月到2017年6月，Betterment管理的资产规模也从39亿美元增长到91亿美元，Wealth Front也从30亿美元增长到67亿美元。随着智能投顾市场的不断增长和独立创新平台的快速发展，传统金融机构也纷纷通过自主研发、收购、与初创公司合作等方式搭建其智能投顾平台。2015年5月，嘉信理财上线智能投资组合服务。在之后不到三个月时间里，吸引了24亿美元投资和3.3万多名客户。2015年8月，全球最大的资产管理公司贝莱德（BlackRock）收购了机器人投顾初创公司FutureAdvisor。2016年3月，高盛收购线上退休账户理财平台HonestDollar；摩根（JP Morgan）积极投资莫提（Motif），富国基金（Fidelity）则与贝特曼展开战略合作[①]。世界知名咨询公司科尔尼（A.T. Kearney）预测，美国智能投顾行业的资产管理规模将从2016年的3000亿美元增长至2020年的2.2万亿美元，年均复合增长率将达到68%[②]。

在英国，在线投资咨询公司Nutmeg于2011年正式成立，以智能投顾的算法和模型制定风险资产组合为基础，提供风险等级从"谨慎"到"高风险"不等的十多种理财产品，将资产投资至不同的国家和地区，以充分实现分散风险。此外，在Nutmeg注册开户十分便捷且服务费用低廉，只需投资500英镑便可享受Nutmeg提供的投资组合管理服务。2016年11月，Nutmeg获得了3000万英镑的融资，其融资数额创欧洲在线财富管理公司融资数额之最。同年12月，其又获得1200万英镑

---

① 周正：《境内外智能投顾业务模式对比》，载《银行家》，2017（12）。
② 肖飒：《证券类"智能投顾"的本质与困局》，载《证券时报》，2016-05-21。

的D轮融资。

在澳大利亚，线上投资顾问和基金管理公司Stock Spot于2014年成立，其拥有一套独特的算法，用以评估用户的财务状况、投资目标以及风险承受力，并基于算法的评估结果向用户提供投资建议，通过组合投资的方式帮助用户规避风险，以获得投资收益。澳大利亚证券和投资委员会（ASIC）于2016年8月30日公布了一份针对智能投顾的监管指南，其中使用了"数字顾问"（Digital Advice）一词，指在没有传统的人类投资顾问的参与下，运用算法技术为用户提供自动化金融产品顾问服务，包括范围比较小的一般顾问服务以及根据个性化投资需求和特点提供的个性化顾问服务[1]。

在新加坡，由瑞士信贷亚洲和太平洋地区私人银行部门的最高负责人和投资咨询部门高管合作创立的Dragon Wealth公司于2013年成立。该公司利用手机移动应用程序提供在线资产管理服务。并与大数据及整体解决方案（Crowd Solution）供应商建立了战略合作关系，进行信息收集和分析。Dragon Wealth公司的最大特点是向客户提供与客户投资倾向和资产规模类似的同类组（peer group）的投资分析报告。通过搜集同等收入群体的投资动向、会员的投资组合策略以及各种网络上的外部公开信息，为客户提供信息整合后的投资组合建议。Dragon Wealth从平台会员中收取的手续费为每月25美元。值得注意的是，平台上的信息大部分由客户主动提供或更新，而且平台从多数会员手中获取信息后能设计出吸引更多会员的产品。当然，这种经营模式在运营早期需要具备一定规模的会员数量，这是其成功的关键[2]。

---

[1] 李晴：《互联网证券智能化方向：智能投顾的法律关系、风险与监管》，载《上海金融》，2016（11）。
[2] 姜海燕、吴长凤：《智能投顾的发展现状及监管建议》，载《证券市场导报》，2016（12）。

在韩国，近年来，各大证券公司争相开发智能投顾产品。截至2015年4月30日，已有三星证券等10个证券公司、KB银行等6个银行推出三星PoP机器人投顾、Quarterback、QV 机器人会计、i-ROBOα等在内的14个智能投顾系统。以现代证券为例，2015年2月通过整合价值系统与投资咨询业务，现代证券推出了智能投顾产品，目标是基于算法进行资产管理，为客户带来稳定收益。该业务主要是通过大数据和计算机运算，为客户提供与客户特点及投资目标相符的资产配置建议及操作服务。在2016年1月发布的韩国总统工作报告中，韩国政府就已经提出"关于活跃智能投顾的方案"，如放宽面对面签订合同规定，允许通过建立完善的设备以电子方式交付合同；坚持推进具备有效性、适应性的计算机程序代替专业人员；引进咨询与销售相结合的"一站式"（one stop）服务，支持投资者购买金融产品等，以期切实加强金融创新力度。为了与使用智能投顾服务的客户进行有效沟通，韩国业界正在研究建立实时非面对面交流的咨询中心（Help Desk）等推进方案①。

近年来，全球智能投顾发展模式主要呈现以下四大趋势。

第一，目标客户从C端转向B端。由于C端获客成本高、缺乏数据、监管趋严，越来越多的智能投顾公司将目标客户转向B端。

第二，从全线上模式转向人工介入的混合（Hybrid）模式。为了提高服务质量，许多智能投顾公司选择混合模式，它既包括投资组合的自动化管理，同时还配备一个真人财务顾问。根据川财证券研究报告，人工和机器的混合模式将成为智能投顾的主流。传统资产管理公司基本都采用智能投顾和理财师人工服务结合的混合模式，尤其是对于超高净值和高净值客户来说，智能投顾是一种服务的补充，而不是

---

① 姜海燕、吴长凤：《智能投顾的发展现状及监管建议》，载《证券市场导报》，2016（12）。

完全替代理财师和投资经理。从长远发展来看，从事资产管理业务的公司想要做大资产管理规模，必须要满足高净值客户的差异化需求。先锋个人顾问服务公司（Vanguard Personal Advisor Services）是目前市场上规模最大的智能投顾服务机构之一，它采取混合模式，能够不限次数地使用财务顾问（CFP）。客户如果投资超过50万美元，就可以享受专业的财务顾问服务。财务顾问贯穿服务多流程，包括理财师辅助完成KYC（了解你的客户），生成报告后提供后续服务，通过电话视频等线上方式进行再调整。

第三，开展人工投顾业务。许多智能投顾公司在智能投顾业务发展相对成熟时，开始选择提供人工传统投资顾问服务，满足更多客户需求。英国知名智能投顾公司攀登资本（Scalable Capital），主要为全球（除中国、美国外等个别国家）净资产在1万~50万英镑、月收入在1500~10000英镑的人群提供投资管理服务，2018年1月该公司宣布向投资者提供人工智能传统投资顾问服务。

第四，降低费率，规模较小的智能投顾平台选择免除全部管理费。智能投顾公司主打低费率，目前，国外多家智能投顾公司都降低了管理费或咨询服务费①。

二、智能投顾与传统投顾的比较

（一）传统投顾的不足

在传统投顾模式下，公司会根据客户的投资风格偏好、风险承受能力和预期收益水平，提供包括资产管理、信托、税务、保险和房地产咨询在内的多种服务，主要服务对象是高净值客户，且多以一对一

---

① 薄纯敏：《银行理财产品VS智能投顾——全球智能投顾现状（中篇）》，2018-03-30，http://www.weiyangx.com/282534.html，2018-04-08。

的模式为主，这就使传统投顾存在业务受众面窄、投资门槛高、知识结构单一等问题。实际上，传统投顾虽然仍占据市场主流地位，但其问题早已暴露：一是覆盖的用户有限，管理收费较高，主要面对小部分的机构投资者或高净值客户，且需花费大量时间为大客户定制专业报告，而后者往往没有时间或耐心研读报告。二是资源配置效率低，获客成本较高。三是理财顾问能力参差不齐，知识结构单一，很多所谓的传统投顾专业知识并不扎实，有时会被资深投资人问得无言以对。四是传统投顾服务有较高的道德风险，难以做到客观公正。由于薪资和理财产品销售业绩直接挂钩，大部分理财经理不希望客户长线持有单一的理财产品，以免其佣金收入下降。在这样的背景下，具备投资门槛低、管理费用少、客观公正且服务面广的智能投顾应运而生①。

（二）智能投顾相比于传统投顾的优势

目前，智能投顾平台用户进行投资的流程大致相同，可以分为风险测评、获得投资方案、连接账户、进行投资、更新方案、完成投资六大步骤。相较传统投顾而言，智能投顾优势明显。

第一，投资门槛低。传统上的投资顾问主要为高净值人士、私人银行客户等富人提供服务，服务对象有限。而智能投顾将投资门槛降低至几百元到几千元不等，彻底释放了长尾市场的潜在发展空间。这种低门槛且费用低廉的智能投顾具有良好的发展前景，它是对普惠金融理念的践行。

第二，管理费用低。在美国，传统财富管理公司不仅有最低投资额度要求，还对管理账户收取63~170个基点的管理费用，而美国智能

---

① 第一财经：《中国智能投顾行业现状分析》，2016-09-12，http：//www.weiyangx.com/206106.html，2018-04-09。

投顾平台以ETF为主要投资标的的产品组合设计，最多可以为投资者省下155个基点的管理费。[①]在英国，传统投顾的账户管理费都在管理资产市值的1%以上，而智能投顾依托于大数据抓取和云计算技术，节省了人工成本，管理费一般都在1%以下，有的甚至低至0.25%~0.5%，且随着客户的增多边际成本降低。

第三，公开透明。机器人会挑选最适合投资人的投资组合，不会因个人业绩而破坏投资者的利益。

第四，算法先进，避免非理性因素。相对于传统投顾，智能投顾可以永远保持冷静，并拥有更快速的反应和更强大的数据处理能力。智能投顾系统通过多层神经网络不间断采集重要的经济数据指标、影响投资的因素等，不断进行学习，通过对系统自身的交易策略的探索与历史数据的分析，在相互博弈中得到最优交易策略，大大提升策略表现。利用先进的自动化算法为客户进行资产组合，较之传统投顾更为公正，不会因为人为逐利等因素误导客户操作，同时智能投顾固定的阈值设置可以在投资达到止盈、止损值时自动操作，减轻了人工干预的非理性因素，帮助投资者战胜人性的弱点[②]。

第五，有助于培养投资者的正确投资理念。目前我国散户投资者占据金融市场的主导地位，相较于机构投资者，散户投资者喜好"快进快出"，根据市场上流传的非官方消息跟风操作，产生"羊群效应"，满足于短期的利益一般不进行长期稳健的投资。面向普通投资者的智能投顾投资组合包含各种算法，可以利用大数据为投资者定制个性化投资方案，并辅助持续追踪平衡资产，有助于逐步培养投资者

① 李莹：《智能投顾的制度建设》，载《中国金融》，2017（16）。
② 杨望、董羽翀：《资管新风向：智能投顾在中国的崛起》，载《金融博览》，2017（4）。

的理性投资理念和正确的风险管理意识[①]。

三、智能投顾与量化投资、程序化交易的关系

量化投资（Quantitative Investment）或量化交易（Quantitative Trading），是指以先进的数学模型替代人为的主观判断，利用计算机技术从庞大的历史数据中海选出能带来超额收益的多种"大概率"事件以制定策略，极大地减少了投资者情绪波动的影响，避免在市场极度狂热或悲观的情况下作出非理性的投资决策。量化投资以计算机作为工具，通过一套固定的逻辑来分析、判断和决策，但量化策略既可以自动执行，也可以人工执行。量化投资的对立面是定性投资。量化投资区别于定性投资的鲜明特征就是模型。定性投资和定量投资的具体做法的差异如同中医和西医的差异。定性投资更像中医，更多地依靠经验和感觉判断病在哪里；定量投资更像是西医，依靠模型判断，模型对于定量投资基金经理的作用就像CT机对于医生的作用。

程序化交易（Program Trading）是指通过既定程序或特定软件，自动生成或执行交易指令的交易行为和技术[②]。程序化交易强调的是计算机程序自动下单的交易方式。

智能投顾的核心是算法设计，包括证券投资组合理论、组合优化、技术分析、模式识别等机器学习和人工智能系统的理论或方法。

智能投顾在资产端离不开量化投资，它与量化投资的主要区别在于客户端，智能投顾的客户端具有个性化和多样性的特征。

---

① 刘雅琨：《金融科技视阈下我国智能投顾监管制度的构建》，载《浙江金融》，2017（12）。
② 这参考了中国证监会《证券期货市场程序化交易管理办法（征求意见稿）》（2015年10月）第2条的定义，但增加了其技术属性。

　　智能投顾的服务层次如果延伸到交易层面，在投资组合建立和风险控制环节，均会涉及程序化交易。比如在满足止损规则的情况下，投资者可以选择智能自动下单交易[①]，即智能投顾在具有完全受托管理客户资产的前提下，可以通过程序化交易来执行资产组合的交易和再平衡交易。但并不是所有的智能投顾都是程序化交易的。据克雷迪奥（Credio）统计，在美国智能投顾中，可自我执行的交易（Self-Executed Trades）占20%，自然人顾问执行的交易（Advisor-Executed Trades）占30%，完全自动化执行的交易（Fully Automated Platform）占50%。[②]这就是说，程序化交易仅占智能投顾的半数。

　　由此可见，智能投顾与量化投资、程序化交易具有一定的交叉关系，但其含义是不同的。

---

① 姜海燕、吴长凤：《智能投顾的发展现状及监管建议》，载《证券市场导报》，2016（12）。
② 姜海燕、吴长凤：《智能投顾的发展现状及监管建议》，载《证券市场导报》2016（12）。

第二章　境外智能投顾的业务模式与法律规制

一、美国智能投顾的业务模式与法律规制

（一）美国智能投顾的业务模式——以Wealthfront和Betterment为例

1. Wealthfront业务模式分析

Wealthfront在2008年成立之初是一家共同基金分析公司，2011年更名为Wealthfront并转型为现在的业务模式，截至2017年8月底，其已经拥有超过70亿美元的管理资产。

（1）投资理念

Wealthfront的基本思想是根据客户的风险承受能力创建一个投资组合，投资过程是基于现代投资组合理论（MPT），投资于与个人风险承受能力相匹配的ETF资产配置。投资理念以被动投资和长期投资为主，基于客户设定的目标，比如储蓄、退休、上大学等计划，通过

投资各种各样的资产，降低共同风险，获得长期稳定回报。通过自动化的程序完成操作，最大程度地降低成本与费用，可以让初学者轻松完成投资，目标是最大限度地提高回报，同时将风险降至最低，投资以交易所交易基金（ETF）的形式持有，ETF通过指数投资拥有部分股票和债券。Wealthfront为美国证券交易委员会注册的经纪商、美国金融业监管局（FINRA）的成员，同时也是美国证券投资者保护公司（SIPC）的成员，SIPC向在清算程序中对破产证券公司有正当请求权的受损害的客户提供预付的赔偿金，但预付的金额限制在每个客户50万美元，其中基于现金的请求权（与证券的请求权相对），则限制在25万美元。

（2）投资账户及费用

投资账户类型包括个人退休账户（包括传统的IRA、Roth IRA、Rollover IRA、SEP IRA、401k）、应纳税账户、联合和信托投资账户。账户开户的最低金额限度为500美元。Wealthfront对所有账户统一收取0.25%的年费，并且推出了10000美元以内免去管理费用的活动，同时若分享链接邀请好友，将获得额外5000美元的免费额度。

（3）税收亏损收割（Tax-loss harvesting）

税收亏损收割，是指卖出投资者亏损的资产，抵免一部分资本利得税，同时买入其他类似资产。

由于基金资本收益，特别是短期收益的风险很小，提供了自然的税收优势。同时利用市场动向捕捉投资损失，当投资组合中的ETF价值下跌时，如果亏损达到模型确定的某些阈值，则智能投顾会将该ETF基金出售，用户可以利用这些损失抵消普通收入或投资收益，从而降低整体税收，进行税收亏损收割。

更重要的是，当在亏损的情况下出售ETF时，智能投顾会将其替换为另一个高度相关的ETF，从而在避免"洗售规则"（washsale rule）①影响的同时，保证了客户投资组合的风险和回报率没有变化。这些减税收获可以再投资，以进一步增加投资组合的价值。

Wealthfront提供税收亏损收割服务，没有最低开户金额要求。Wealthfront对于10万~50万美元的应纳税账户，会提供直接指数投资（Direct indexing）功能，该功能是一种增强的税收亏损收割形式，可以查看个别股票的变动，不是使用单一ETF或指数基金投资于美国股票，而是从标准普尔500指数（S&P500 Index）购买多达500只个人股票，从而能够利用个股流动所带来的无数次机会来进一步提高客户的投资表现，获得更多的税收损失并进一步降低税收成本。Wealthfront的研究表明，这项功能可以将客户投资组合的年度税后投资回报增加2%以上。

Wealthfront的客户定位较为明确，受到硅谷科技爱好者的广泛喜爱，公司产品特色突出税收优惠的特点，并有针对性地为硅谷从业者以及潜在大学生群体开发设计相应的理财产品，在产品创新方面持续发力②。

对于50万美元以上的应纳税账户，Wealthfront将会提供高级指数投资（Advanced indexing）功能，也被称为智能测试（Smart beta）功能，旨在通过更加智能地加权投资组合中的证券，来提高客户的预期回报。大多数指数基金（如标准普尔500指数基金）是按照各公司市值的比例对基金中的股票进行加权，换句话说，公司规模越大，基金的投

---

① 这里的"洗售"属于美国税法上的"洗售"，它不同于证券法上的"洗售"。美国税法上的"洗售"（wash sale）是指在30天之内卖出再买进同一个投资来制造"亏损"。美国国税局规定，在某些情况下，出售股票或证券出现的亏损是不能抵税的。具体地说，如果纳税人在30天之内（在购买日的30天前或30天之后），反复出售或购买一只相同的股票，任何亏损都不被认可，这样的交易被视为洗售（Wash sale）。

② 徐宝成：《智能投顾 美国先行》，载《金融博览（财富）》，2017（8）。

资越多。而高级指数投资还会考量数十年的关于使用因素研究来追踪股票的表现，使用多种因素模型来确定投资组合中股票的权重。除市值外，它还分析了其他五个因素：价值、变量、股息收益率、市场贝塔值和波动率。

（4）投资组合

Wealthfront将资金投资于10只ETF进行投资组合建议，具体如下。

股票

类别	ETF	代码
美国	先锋全美股票市场	VTI
股息	先锋股利增值	VIG
国外	先锋富时指数（发达市场）	VEA
新兴市场	先锋富时指数（新兴市场）	VWO

债券

类别	ETF	代码
美国抗通膨债券	嘉信美国抗通膨债券	SCHP
市政	安硕标普美国最低税负豁免市政债券	MUB
公司	安硕公司债券	LQD
新兴市场	安硕JP摩根新兴市场美元债券	EMB

衍生品

类别	ETF	代码
不动产	先锋不动产投资信托基金	VNQ
自然资源	SPDR能源类股	XLE

投资资产的类别分为股票、债券和通胀资产三大类。股票虽然波动性高，但能够让投资者接受经济增长的风险，并为长期资本收益提供机会，但其税率和股票分红收益相对较高。股票组合主要包

括美国股票（US）代表美国公司的所有权份额。国外发达市场股票（Foreign）代表总部位于欧洲、澳大利亚和日本等发达经济体的公司的所有权份额。新兴市场股票（Emerging market）代表巴西、中国、印度、南非等发展中经济体的公司的所有权份额。股息增长股票（Divident）代表美国公司的所有权份额，在过去十年或更多年内每年都增加派息。

债券和债券类证券是最重要的创收资产类别。虽然债券的回报预期较低，但由于其波动率较低且与股票相关性较低，因此它们在经济动荡期间为股票投资组合提供了缓冲。大部分债券税率低，因为债券利息收入按照普通税率征税，但免税市政债券除外。债券组合主要包括美国政府债券，其收益稳定，历史波动较小，与股票相关性较低。目前美国政府债券的收益率达历史最低，由于目前由美联储管理的低利率政策，预计其实际回报率相对较低。公司债券是美国公司发行的债券，具有投资级信用评级，用于资助商业活动。由于其具有较高的信用风险，流动性不足和可接受性较低，公司债券的收益率高于美国政府债券。新兴市场债券是来自新兴市场国家的政府和准政府组织发行的债券。它们的收益率高于发达市场债券。市政债券是由美国州和地方政府发行的债券。与大多数其他债券不同，市政债券的利息免除联邦所得税，为个人投资者提供高税率的税收方式，以获得收入、低历史波动和实现多元化。

在适度和高通胀环境下保护投资者免受通胀影响的资产包括通胀保值证券（TIPS）、房地产和自然资源。它们的价格往往与通货膨胀高度相关。美国通胀保值证券是由美国联邦政府发行的通胀指数债券。与名义债券不同，TIPS的本金和息票是根据消费者价格指数（CPI）定期调整的。尽管TIPS目前收益率处于历史低位，但它们的通胀指数特征和低历史波动性使其成为唯一能够为投资者提供创收和通胀保护的资产类别。

Wealthfront还提供房地产和自然资源这两种基金。房地产通过公开交易的美国房地产投资信托基金（REITs）获得，该基金拥有商业物业、公寓综合体和零售空间。它们将红利作为分红支付给投资者。房地产投资信托提供收入，具有通货膨胀保护和分散投资的好处。自然资源反映能源价格（如天然气和原油）。自然资源提供通货膨胀保护和分散投资。由于长期资本收益和股票分红享受优惠的税收待遇，通过交易所交易产品投资自然资源也相对具有税收效率。

（5）529大学储蓄计划（529 College Savings）

529计划是一个专门为积攒大学学费而设计的账户，可以用它来支付高等教育费用，其中包括学费、食宿费和书本费。像退休账户一样，529计划具有税收优势，可帮助客户节省更多资金，并通过Path应用程序对孩子的大学教育路径进行规划。

（6）小额信贷功能

对于超过10万美元的账户，可以使用Wealthfront的轻松借用功能，从而获得一笔小额信贷额度，贷款利率为4%~5.25%。请求现金需要30秒，客户可以在1个工作日内获得，并通过手机完成。没有任何额外费用和信用审批，只需要支付借入金额的利息。

（7）风险平价功能（Risk Parity）

Wealthfront的最新服务仅适用于高净值和机构投资者策略的风险平价基金。风险平价寻求平衡投资组合中每个资产类别的风险贡献，然后应用杠杆将投资组合的风险调整为预期的年度波动率。该服务的目标是解决智能投顾中几乎不存在的下行风险保护问题。Risk Parity使用共同基金来执行此操作，并且仅适用于10万美元及以上的应纳税账户。

2. Betterment业务模式分析

Betterment同样成立于2008年，最初是使用Java应用程序和MySQL

数据库构建的第一个在线平台，2017年7月，Betterment宣布管理资产超过100亿美元。Betterment的投资思路基本与Wealthfront相同，也是美国证券交易委员会注册的经纪商、FINRA和SIPC的成员。

（1）投资账户及费用

Betterment没有最低开户金额限制，账户类型基本与Wealthfront相同。Betterment有两种收费模式，一种是普遍的收费模式（Digital），0.25%的年费，如果投资超过200万美元，则超出的部分无须支付额外的费用。并且Betterment推出了新用户免管理费用的活动，具体为在注册后的45天内存入至少15000美元的资金，可免1个月管理费，在注册后的45天内存入至少10万美元的账户注入资金，可免6个月管理费，在注册后的45天内存入至少25万美元的资金，可免一年的管理费。

还有另外一种高级收费模式（Premium），年费为0.4%，最低存款限额为10万美元，在普通模式的基础上添加了人力顾问组件，提供更多的服务选项，比如针对个股、401k账户和房地产提供更深入的建议，以及专业人士不受限制的指导。

（2）税收亏损收割

Betterment推出了税务协调组合服务（Tax-coordinated portfolio）。最初，Betterment需要投入超过1万美元或5万美元才可以获得该服务，现在已经没有了最低存款金额的限制。税务协调组合可以优化和自动实施一项名为资产定位（Asset location）的策略。它首先将客户的资产置于税收优惠税率较高的IRA账户（递延税和免税账户）中，然后再将低税资产置于客户的应纳税账户中。从而分配客户的投资，最大限度地提高智能投顾持有的纳税递延和应税账户之间的税收效率。Betterment研究表明，这一策略可以使税后回报率每年平均提高0.48%，30年后大约增加15%。同时，还可以通过相关服务，将配偶的账户进行税收亏损收割，以最大限度地提高税务效率。

（3）投资组合

当客户首次注册Betterment时，智能投顾会向客户提出十几个有关客户投资需求的问题，然后根据答案设置风险承受能力。同时还提供了一个滑动条，可让客户对投资组合中的分配进行一些控制。

Betterment将资金投资于13只ETF，包括6只股票基金和7只债券基金。除了核心产品投资组合外，Betterment还提供以下产品，可以由客户从中选择或者创建客户自己的策略，但所有策略都可以定制到所需的风险等级，具体如下。

股票

类别	ETF	代码
大盘股	先锋全美股票市场	VTV
中盘股	先锋中型价值股	VOE
小盘股	先锋小型价值股	VBR
国外	先锋富时指数（发达市场）	VEA
新兴市场	先锋富时指数（新兴市场）	VWO
社会责任	安硕 MSCI KLD 400 社会指数	KLD

债券

类别	ETF	代码
美国抗通膨债券	先锋短期抗通膨债券	VTIP
市政	安硕标普美国最低税负豁免市政债务	MUB
公司	安硕公司债券	LQD
新兴市场	先锋新兴市场政策债券	VWOB
国外	先锋全球债券	BNDX
美国短期	先锋短期美国公债	SHV
全美	先锋全美债券市场	BND

①贝莱德（BlackRock）目标收益投资组合，100%债券组合，收益率不同。规避股市的涨跌。该投资组合适用于退休人员或希望投资于低风险投资组合的投资者，期望从收入中获得更多回报，而不是资本增值，限制股票市场波动风险。

②高盛智能Beta投资组合，多元化投资组合策略，使用某些试图超越传统市值策略的因素。此智能投资组合旨在通过承担额外的系统性风险来实现更高的回报。寻求像传统的市场加权策略一样保持税收效率和低成本。

③社会责任投资（SRI）组合，基于Betterment投资组合策略，增加符合特定社会、环境和治理标准的公司股票的权重。有助于表达对社会影响的投资偏好，客户的核心投资组合可以调整，以代表倾向于对社会负责任的投资。

（4）添加更多人工组件

用户可以通过Betterment的应用程序与金融专家交谈，有财务问题时可以发送消息给Betterment应用程序内的财务专家。此功能适用于所有Betterment用户。如额外付费，即上文中提到的Premium计划，支付0.4%的费用，可以与财务顾问交谈，他们可以帮助客户管理退休计划或其他外部账户。

（5）慈善捐赠功能

Betterment允许投资者直接从本人账户向选择的慈善机构捐赠股票。这可以帮助客户节省税金，不必向捐赠的股票支付资本收益税。

3.Wealthfront与Betterment之比较

（1）两家公司的相同之处

第一，理论依据相同。两家公司背后的基本思想都是根据客户的风险承受能力创建一个投资组合,投资过程是基于现代投资组合理论,投资于与个人风险承受能力相匹配的ETF资产配置。投资理念以被动投资和长期投资为主,基于客户设定的目标,比如储蓄、退休、上大学等计划,通过投资各种各样的资产,降低共同风险,获得长期稳定回报。通过自动化的程序完成操作,最大程度地降低成本与费用,可以让初学者轻松完成投资,目标是最大限度地提高回报,同时将风险降至最低。

第二,法律地位相同。两者均为美国证券交易委员会注册的经纪商、FINRA 和美国证券投资者保护公司的成员。

第三,投资账户类型相同。都是个人退休账户(包括传统的IRA、Roth IRA、Rollover IRA、SEP IRA、401k)、应纳税账户、联合和信托投资账户。

第四,在税收亏损收割方面,两家公司每天都进行税收亏损的平衡,最大程度地进行节税。

第五,都能自动重新平衡。如果出现与期望的风险目标等不一致的情况,程序会随时自动重新平衡客户的投资组合,以达到应有的风险水平。

第六,均具有社会责任投资功能。允许客户将自身价值观念通过社会责任投资(SRI)表达,但其实施SRI的具体方式略有不同。

(2)两家公司的不同之处

第一,Betterment属于混合型智能投顾,而Wealthfront则属于全线上智能投顾。此外,Betterment的附属功能更多。

第二,在投资组合方面,Betterment将资金投资于13只ETF,包括6只股票基金和7只债券基金。Wealthfront将资金投资于10只ETF,并进行投资组合建议。另外，除了核心产品投资组合外，Betterment还提供其他组合，可以由客户从中选择或者创建客户自己的策略。

第三，在最低投资门槛方面，Betterment没有最低投资门槛，Wealthfront的最低投资门槛为500美元。

第四，在费用方面，两家公司的收费机制略有不同。Betterment有两种收费模式，一种是普遍的收费模式，即按照0.25%费率收取年费，如果投资超过200万美元，则超出的部分无须支付额外的费用。另一种是高级收费模式，年费为0.4%，最低投资门槛为10万美元，其在普通模式的基础上添加了人力顾问组件，提供更多的服务选项。Wealthfront对于所有账户统一收取0.25%的年费，并且推出了10000美元以内免管理费用的活动，同时若分享链接邀请好友，将获得额外5000美元的免费额度。

（二）美国智能投顾的法律规制

1.《1940年投资顾问法》（*Investment Advisers Act of 1940*）

《1940年投资顾问法》（IAA）于1940年获得通过，旨在监督那些向客户提供的收费投资咨询。1935年的《公共事业控股公司法》推动了《1940年投资顾问法》的出台，《公共事业控股公司法》授权证券交易委员会（SEC）研究投资顾问方面的问题。通过该项研究对投资信托和投资公司进行了更仔细的审视，发现了许多投资顾问滥用的情况，最终出台了《1940年投资顾问法》，监管不规范投资顾问，跟踪行业内的人员及其运作方式。《1940年投资顾问法》要求所有从投顾服务中获利的人员和公司必须在SEC注册。《1940年投资顾问法》中的投资顾问界定一般取决于三个标准：提供的建议类型、收费方法以及投资建议是投资顾问收入的重要部分。与最后一个标准相关的是考虑是否引导他人相信他（或她）是投资顾问，例如通过广告等方法。根据该法，一般人通过提供建议或就证券提出建议而不是其他类型的投资，被认为是投资顾问。证券可以被定义为包括但不一定限于票据、债券、股票（普通股和优先股）、共同基金、货币市场基金和存单。"证券"一般不包括商品合同、房地产、保险合同或者收藏品，如艺术品或稀有的邮票和硬币。

智能投顾和传统投资顾问的运营模式存在较大的区别，但仍然受《1940年投资顾问法》的约束，应当在SEC进行注册并接受监管。根据法律，在互联网平台运营的投资顾问必须是在证券交易委员会注册投资顾问的美国投资顾问，无论其规模如何。例如，美国两大投资公司Wealthfront和Betterment，它们在SEC注册为投资顾问。另外，美国投资顾问的监管许可证基本覆盖整个市场的资产管理和财富管理服务。此功能使机器人能够向用户提供投资顾问和资产管理服务，从而减轻获得不同许可证的负担。目前，智能投资顾问的典型代表都是可提供财务顾问服务的注册公司。德银、嘉信理财、桥水基金等机构也提供智能投顾服务，也都是具有资产管理类资质的公司。

按照美国法律及相关监管规则，SEC将资产管理、投资顾问等相关业务作为投资顾问进行统一管理，SEC下设了专门进行监管的投资管理部，对投资顾问牌照进行审核和颁发。美国将投资顾问和证券资产管理两种牌照进行综合，也就是说获得一项投资顾问牌照的公司就可以从事资产配置建议和资产管理两项业务，从而减少了获取不同牌照的麻烦。

《1940年投资顾问法》对投资顾问提出了五方面的要求，包括对客户的信义义务、重要的禁止行为和要求、合同要求、记录要求、监管要求。智能投顾同样也受到这些监管要求的约束。

监管要求	监管要点
对客户的信义义务	规定了投资顾问的信义义务要求，比如：投资顾问应当避免和客户发生利益冲突，充分披露重要事实；投资顾问应当仅向客户提供适当的投资建议；投资顾问应当基于合理、独立的事实作出建议；投资顾问如果直接为客户交易，应当以可接受的成本执行交易等
重要的禁止行为和要求	规定了投资顾问在客户交易、宣传推广等方面的要求和禁令，比如：投资顾问应当向客户披露代理交易中可能的利益冲突；禁止注册投资顾问使用包含对重大事项的不确定或误导性陈述的宣传广告；投资顾问应当采取措施确保客户资产的安全性；投资顾问应当建立、维护和执行避免重要、非公开信息的误用的书面政策、程序等
合同要求	规定了投资顾问与客户签署合同中的条款要求，比如：投资顾问不得根据收益表现收费；合同签署应当获得客户的同意；投顾合同不得包含免除《1940年投资顾问法》规则的规定；投资顾问不得以收费、惩罚等方式限制客户终止服务等
记录要求	规定了投资顾问应当维护的重要记录
监管要求	投资顾问应当接受 SEC 下设办公室等的检查

2018年12月，SEC对两家机器人顾问公司提起了和解诉讼（settled proceedings），指控它们对投资产品作出虚假陈述，发布误导性广告。这是SEC针对机器人顾问的第一次执法行动。SEC发现，Wealthfront在其向客户提供的税收损失收割服务中做了虚假陈述。Wealthfront向采用其税收损失收割服务的客户披露，它将监控所有客户账户中可能触发洗售的任何交易，这可能会降低收割策略的收益，但Wealthfront未能做到这一点。在虚假陈述发生的三年多时间里，至少31%的税收亏损收割账户发生了洗售。SEC还发现，Wealthfront在推特上不当地转发了所谓客户的"赞誉"。在没有进行任何披露的情况下，Wealthfront向进行推荐的博主支付了报酬。并且，Wealthfront未能维持一个合理设计的合规计划，以防止违反证券法。对于总部位于纽约的机器人顾问Hedgeable Inc.，SEC发现该公司对其投资业绩发布了一系列误导性声明。从2016年到2017年4月，Hedgeable在其网站和社交媒体上声称将Hedgeable客户的投资业绩与两个机器人顾问竞争对手的投资业绩进行

了比较，该业绩比较具有误导性，即Hedgeable将其回报率与未基于竞争对手实际交易模式的回报率进行了比较。SEC发现，该公司未能留存所要求的文件，也未能维持合理设计的合规计划以防止违反证券法。SEC执法部门下属的资产管理部门主管说："技术正在迅速改变投资顾问向客户宣传和提供服务的方式。然而，无论其形式如何，所有顾问都必须认真履行其遵守《证券法》的义务。《证券法》是为保护投资者而制定的。"SEC认为，Wealthfront违反了《1940年投资顾问法》中的反欺诈、广告、合规和其他规定，Hedgeable违反了《1940年投资顾问法》的反欺诈、广告、合规以及账簿和记录规定。在既不承认也不否定SEC指控的情况下，Wealthfront同意停止被指控的行为并同意支付25万美元的罚款，Hedgeable同意停止被指控的行为并同意支付8万美元的罚款。

2.《自动投资工具的风险提示》(Investor Alert: Automated Investment Tools)

2015年8月，SEC的投资者教育和宣传办公室（OIEA）和金融业监管机构（FINRA）正式发布《自动投资工具的风险提示》，对包含智能投顾在内的自动投资工具作出风险警示。提示广大投资者尽管自动化投资工具可以提供明显的收益，并且具有低成本、易用性和广泛性等优点，但在使用它们之前了解其风险和局限非常重要，投资者应该谨慎使用这些工具，以实现更好的投资组合表现。其中提到了以下五点事项，提醒投资者警醒风险。

（1）了解合同条款

了解一个自动投资工具的所有相关信息披露，掌握其条款和条件，例如与使用该工具或出售或购买投资相关的费用和开支。熟悉如何终止任何协议或关系，以及终止任何协议之后，可能需要多长时间才能兑付投资并从中退出。如果有任何不清楚的地方或者需要更多信息，应当直接联系自动化工具服务提供商。了解智能投顾服务商是否收到推荐或出售某些服务或投资产品的报酬，降低机构提供服务的道德风险。

（2）智能投顾产品的局限性

智能投顾产品的局限性主要包括其主要假设可能具有不恰当性。例如，一个自动化的投资工具编程可能假定不会对市场变化作出反应，如果这个自动化工具已经被预先假设为利率会保持在低水平，但是实际市场中利率会上升，那么这个工具的产出就会有缺陷。

（3）产品对用户信息的依赖性

智能投顾可能会提出过度泛化、模棱两可、具有误导性的预定选项问题，在回答智能投顾相关问卷问题时要注意风险，用户提供不实信息可能导致无法推荐合适的资产投资组合。

（4）智能投顾输出结果与用户需求不匹配

智能投顾可能无法评估客户的所有特定情况，例如客户的年龄、财务状况和需求、投资经验、其他持股情况、税务状况、愿意冒失去投资本金以获取潜在较高投资回报的风险意愿、投资时间范围、所需现金和投资目标。

因此，智能投顾可能会建议不适合用户的投资配置组合和资产分配模型。例如，智能投顾工具可能会根据客户的年龄估算客户投资的时间段，但不会考虑客户在几年内需要一些投资本金来购买新房。另外，智能投顾通常不会考虑客户的财务目标可能会发生变化。

（5）注意保护个人信息

智能投顾服务提供商可能会收集客户的个人信息以用于其他无关的用途。客户应当了解个人信息可以与谁共享，如果有任何问题未在智能投顾的隐私政策中得到解答，应当及时联系该机构以获取更多信息。此外，客户应当注意网络钓鱼和其他诈骗，不要轻易提供银行或经纪账户号码、密码、个人识别号码、信用卡信息、社会保障号码或其他个人身份信息。在线使用投资工具时，注意网站的地址栏指示网址如果是以http（而不是https）开头的，则不要提供付款信息[①]。选择一个强大的密码，保持安全，并定期更换密码保护链接到投资工具或账户的移动设备。避免在共享计算机上或通过不安全的无线连接访问投资工具或账户。

3.SEC《投资管理部门的更新指南》(*IM Guidance Update No. 2017-2*)

2017年2月23日，由于智能顾问的特殊性产生了一系列新的问题，美国证券交易委员会（SEC）投资管理部门为智能投顾发布了新的指导意见——《投资管理部门的更新指南》，为智能投顾更好地遵守《1940年投资顾问法》规定的信息披露、适用性和合规性义务规定提出了针对性的建议。该项指南的推出旨在帮助投资者利用金融科技创新所提供的机会，同时确保公平性和保护投资者利益。

投资者可以使用投资顾问公开信息网站（Investor.gov）上的投资顾问公开信息（IAPD）数据库来研究建议投资的任何个人或公司，包括智能投顾的背景、注册或许可证状态和奖罚记录。此外，提供智能投顾服务的公司如果与可以通过为账户购买和出售特定证券执行智能投顾的建议的经纪人关联，则客户也可以通过使用投资顾问公开信息

---

① http协议传输的数据都是未加密的，也就是明文的，因此使用http协议传输隐私信息非常不安全，为了保证这些隐私数据能加密传输，网景公司设计了SSL（Secure Sockets Layer）协议用于对http协议传输的数据进行加密，从而就诞生了https。简单来说，https协议是由SSL+http协议构建的可进行加密传输、身份认证的网络协议，要比http协议安全。

（IAPD）数据库来研究该经纪人，这个数据库也可以在Investor.gov上找到。最后，像传统投资顾问一样，智能投顾顾问也需要提交ADV表格①。

智能投顾作为注册投资顾问依然受到《1940年投资顾问法》的实质性约束。最新发布的指南实质上是为智能顾问更好地遵循《1940年投资顾问法》规定的信息披露、适用性和合规性义务提供了更适应市场发展的指导。

（1）信义义务（Fiduciary Duty）

作为注册投资顾问，智能投顾必须遵守《1940年投资顾问法》第206条的规定：任何投资顾问从事任何欺诈、欺骗或操纵的行为、实践或业务过程都是非法的。该条为注册投资顾问的信托义务提供了法律依据。所有注册投资顾问（包括智能投顾）必须提供符合其受托人职责和《1940年投资顾问法》要求的投资建议。为了履行这些信托义务，注册投资顾问必须：只为了客户的最大利益而行事；在合理和独立的基础上提供投资建议；向客户披露重大事实，包括利益冲突和提供适合客户投资目标和个人情况的投资建议。考虑到这些智能投顾所带来的独特挑战和机遇（通常涉及在线调查问卷，人员交流甚少），证券交易委员会确定了三个不同的合规领域，并就智能顾问如何解决这些问题提出了建议：向客户披露智能投顾及其所提供投资顾问服务的实质内容及呈现方式；有义务通过获得客户资料，以支持智能投顾完成其职责并提供适当的建议；采用和实施有效的合规计划、合理设

---

① 由于证券投资咨询行业极易产生利益冲突，除了忠实义务的要求外，法律要求投资顾问向客户充分并清晰地披露所有已经或可能产生利益冲突的事项。美国证券交易委员会要求投资顾问在注册时必须填写统一的ADV表格，该表格包括两部分，其一是有关投资顾问的概况，其二则表现为投资顾问印发的披露有利益冲突、费用一览等事项的小册子。参见甘培忠、周淳：《证券投资顾问受信义务研究》，载《法律适用》，2012（10）。

计，以解决与提供自动化建议有关的特定问题。SEC通过该指南，为正在发展和成长中的智能投顾提供了有用的合规性建议。

（2）披露要求（Disclosure Requirements）

作为受托人，投资顾问有责任充分和客观地披露所有重大事实，并采取合理谨慎措施避免误导客户。投资顾问所提供的信息必须足够具体，以便客户能够理解投资顾问的商业行为和利益冲突。这些信息必须以客户易于理解的方式呈现。披露的具体内容如下。

①商业模式解释。智能投顾除了提供所有注册投资顾问应该提供的所需信息外，还应当披露额外的有关其特定的业务实践和相关风险。其中包括：用于管理各个客户账户所使用的算法。描述用于管理客户账户的算法功能，例如，该算法生成推荐的投资组合。账户通过算法进行投资和重新平衡的机制。描述用于管理的算法的假设和其局限性，例如，如果算法是基于现代投资组合理论的话，描述背后的假设和该理论的局限性。描述使用算法所固有的特定风险，例如，在特殊市场条件下交易或采取其他临时防御措施时，智能投顾可能会停止运行的情况。描述任何第三方参与开发、管理的用于管理客户账户的算法的所有权，包括解释这种安排可能产生的利益冲突。解释智能投顾直接向客户收取的任何费用，以及客户可能直接或间接承担的任何其他费用，例如，客户可能会就所提供的咨询服务支付费用，托管人或共同基金的开支，经纪和其他交易成本。解释人工参与监督和管理的程度，例如，管理个人客户账户的投资顾问人员监督算法，但可能不监控每个客户的账户。说明智能顾问如何使用收集的客户信息，生成推荐的投资组合和任何限制，例如，如果问卷被使用，对调查问卷的答复可能是该问题的唯一依据，如果智能顾问可以访问其他客户信息或账户，则需要进行说明以及解释如何使用这些信息来进行投资咨询。解释客户应该如何以及何时更新所拥有和变更的信息，将其及时

地提供给智能投顾。

②咨询服务的范围。智能投顾应当与所有注册投资顾问一样，清楚地描述它们提供的投资咨询服务范围，避免对这些服务的范围产生虚假的含义或意义，从而严重误导客户。智能投顾应注意不要误导客户，例如，暗示智能投顾正在提供全面的财务计划，但事实上智能投顾没有考虑客户的税收情况或债务义务，或者如果投资建议只是针对特定的目标，比如支付大笔购买费用或大学学费，而不考虑其目标以及客户更广泛的财务状况。应当注意关键披露是否被特别强调，可以通过设计特征如弹出框等交互式文本或其他手段来提供额外的细节。

（3）适合性

依靠问卷收集客户信息，智能投顾对于问卷的设计考虑诸如以下因素：问题是否能够提供足够的信息，让智能投顾能够根据财务状况得出的结论，并适合该客户投资目标；问卷中的问题是否足够清晰，必要时通过使用设计特征、工具提示或弹出窗口，为客户提供额外的说明或示例；是否采取了措施来解决不一致的客户反应，例如，纳入问卷设计功能，当回答内部不一致时以提醒客户，并建议客户可能需要重新考虑这种回答。

许多智能投顾会给客户机会选择和调整投资组合，但是一些机器人顾问不会给客户机会去咨询投资咨询人员，这可能会导致客户选择一个组合，然而，智能投顾认为该组合不适合客户的投资目标和风险状况，智能投顾应当尽到符合其为履行其客户的最佳利益而行事的义务，尽到应尽的提醒义务。例如，通过弹出框或其他设计特征来提醒客户的既定目标可能存在不一致之处。

（4）有效的合规计划

《1940年投资顾问法》下的规则206（4）-7要求每位注册投资顾

问建立一个内部合规计划。注册投资顾问必须每年实施审查，考虑其政策和程序的合理设计，以防止违反法律规定的相关规则。已注册投资顾问还必须指定一名合格的首席合规官，其应当对该法律有足够的了解。

在制订合规计划时，智能投顾应该注意其商业模式的各个方面的独特性。例如，机器人顾问对算法的依赖，与客户的人际交往有限，在提供咨询服务时，互联网可能会造成或加剧智能投顾的风险，因此，除了采用并执行与传统投资顾问一样的政策和程序来解决相关问题之外，智能投顾应考虑以下方面：对算法代码的开发进行充分测试和反向测试，对其绩效实施检测，例如，在确保代码定期充分测试之后，将其集成到智能投顾平台，任何对该代码的修改不会对客户账户产生不利影响；调查问卷应当获取足够的信息，以便智能投顾得出的结论是根据客户的财务状况，适合该客户的投资目标和风险水平；向客户披露算法代码可能发生的变化以及对其投资组合的影响；对任何开发、拥有或管理其算法代码或软件模块的第三方进行适当的监督；预防、检测和响应网络安全威胁；与社交和其他形式的电子媒体结合使用咨询服务的营销。

4.《关于智能投顾的投资者公告》(*Investor Bulletin: Robo-Advisers*)

2017年2月23日，在SEC发布指南更新的同时，证券交易委员会投资者教育和宣传办公室继上文中的风险提示公告后，发布了第二份投资者公报，为个人投资者提供了考虑使用智能投顾时可能需要作出的考虑和提示。其认为在过去几年里，智能投顾的可用性和普及度不断增长，智能投顾允许个人投资者通过门户网站或移动应用程序创建和管理其投资账户，有时与人工很少或根本没有互动，与传统的投资顾问相比，潜在的成本更低。因此，证券交易委员会投资者教育和宣传办公室发行了这份投资者公报，向投资者介绍智能投顾，并帮助投资者作出明智的决定，以实现其投资目标。

（1）明确智能投顾的定义

智能投顾通常指自动化数字投资顾问项目。在大多数情况下，智能投顾通过要求客户完成在线调查问卷来收集有关客户的财务目标、投资期限、收入和其他资产以及风险承受能力的信息。基于这些信息，它为客户创建和管理投资组合。智能投顾较传统咨询项目而言，成本和费用较低，账户最低限额在通常情况下比传统投资顾问更低。所提供的服务、投资方法和传统投顾的差别很大。公告还重点介绍了客户在作出这些重要决定时可能要考虑的问题。

（2）人际互动对个人而言的重要性

全智能化的投资顾问可能只能提供技术支持人员，这将使客户依赖其网站上的信息解决投资问题。在某些情况下，智能顾问可以只为符合特定最小账户规模的账户提供访问权限，还有一些智能投顾可能会提供有限的投资专业人员参与创建和管理客户的账户。与传统的投资顾问不同的是，智能投顾收集有关客户的个人信息和客户的个人理财需求时可能没有过多人工方面的对话，但是其可以通过限制与顾问时间相关的费用，为客户提供低成本和低费率的服务。与任何投资顾问一样，了解智能投顾的服务非常重要，包括与个人互动的程度、人际互动对于自身的重要程度、自身金融水平、对在线资源的适应程度等方面的内容。

（3）在线问卷调查信息的局限性

智能投顾通常是通过在线问卷获得和考虑有限的信息。另外，与传统投资顾问一样，在许多情况下，更新这些信息的负担将落在客户身上。所以会有一些问题需要消费者考虑，包括是否使用智能投顾来实现特定的财务目标，例如退休、购买房屋或投资子女的教育，还是更广泛地满足整体财务需求。在投资者的目标方面，投资者需考虑智能投顾的建议是否考虑到了相关的个人财务信息，例如，智能投顾是否要求提供关于高利息信用卡债务或学生贷款的信息、它是否考虑到银行和储蓄账户、它是否考虑到房地产资产等信息。

（4）了解智能投顾的投资方式

不同的智能投顾有不同的投资方式，包括不同的投资风格和不同的产品。一些机器人顾问只关注有限范围的投资产品，例如基础广泛的交易所交易基金（ETF）。在美国，许多智能投顾使用ETF作为投资产品。ETF具有独特的特点，可能会使它们更适合某些投资者，而不适合其他投资者。一些智能投顾可能会推荐新兴市场基金或投资于规模较小的公司，这些公司可能更具波动性，或者可能更少流动性，所以智能投顾的投资风格可能会对客户的投资组合的资产配置产生很大的影响。

在使用智能投顾之前应当考虑其如何制定投资组合建议，以及在开发投资组合时使用或不使用哪些信息。智能投顾的投资风格和领域是否提供有限范围的投资产品。例如，只有ETF基金单一产品，智能投顾所使用的投资产品是否与投资者自身目标相符合等方面的问题。

（5）智能投顾的收费情况

智能投顾的主要好处之一是可以降低费用和成本，因此，其收费情况是非常重要的。智能投顾可以提供成本较低的投资建议，但是如果智能投顾使用高成本的投资产品，总体成本可能仍然很高。此外，在某些情况下，智能投顾可能只提供与通过传统投资顾问获得的产品没有显著不同的服务。所以需要考虑智能投顾会直接收取的费用以及直接或间接收取的任何其他费用。例如，为客户账户购买的ETF的经纪费用、管理费用等。如果客户想要撤回投资、转账或关闭账户，可能会触发违约金条款，间接增加投资成本。

二、英国智能投顾的业务模式与法律规制

（一）英国智能投顾的业务模式

2011年，英国第一家在线全权委托投资公司Nutmeg Saving and Investment Limited（以下简称Nutmeg）注册成立，开始在财富管理领域提供在线自动化的投资服务。目前英国约有5家机器人投资顾问经营者，包含Nutmeg、Money on Toast以及Wealth Horizon，2016年意大利的MoneyFarm以及德国的Scalable Capital正式进驻英国提供机器人投资顾问服务。

1. Nutmeg

Nutmeg是英国第一家机器人投资顾问，提供自动化在线理财服务，投资标的为数十档不同市场及资产类别的ETF，包括债券、货币及股权投资。公司创办人原先职业为股票经纪人。他看到英国的财富管理市场缺乏透明度，且收费不合理，因此创办了Nutmeg，希望为投资人提供更透明完善的财富管理服务。

Nutmeg依法受英国金融行为监管局（Financial Conduct Authority，FCA）的监管。Nutmeg提供的服务项目如下。

①全权委托投资管理（Discretionary investment management of Portfolio）。Nutmeg提供自主管理投资组合服务，除提供投资建议外，还协助实际从事投资行为，且可主动将投资所得收益再投资，并随着时间平衡投资组合比例。

②资产保管（Safe custody of your investments）。Nutmeg依法将投资者的资产与其自身的资产相隔离。通过与其合作的金融机构来管理投资人的资产，并协助保管投资人的投资。

③个人储蓄账户管理（ISA management services）。英国允许每

人于每一会计年度可以有一定金额不必纳税的储蓄账户，并可运用此账户进行投资，该账户为"个人储蓄账户"（Individual Savings Accounts，ISA）。Nutmeg提供为投资人管理ISA账户的服务，协助投资人进行免税资产配置。客户最低投资100英镑即可享受Nutmeg的个人储蓄账户管理服务。

④个人退休金管理（Personal Pension Portfolio）。Nutmeg同时提供投资人退休金投资管理服务。客户最低投资5000英镑即可享受Nutmeg的个人退休金管理服务。

Nutmeg依据客户所提交的投资目标、投资回收时间范围、投入金额以及风险层级等要素规划投资组合。Nutmeg将风险层级划分为10级，其中1~2级为"确保初始投入资本，并将潜在损失的概率降到最低"，9~10级为"愿意为较高的获利承担较高的风险"，从而划分投资人的风险属性，提供个性化的投资组合方案。不论是与传统的投资顾问服务，还是与全权委托服务相比，Nutmeg的机器人投资顾问所收取的费用都较为低廉。Nutmeg按照客户的投资组合总价值收取年度管理费。以全权委托管理服务为例，收费标准是客户的投资组合总价值在10万英镑以内的，按照每年0.75%的比例收取费用，超过10万英镑的，按照每年0.35%的比例收取费用。此外，还要收取平均0.21%的投资基金成本（investment fund cost）和平均0.09%的市场价差影响（effect of market spread）。以投资10000万英镑为例，三项收费合计费率在每年1.05%左右。截至2018年4月末，Nutmeg管理的资产已经超过10亿英镑，英国客户超过5万人。

2. Money on Toast

Money on Toast Limited（以下简称Money on Toast）是由英国的投资管理公司CPN 在2012年成立的子公司。CPN 投资管理公司成立于1986年，主要提供高净值的个人全权委托投资服务。2013年英国开始正式实施《零售分销检讨》（*Retail Distribution Review*），CPN 投资管理公司意识到传统投资顾问的收费将因此逐渐提高，一部分投资人不再负担得起投资顾问费用，因此决定成立Money on Toast，通过机器人投资顾问提供有别于传统投资顾问的在线低成本投资顾问服务。

Money on Toast的服务包含提供投资人投资建议以及全权委托投资管理两种。使用Money on Toast服务的基本流程：第一步，网上预约。即网上预约注册的投资顾问，费用仅需69英镑。第二步，交谈。通过电话，与注册投资顾问进行交流。注册投资顾问会提出其专业建议。第三步，报告。Money on Toast会向客户提供一份适合其自身的投资建议报告。

传统的投资顾问费率大约是3%，而Money on Toast的投资顾问费率仅有1%。在这1%的费率的构成中，0.7%是持续顾问（ongoing advice）费，0.3%是持续全权管理（ongoing discretionary management）费。

Money on Toast认为，投资者最好至少拥有5万英镑的可投资财产，这样，他使用Money on Toast的服务才划算；否则，平摊后的成本会较为昂贵。

（二）英国对智能投顾的法律规制

英国没有针对智能投顾颁布专门的法律或法规，传统的针对传统投资顾问的法律法规也是适用于智能投顾的。

1. 相关法律规定[①]

英国2000年《金融服务及市场法》（*Financial Services and Markets Act 2000*，FSMA）第22条规定，以经营方式开展并属于下列情况的行

---

① 详见谷湘仪等：《机器人投资顾问（Robo-Advisor）国外实务及相关法令与管理措施之研究》，2016-07-20。

为，是本法所称的"受监管行为"（Regulated Activities）：与某种规定的投资种类相关；如该行为就本项而言属于规定种类，其实施与任何种类的财产相关。所谓"规定的投资种类"在2001年《监管行为指令》（*Regulated Activities Order 2001*）之中，包含股票、债券、存款、保险合同、期权等金融商品，范围十分广泛。FSMA附则2（Schedule 2）进一步列举了受监管的行为类型，分别为从事投资活动（Dealing in investments）、安排投资交易（Arranging deals in investments）、吸收存款（Deposit taking）、保管与管理财产（Safekeeping and administration of assets）、投资管理（Managing investments）、投资顾问（Investment advice）、设立共同投资基金（Establishing collective investment schemes）、利用计算机系统发出投资指令（Using computer-based systems for giving investment instructions）。

对于上述八种受监管行为，英国金融行为监管局（FCA）有制定相关法令来对其进行监管，从事上述行为必须取得FCA的事前核准，如未取得核准而经营将受到刑事处罚。机器人投资顾问属于以计算机系统发出投资指令，因此必须受到监管。此外，它还涉及提供投资建议、代投资人管理其投资组合及投资管理，因此，应受FCA监管。

"投资建议"的定义与范围。依据2001年《监管行为指令》，受FCA监管的投资建议须符合下列条件：①该建议必须与证券投资或其他类似投资有关。如股票、公债、期权、期货、退休金规划、权益证券投资等，但不包括银行存款、贷款、不动产等投资建议。②所建议的投资内容必须是特定的，不包含一般性的建议。③该建议必须是根据投资人或潜在投资人的财力条件量身定做。④非纯粹提供事实信息。例如，仅列出产品价格、展示标的公司新闻或对于投资条款的解释等，就属于纯粹提供信息。⑤投资建议的内容必须是基于对买卖、申购、处分或执行权利因而可获取利益之分析。如果仅建议如何适法安排投资架构、解释投资协议中的条款或解释因一定事实而必然取得的权利，则非此处的投资建议。投资建议必须具备上述要件，才属于受监管之建议，若不具备上述要件之一，则为一般性的建议（generic advice），不受FCA监管。

针对投资顾问业的监管，英国于2006年创立了《零售分销检讨》（Retail Distribution Review，RDR）项目，该RDR规则于2012年12月31日生效。RDR根本性地改变了投资顾问产业的收费模式，也催生了机器人投资顾问产业的诞生。RDR的目标在于调整金融商品在英国的销售及收费模式，并希望建立一个更有效率且投资者可信赖的金融商品零售市场。RDR提高了投资顾问业的资格标准、修改了投资顾问收费及服务的信息披露规则，并改变了投资顾问的收费结构。在这项法案通过以前，投资人通过投资顾问购买一只基金时，每年需要支付管理费用给基金公司，而基金公司则会从这笔费用中抽取一定比例给投资顾问公司，作为顾问推介的报酬。在这样的收费结构下，将导致投资顾问容易推介一些佣金抽取比例较高的产品，而非推介真正符合投资人需求的产品，造成其投资建议并非基于投资人的需求而提供。因此，RDR为了确保投资顾问产业收费的透明与公正，禁止投资顾问再从基金公司等推荐金融商品的公司获取佣金报酬，而是直接向投资人收取费用，并且须透明化费用收取的标准。

在实施RDR后，逐渐收到其原本预期效果，包括投资顾问提供的建议不再受佣金大小的影响、投资顾问素质提升以及部分服务因有效的竞争而价格降低等。然而，质量较高的投资顾问同时也带来较高的投资门槛要求，使只有较有财力的投资人才可能负担得起投资顾问服务。一项对英国投资顾问公司所做的调查指出，投资顾问公司要求的最低投资额超过10万英镑的比例，这样的条件对于投资金额不高、资力较低而又有投资需求的人来说，传统的投资顾问服务所需之成本都远高于其愿付之成本。为了解决这一问题并为财力较低的投资人提供投资顾问服务，FCA在其出具的研究报告《财务顾问市场检讨最终报告》（*Financial Advice Market Review Final Report*）中认为通过科技的应用，诸如机器人投资顾问服务，能以低于传统投资顾问的成本，向低财力投资人提供一定质量的投资顾问服务。

2. 相关监管具体规定[①]

（1）设立要求

英国2012年依FSMA的授权，制定了《2000年金融服务与市场法（门槛条件）2013年法令》［*The Financial Services and Markets Act 2000（Threshold Conditions）Order 2013*］，针对受监管金融行业的设立门槛进行了规定，包括设立地点（Location of offices）、充分监管（Effective supervision）、是否有充足资源以执行所申请的受监管业务（Adequate resources）、适合性原则（Suitability）、营运模式（Business model）等。

（2）最低资本额要求

在资本要求方面，欧盟颁布的《资本要求指令4》（*Capital Requirements Directive* Ⅳ，CRD Ⅳ）与《资本要求法令》（*Capital Requirements Regulation*，CRR）已于2014年生效。英国FCA制定了《投资公司审慎资源手册》（*The Prudential Sourcebook for Investment Firms*，IFPRU），将受监管金融机构区分为以下三种类型。

第一种，豁免CAD公司（Exempt CAD Firm）。这类公司经许可仅提供以下服务：①接受与传送客户有关金融商品之订单；②提供投资顾问服务，而未提供任何其他金融服务，该金融机构为非集合型投资组织者公司（Collective Portfolio Management Investment Firms），且未持有客户资产。这类公司的资本要求只需达到5万欧元、投保单一请求

---

① 详见谷湘仪等：《机器人投资顾问（Robo-Advisor）国外实务及相关法令与管理措施之研究》，2016-07-20。

100万欧元专门职业责任保险（或赔偿总额150万元），或前两者组合而达到相同保障目的。

第二种，BIPRU公司（BIPRU Firms）。此类金融机构经许可提供以下服务：接受与传送客户有关金融商品的订单，接受客户委托执行交易，从事全权委托业务，提供投资顾问服务；而未从事：自营交易，承销或包销金融商品，包销以外方式销售金融商品，运营多边交易设施，为客户进行金融商品保管与管理。FCA 对于这类金融机构的监管措施规定在《银行、建房互助协会、投资公司审慎资源手册》（*Prudential Sourcebook for Banks, Building Societies and Investment Firms*）中，其监管项目包括资本、市场风险、信用风险、交易对手风险、流动性等规定。

第三种，IFPRU公司（IFPRU Firms）。依据FCA颁布的《投资公司审慎资源手册》（IFPRU），依照金融机构所需自有资本要求，可将IFPRU公司分为以下几类：

①自有资本应达5万欧元或12.5万欧元。此类金融机构经许可提供：接受与传送客户有关金融商品的订单，接受客户委托执行交易，管理个人有关金融商品之投资组合；而未从事：自营交易、承销或包销金融商品。该金融机构并非集合投资组织者公司，且未持有客户资产。

②自有资本应达73万欧元。此类金融机构指运营多边交易设施（operating a multilateral trading facility），或非属集合投资组织者公司的其他IFPRU。

（3）最低投资门槛要求

英国对于全权委托投资并未设有最低投资门槛限制，实务上大多由经营者基于自身成本及投资操作考虑设定各自的最低投资额要求。Money on Toast要求投资者最好至少拥有5万英镑的可投资财产，

Nutmeg、Wealth Horizon等机器人投资顾问经营者要求的最低投资额为1000英镑，MoneyFarm则未要求最低的投资金额。

（4）人员资格要求

有关人员资格的部分，FCA发布的《培训和能力》（*Training and Competence*）规定了从事不同受监管业务所需的专业能力与相关认证机构。《培训和能力》第2.1.15 R条规定，金融机构应确保其从事投资建议之人员每年至少接受35小时的专业训练，其中包括21小时经规划的训练。金融机构应每年定期向FCA申报相关认证机构（accredited body）针对个别投资顾问是否符合相关专业能力要求的认证。

（5）适合性原则（Suitability Rule）

依据欧盟于2007年11月所发布的《金融工具市场指令》（*Markets in Financial Instruments Directive*，MiFID），投资建议（investment advice）被定义为：依据客户的要求或由经营者主动地针对一项或多项金融工具交易提供个性化建议[①]。构成所谓的个性化建议（personal recommendation）须具备下列要素：①个性化建议必须是基于该投资人或投资代理人的资力；②个性化建议必须是适合于该特定投资人的情况；③个性化建议必须包含执行特定投资的相关步骤。

MiFID对于投资建议定义的范围较英国RAO定义的范围窄，因为前者还要求投资建议必须是基于该投资人的个人特性所提供。如提供的投资建议符合MiFID的标准，依据欧盟指令该投资建议须符合适合性原则。英国针对符合个性化建议的投资建议也有相同的规范。依据《商业行为资源手册》（*Conduct of Business Sourcebook*，COBS）第9章，投资顾问提供的投资建议如果属于个性化的建议，须取得投资人相关

---

① 英文为The provision of a personal recommendation to a client either upon request or at the initiative of the firm in respect of one or more transactions in financial instruments。

的信息以评估投资建议的适合性，包括投资人对于该投资工具的知识及经验、投资人的财务状况以及其投资目标等，而如何判断该建议是否适合于该投资人，依据COBS 9.2.2，一项投资建议或投资管理是否适合于该投资人，必须考虑：①是否达成投资人的投资目标；②是否可承担该项投资所带来的风险；③投资人是否有足够的经验及知识了解该项交易或投资组织者所涉及的风险。

依据COBS9.2.2（2），在确认投资人的投资目标时，须取得有关该投资人希望持有该投资标的的时间长短、风险偏好、投资目的等个人信息，以充分掌握该投资人希望达成的目标。

此外，FCA在其研究报告《财务顾问市场检讨最终报告》（*Financial Advice Market Review Final Report*）中认为，未来英国应修正RAO中有关投资建议的定义，使其与欧盟的MiFID定义相同，仅限于个性化的投资建议才须列入监管。

3. 监管沙箱

FCA于2016年开始实施的监管沙箱（Regulatory Sandbox）项目，也适用于智能投顾。

英国的监管沙箱运作的基本步骤是金融创新企业向英国金融行为监管局提交测试申请；FCA审核申请；企业和FCA确定一种测试方案；企业进入"监管沙箱"开展测试；FCA对测试全程监控；企业提交关于测试结果的最终报告，FCA评估报告；报告如获通过，企业获得监管授权，有权将产品进行市场推广。

FCA的自我评估报告《监管沙箱的市场影响》透露了它们对智能投顾的测试：智能投顾是投顾市场的一个新兴领域，许多公司通过沙箱来在真实环境中测试它们的模型。这些公司也从我们投顾部门的支持中受益，我们的投顾部门为需要第三方提供自动化建议和指导的公司提供监管反馈。测试为企业提供了一个机会来检验它们的产品是否适合在更广泛的市场上使用。为了降低这些模型提供不恰当建议的风险，我们确保在开始测试之前，企业会建立额外的安全措施。在大多数情况下，这涉及合格的财务顾问检查底层算法生成的自动化建议输出。一个沙箱测试需要一位经验丰富的自然人投资顾问，当消费者收到自动化建议时自然人投资顾问就会出现。这使在建议被提供给客户之前，自然人投资顾问对给出的建议进行检查并且在必要的时候修改建议。然后可以根据合格的自然人投资顾问的评估对基础算法进行修改。在另一个正在进行的测试中，一家公司正在测试端到端的投顾流程的自动化（the automation of the end-to-end advice process）。一旦消费者在线提交了他们的调查，他们就会自动收到相适应的建议报告。为了测试这个功能，同时避免消费者采纳不适当的建议，消费者被告知，他们在收到第二份确认报告前，不应该采取投资行动，这样公司可以确认给出的建议是否适合该消费者。这使合格的财务顾问能够检测输出的模型，并使公司能够有效地测试它们的建议。

4. 小结

目前英国尚未针对智能投资顾问制定专门法律规范，但其对传统智能投顾的法律框架也是适用于智能投顾的，且未对新兴的智能投顾构成实质性的法律障碍。另外，英国金融监管机构对于智能投顾这项新兴产业持开放的态度。尤其是其监管沙箱的安排，更重视科技金融在推动金融产业变革方面的作用。

三、澳大利亚智能投顾的业务模式、法律规制与案例分析

（一）澳大利亚智能投顾业务模式

澳大利亚金融科技初创公司的数量从2014年的不足100家增加至

2018年9月末的650多家公司①。澳大利亚金融科技生态系统日益多样化，各研究机构和信息网站参与者将FinTech公司或产品做了不同的类别划分。例如，毕马威将澳大利亚650多家金融科技公司分为借贷、财富科技（Wealthtech）、支付和数字货币、数据和分析、中后台业务、众筹、监管科技（Regtech）、个人财务管理、保险科技（Insurtech）、区块链（Blackchain）和资本市场共11大领域。澳大利亚FinTech网站将本地金融科技产品服务分为FinTech借贷、众筹、货币、智能投顾、保险、投资、支付、P2P、RegTech和股市等12大类共544家公司。智能投顾涉及前述分类的多个领域。例如，Raiz（前身为Acorns）被归为个人财务管理领域、Clover和Stockspot被归为财富科技领域、Sixpark属于资本市场领域，各自商业模式都有所差别。

截至2018年8月末，澳大利亚FinTech网站带有机器人建议（robo advice）标签的平台35家，带有投资（investing）标签平台125家。

第一，从智能投顾背景来看，有传统金融背景的营运者，也有新兴技术背景的营运者。例如，传统金融有澳大利亚联邦银行（Commonwealth Bank of Australia，CBA）的顾问服务和资产管理部门的联合提供名为"投资组合服务"（Portfolio Service）的新系统，集合客户、顾问和经销商团队层面的报告、投资组合模型、在线分析企业行为、IPOs、税务优化和第三方数据源等信息或工具，为客人在线提供"一站式"自动化财富管理和报告服务②；麦格理银行推出的智能投顾OwnersAdvisory；③澳大利亚国民银行（National Australia Bank，NAB）面向在线银行客户推出的数字咨询平台NAB Prosper，建议产品

---

① https：//home.kpmg.com/au/en/home/insights/2017/08/australian-fintech-landscape.html.

② https：//international-adviser.com/aussie-firms-combine-tech-strength-robo-advice-launch/.

③ https：//www.macquarie.com/au/advisers/expertise/smart-practice/robo-advice-things-to-know.

范围限于退休金和保险等①。

第二，从智能投顾服务所涉及的金融产品来看，分为证券型智能投顾、保险型智能投顾，实际又可称为InsurTech，主要的初创公司有Embroker②、福克斯金融（FinanceFox）③和KNIP④。传统保险公司Progressive Direct Insurance Company提供保险产品简单的价格、价值和契合度比较等服务。

我们从125家投资管理平台和智能投顾平台中剔除P2P和众筹等不提供金融产品服务、已经停运、关闭（如OwnersAdvisory和BigFuture）或者无法获取样本的平台，确定了与"投资咨询""网络平台""算法"和"金融产品"等关键词相关的具有代表性的10多家典型智能投顾或投资平台（如微投资、面向专业投资平台）进行商业模式和合规案例分析，其中包含金融科技公司背景的智能投顾，如Clover，也包括不提供数字建议，但运用算法提供服务的"微投资"平台Raiz。澳大利亚智能投顾服务主要有以下特点。

（1）四大业务为核心的智能投顾价值链

以澳大利亚第一家获澳大利亚金融服务牌照（Australian financial services licensees，以下简称AFS牌照）中全权委托账户管理（Managed Discretionary Account，MDA）授权的主流智能投顾平台Clover为例，该平台客户能直接或者间接获得的一站式服务有：①注册成为平台客户后，回答风险问卷获得平台营运者提供"个性化的"特定金融产品建议（投资组合建议）服务或者成为平台客户直接或间接获得非基于个人信息的金融产品建议；②将金融产品建议作为"投资计划"，同

---

① https：//banknxt.com/53221/nab-robo-advisor/.

② https：//www.embroker.com.

③ https：//www.the-digital-insurer.com/dia/financefox-insurance-consultant-back-pocket/.

④ https：//www.the-digital-insurer.com/dia/knip-mobile-first-digital-insurance-manager/.

平台营运者单独签订全权委托账户合同后，为其提供账户管理、投资组合再平衡和管理等服务；③平台指引客户与其他金融机构签订现金管理账户，获得资金账户托管服务；④平台指引客户与其他金融机构签订证券开户协议，并连接现金账户，获得自动交易执行服务。同样，零售客户可以直接或者间接获得这四大核心业务的典型平台还有Sixpark、Stockspot、Quiet Growth、Map My Plan和Ignition Wealth，但各家在商业模式组合、服务对象和提供的产品类别等方面有所区别。这四大业务还可具体细分，如就金融产品提供非个性化建议的BigFuture；考虑客户个人情况，提供个性化建议的智能投顾平台Clover和SixPark等。除了提供金融产品建议，还有平台提供账户聚合服务，如BigFuture和BetaSmartz；汇集基金经理和投资专业人士对市场分析的"汇智型"平台，如Livewire（无牌照）。

（2）客户主体多样化

第一，以零售客户为主的智能投顾平台。BigFuture、Clover和SixPark以零售客户为主要服务对象，此类智能投顾平台提供的建议、客户类别以及服务类别符合后述澳大利亚数字建议范畴，是监管者关注的重点。

第二，面向专业人员的智能投顾平台。如面向没有AFS牌照的管理自营养老基金的会计师提供编制建议声明（SOA）服务的A.S.A.P.。澳大利亚《公司法》第7.1.31条规定，会计师能够提供传递金融产品建议的服务。首先，会计师必须向客户明确建议由A.S.A.P.提供，以便区别于会计师自己提供的其他建议。其次，会计师可以帮助客户理解表格/问卷中要求的任何事实条款和信息，但是其不能就最终建议的内容作出任何陈述影响客户的答案。最后，一旦客户收到A.S.A.P.编制的SOA，会计师就可以帮助客户下达建议的实施指令。

又如面向专业投资顾问或者机构的BetaSmartz，该平台可为投资顾问提供账户聚合等服务，专门为财务顾问和机构投资者创建创新的投资组合和财富管理应用程序的Fincast。此类智能投顾角色更倾向于专业金融服务人员的客户关系管理工具。

第三，服务主体的多元化趋势。例如，2018年4月24日Clover与私人财富柯林斯公司（Collins House）签署协议[1]，标志着Clover客户服务群体由零售拓展到机构和高净值客户，开始拓展B2B和高端业务。通过B to B to C的模式间接向零售投资者提供服务的Fincast，其合作机构包括AMP、Westpac、ANZ、沃尔沃斯（Woolworths）、维达（Veda）和汇丰银行（HSBC）等。

（3）组合提供综合金融服务

典型智能投顾平台可提供金融产品组合投资建议、MDA服务和执行交易等综合金融服务，但以自身名义或者被持牌人授权提供的服务主要集中在前述核心业务的前三项中的一项或多项，资金托管和自动执行客户订单服务多为第三方提供。合作主体一是在线经纪商，如在线经纪商OpenMarkets与Clover和SixPark在内的至少8家金融科技、智能投顾平台，7家财富管理平台合作[2]，以自己名义提供自动执行客户订单服务；二是资金存管银行，如麦格理银行是智能投顾平台Clover、Ignition Wealth和Stockspot的现金管理账户（Cash Management Account，CMA）服务提供商。

---

[1] https://collinshouse.com/collinshouse/wp-content/uploads/2018/04/CH_PressRelease-24-04-2018.pdf.

[2] 智能投顾和金融科技平台为：raizinvest、Clover、SixPark、balanceimpact、fintrest、ignitionwealth、republicwealth和selfwealth；财富管理平台为：hub24、integrated portfolio solutions、investum、iress、managed accounts、netwealth和wealtho2。

（4）金融产品的建议对象种类丰富

澳大利亚智能投顾平台可建议对象包含银行类、证券类、保险类和自营养老基金等十多类产品。如就各银行定期存款产品、债券等固定收益产品提供建议和现金管理等服务的Cashwerkz和Deposits，就交易所交易基金（ETF）、管理投资计划（非定向投资组合且仅限于MDA服务）和证券等多种产品提供建议、交易和资产管理等服务的Clover。

（二）澳大利亚智能投顾法律规制

1.澳大利亚智能投顾监管机构及文件体系

在澳大利亚，金融科技相关监管机构主要有澳大利亚证券和投资委员会（Australian Securities and Investments Commission， ASIC）、澳大利亚审慎监管局（Australian Prudential Regulation Authority，APRA）①和澳大利亚储备银行（RBA），各机构有不同的授权和监管目标，共同组成了澳大利亚金融监管理事会。

从中观监管文件框架上来说，2016年3月澳大利亚政府在其政策声明中明确指出，监管机构应当为数字建议服务，提供有关满足监管合规义务（特别是最佳利益责任）的指导以提高金融产品表现和收费的透明度。当月，ASIC专门对智能投顾如何满足现有监管框架下的合规义务发布征求意见稿，并于2016年8月正式发布《RG255：向零售客户提供数字金融产品建议》指南（以下简称RG255）。2017年，ASIC发布《RG257：在未持有AFS或信用许可证的情况下测试FinTech产品和服务》监管指南（以下简称RG257）鼓励包括提供数字建议服务在内的金融科技企业，通过监管沙箱有限制条件地豁免持牌以测试其商

---

① 澳大利亚审慎监管局是澳大利亚金融服务行业的审慎监管机构。它监督银行、信用合作社、建筑协会、一般保险和再保险公司、人寿保险、私人健康保险、友好社会和大多数退休金行业。

业模式。ASIC的2017—2018年至2020—2021年度工作计划，着眼于数字革命的挑战，就2013年政府开始拟议的未来的金融建议（Future of Financial Advice，FoFA）改革提供政策建议及发布多份报告和指南，以提高财务顾问的教育、培训和道德标准，将提高金融产品建议的质量作为2016—2017年持续的重点工作项目[①]。

RG255响应政府政策，以智能投顾网络、算法等特殊风险为导向，以《2001年公司法》（以下简称《公司法》）、《公司法条例》、相关立法文书和类别规则（Class Order）[②]等法律及规范为核心，并辅助以各种监管指南、官方案例分析和报告等可有效促进法律理解和适用的非强制性体系文件，初步构建了数字建议营运者从准入到营运阶段的行为监管框架。

（1）专门发布的监管指南——RG255

2016年8月，澳大利亚发布RG255，该指南梳理并汇集智能投顾相关从业主体从许可到经营阶段的相关法律规范，致力于确定与智能投顾相关的基本法律概念，及时引导营运主体行为符合现有监管框架，确定相关主体基本行为边界，具体来说有以下几点：第一，明晰智能投顾相关法律概念。第二，梳理并汇总与智能投顾相关法律、规范和技术标准文件，及时指引营运者行为。第三，指导智能投顾营运者应遵守的"一般义务+特殊指引"。

---

① ASIC'S CORPORATE PLAN 2017–2018 TO 2020–2021，https：//download.asic.gov.au/media/4439405/corporate–plan–2017–published–31–august–2017–1.pdf（last visited on Aug.24，2018）.

② 豁免相关的规范性文件。

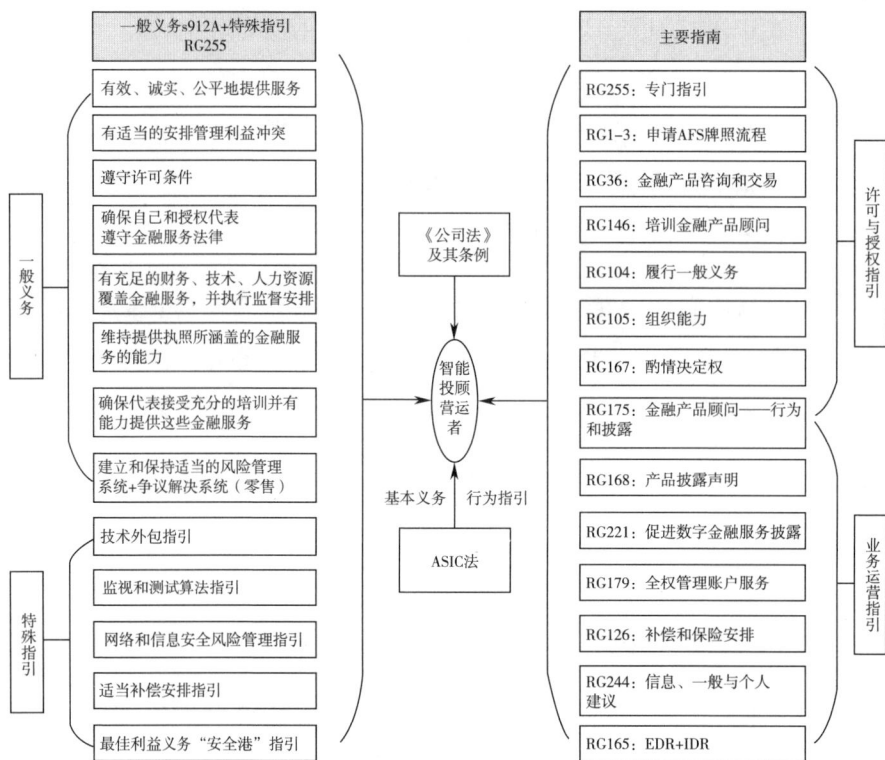

图 2-1 澳大利亚智能投顾营运者基本义务和适用文件体系

（2）"测试"金融服务创新业务模式——RG257

2017年8月，ASIC发布了监管指南《RG257：在未持有AFS或信用许可证的情况下测试FinTech产品和服务》，具体来说该指南有以下几点特征：第一，RG257进一步明晰监管目标，有效覆盖FinTech管理期间和范围。第二，RG257搭建了"监管沙箱"内部豁免结构，初步形成平衡"规制漏洞"和"合规障碍"的结构化组合豁免方案。第三，RG257是全球"监管沙箱"浪潮的组成部分。

2. 澳大利亚智能投顾定义和核心监管范围

ASIC并未使用智能投顾（robo advisor）概念，其仅定义了智能投顾平台所能提供的核心服务——数字建议（digital advice）。RG255第1

条规定数字建议（digital advice，即robo advice或自动化建议）①是指无须人工顾问直接参与，使用算法和技术自动提供的金融产品建议。它可以包括一般或个人建议、范围狭窄的建议（例如关于投资组合的建议）和综合财务计划。智能投顾定义中所提供金融建议的范围、类别以及后续提供的账户管理业务，决定着其背后的各类营运者是否需要持牌，持何种牌照，获得怎样的授权，应该具备何种的能力和需要遵守何种义务等问题。

3. 澳大利亚智能投顾的持牌规则和路径

根据《公司法》S911A（1）规定，在澳大利亚提供金融服务，除非豁免适用，否则必须持有AFS牌照或成为持牌人的授权代表。基于此条规定，智能投顾营运者开展数字建议的许可路径分析如下。

（1）澳大利亚AFS牌照许可授权特点

在澳大利亚，提供金融服务的许可呈"统一牌照、三维度定制化授权、灵活的豁免机制和差异化准入"四大特点，在确保投资者和消费者对市场信心和信任前提下，降低重复监管负担，匹配市场需求，有效提高准入效率。

金融服务统一适用AFS牌照。澳大利亚不同监管机构基于不同的监管目标和职责，颁发不同的牌照。首先，ASIC有权颁发的有AFS、市场经营和信贷等牌照，AFS牌照允许个人或机构从事提供金融服务业务，澳大利亚审慎监管局（Australian Prudential Regulation Authority，APRA）可以颁发注册养老金实体（Registrable Superannuation Entity，以下简称RSE牌照）。RSE牌照与AFS牌照不同，但在退休金管理等方面又有重叠部分。如不涉及RES牌照下的退休金业务，提供数字建议

---

① 为便于理解，下文一律均称为智能投顾。

金融服务的智能投顾营运者持有AFS牌照即可。其次，即使需要双重持牌，APRA和ASIC为了最大限度地减少潜在的业务重叠，从立法、申请流程和义务等方面进行优化，以降低许可负担。例如，满足法定条件[①]的RSE许可人，又获得AFS牌照并提供许可服务，则ASIC不再重复对被许可人有财务、技术、人力资源[②]和风险管理方面的义务要求[③]。

（2）ASF牌照的"三维度定制化"授权规则

澳大利亚AFS牌照的"定制化授权"主要从三个维度确定。

第一，金融服务维度。根据《公司法》第s766条规定金融产品服务有以下几类：①提供金融产品建议，如向客户或公众提供他们应该购买哪些金融产品的建议。②经营金融产品（deal in a financial product），如代表客户买卖股票或在管理投资计划中行使权益。③为金融产品做市，即某主体通过工具、某场所或其他方式定期报价以购买或出售金融产品，并且其他人可以合理预期以该主体所报价格定期向其出售产品或购买金融产品[④]。④运营注册管理投资计划，包括向零售客户发行的注册管理投资计划。⑤提供托管或存管服务，如基于客户的信任持有其金融产品及其权益。⑥提供传统的托管公司服务，例如提供遗产管理服务。⑦提供众筹服务[⑤]。

完整的智能投顾业务链主要涉及《公司法》第s766条规定金融产品服务的①类、②类、④类和⑤类，其中数字建议属于①类，②类、

[①] AFS被许可人如果同时受APRA监管持有RSE许可，并且还被授权经营注册管理投资计划时，除非法律另有规定，则ASIC不再重复对被许可人有财务、技术、人力资源和风险管理方面的义务要求。

[②] 《公司法》S912A（1）d条。

[③] 《公司法》S912A（1）h条。

[④] 参见《公司法》766D。

[⑤] 《公司法》s766a。

④类和⑤类是①类服务的或有服务。

第二，金融产品维度。根据《公司法》s763一般来说金融产品是指人们可以通过（包括获取）其进行财务投资、管理财务风险和进行非现金支付行为的工具。根据《公司法》s761a和s764a，金融产品一般可以分为12大类：存款和支付产品；衍生工具；外汇合约；普通保险；政府信用债券、股票或债券；寿险产品；管理投资计划，包括《公司条例》第1.0.02条规定的简单管理投资计划或者已注册和未注册计划的权益（包含MDA服务）；退休储蓄账户；证券；养老金；融资融券工具；其他金融工具。

第三，服务对象维度。AFS牌照授权下的服务对象分为两类，一类是零售客户，另一类是批发客户。根据《公司法》s761G，零售客户范围与金融产品类别相关。如普通保险产品的零售客户为个人和小企业；退休金或退休储蓄账户（RSA）的零售客户是雇主和净资产少于1000万澳元养老基金、养老金计划受托人等主体。除一般保险和RSA之外的其他类金融产品的批发客户为由有资质会计师认证的净资产不少于250万澳元或者过去两年平均收入不少于25万澳元的个人、专业投资者和非小企业等，除批发客户之外的均为零售客户。

综上，智能投顾营运者在申请AFS牌照前，需要评估自身的财力、人力等相关资源，了解拟提供服务所需要的授权范围及对应的义务，有针对性地申请AFS牌照及其授权。

（3）监管沙箱的灵活性——结构化豁免机制

ASIC在2017年8月发布RG257《在未持有AFS或信用牌照的情况下测试FinTech产品和服务》，该文件明确了对新产品和服务监管的适合和有效、促进投资者和消费者的信任和信心和促进市场以公平和有效的方式运作三大基本目标，并将《公司法》和2009年《国家消费者信贷保护法》（国家信贷法）中的法定豁免、分别针对金融服务和信贷业务的发布两份"概念豁免文书"和ASIC授予的个人救济这三种解决"规制漏洞"或"合规障碍"的方案组合,共同构成了澳大利亚监管沙箱框架。初步构建了目标明确且体系化的金融创新障碍解决方案。由于智能投顾涉及的是金融服务领域,故本部分将剔除信贷豁免测试,仅就金融服务豁免测试进行讨论。体系化的监管沙箱豁免结构分为已有的豁免(包括法定豁免和已经提供的救济)和申请FinTech豁免(见图2-2)。

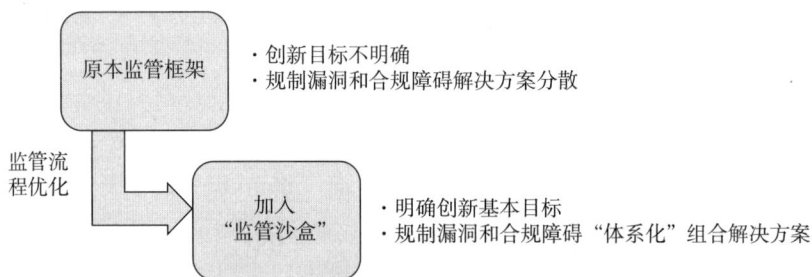

图2-2 "监管沙盒"结构化豁免机制

第一,已有的豁免。该豁免又分为两类,第一类是《公司法》的法定豁免,如《公司法》S911A(1)规定的授权代表的持牌豁免。第二类是ASIC已经提供的救济。《ASIC法》授予ASIC就《公司法》《1993年退休金行业(监管)法》和《2009年国家消费者信贷保护法》等法律,在金融服务领域范围内可基于监管目标、效益和效率等方面的考虑,通过豁免和修改其管理的具体法律条款,对新规定适用于原有业务、新业务适用于旧规定或者直接适用当出现"规制漏洞"(对监管者)或"合规障碍"(对市场营运者)情况时,在业务性质、规模等风险可控的前提下,提供有限制条件的救济,以实现法律适用的灵活性[1]。这种救济权

_____

[1] https://asic.gov.au/about-asic/what-we-do/our-role/.

力也被称为"剩余立法权"①或者正式援助。

第二，"轻触式"准入——金融科技（FinTech）豁免。该豁免属于ASIC提供的"救济"范畴，ASIC在2016年12月24日发布的《ASIC公司（概念验证许可豁免）文书》为法律规范基础②，以2017年8月发布的RG257为指引，运用救济权为金融科技初创企业提供正式援助，允许符合要求的未持牌主体根据《公司法》有条件测试某些产品和服务的商业模式12个月，由ASIC根据被测试主体的申请决定是否对其发放牌照进入市场。"轻触式"准入的合理性基础之一就是有条件限制，主要有以下几点：主体限制、限于提供金融产品建议服务（本文别除信贷豁免部分）、限于风险较低的金融产品、零售客户人数不得超过100人（批发客户无限制）、客户总风险敞口限值不得超过500万澳元、额外信息披露、最低PI保险要求、终止保障安排和争议解决系统等。

（4）复杂服务/产品差异化准入——以全权委托账户（Managed Discretionary Account，MDA）服务为例

2016年9月29日ASIC发布新的关于MDA服务《ASIC公司（MDA服务）文书2016/968》的立法文书（legislative instrument）③，并配套修订了指南RG179，对《立法文书》中的规定进行了应用指导。在此之前提供MDA服务的有两类主体，一是经营有限全权委托管理账户（Limited Managed Discretionary Accounts，LMDA）的顾问，其依靠2004年11月5日的"无动作"信件（No-Action letter）已经豁免相关授权运

---

① 参见邢会强：《国务院金融稳定发展委员会的目标定位与职能完善——以金融法中的"三足定理"为视角》，载《法学评论》，2018（3）。

② 2016/1175ASIC Corporations（Concept Validation Licensing Exemption）Instrument 2016/1175。

③ 根据澳大利亚《立法文书法2003》制定，具有立法性质的文书（第5条），其符合生效条件，则必须遵守（第12条）。

营LMDA服务十多年[1]；二是依靠ASIC类别规则（即CO）04/194授予救济，向零售客户提供MDA提供商（MDA provider）[2]，豁免MDA提供商遵守《公司法》s601EA对管理投资计划注册的要求，并且不必遵守编制PDS等相关义务。经过多年的发展MDA相关业务模式发生了变化，ASIC在新颁布的《立法文书》和指南中对MDA定义进行调整，梳理现有MDA的业务模式，基于此对提供商提出新的许可授权和基本义务要求，并分阶段安排了过渡期间。包括在2018年10月1日前LMDA提供商必须申请变更现有授权，获得可覆盖所提供MDA服务相关授权以及符合必要的资源和专业知识等要求。所有的MDA提供商则须重新审查现有业务，务必在2017年10月1日前，使其业务行为符合新规，包括FSG中应披露的附加信息、在MDA合同条款中明确酌定决定权性质和范围等要求。

ASIC认为MDA符合《公司法》第s763B条中"用于进行财务投资的工具"和第9条"管理投资计划"（Managed Investment Scheme）的定义，并将其视为一项金融产品权益，如果客户与MDA服务提供商签订MDA合同，则该提供商将被视为该金融产品权益的发行人[3]。MDA相关概念关系如图2-3所示。

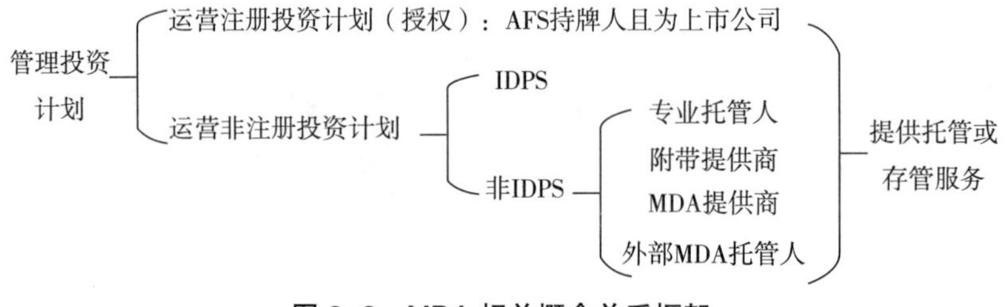

图 2-3 MDA 相关概念关系框架

---

① https://www.afa.asn.au/managed-discretionary-account-update。其中，LMDA服务的"有限"体现在有限授权范围、仅限于在受监管的平台运营服务，包括仅能通过受监管平台转移资金，服务不涉及客户的提供或撤回资金等。

② 原名称为MAD运营商（MDA operator），此次立法文件和RG179均已经改为MDA提供商（MDA provider）。

③ RG 179.16。

基于MDA服务的复杂性和特殊性，其准入有以下几个特点：第一，如果申请人欲申请包括MDA在内的11类复杂金融产品或服务的AFS牌照，则需要提供额外的证明材料，即如果要申请MDA授权，则需要申请人提供"MDA运营者能力声明"。除了在准入时对证明文件有额外要求外，风险较大且复杂的金融产品和服务在财务、人力资源、PI保险等方面的义务也有不同的规定。第二，MDA以实际提供服务的主体、授权代表身份和合同名义等为基准，判断是否应当获取授权。某一主体提供完整的MDA服务至少应当有提供金融产品建议、交易（发行）金融产品授权（仅限管理投资计划或其他金融产品的MDA服务）和存管或托管服务的全部授权。但MDA在实务金融服务链中的商业模式多样，通常MDA提供商会与第三方合作提供包括个人建议、交易金融产品、托管和存管等综合投资组合管理服务，合作模式主要有外部MDA顾问模式、外部托管人模式和委托业务模式，除委托模式外，如果外部MDA顾问与MDA客户直接订立合同编制投资计划以提供金融产品建议时，MDA服务提供商可不用获得提供金融产品建议的授权，外部MDA托管模式也同理。第三，根据在交易中发挥作用的程度申请授权。在建议之后和经销金融产品授权之下，有一类"安排"（arranging）授权，其包括实施有关金融产品的问题、变化、申请、购买或处置等超出行政管理程度的相关的行为。例如，一些在线聚合器（online aggregators）和金融产品价格比较（price comparators）服务可能构成安排，则需要获得"安排"授权。

①内外合作模式

内外合作模式可分为两种："MDA提供商+外部MDA顾问"和"MDA提供商+外部MDA托管人"。

在"MDA提供商+外部MDA顾问"模式中，外部MDA顾问必须是获得向零售客户提供金融产品咨询授权的AFS持牌人，其与客户之间签订有关咨询合同，负责编写或审查MDA提供商与客户之间MDA合同中的"投资计划"。此时作为AFS持牌人的MDA提供商无须就向零售客户提供金融产品建议业务申请授权，但须遵守在FSG中额外披露并对外部MDA顾问提供的投资计划年审等义务（见图2-4）。

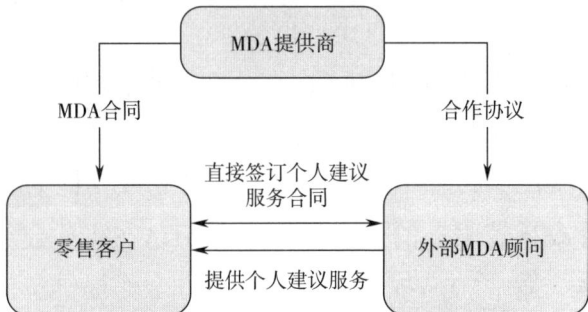

图 2-4　MDA 提供商 + 外部 MDA 顾问

在"MDA提供商+外部MDA托管人"模式中，外部MDA托管人必须是获得向零售客户提供托管或存托服务授权的AFS持牌人，其与客户之间签订托管服务合同，负责向客户提供托管或存管服务。此时作为AFS持牌人的MDA提供商则无须提供托管或存管申请授权，但须遵守在FSG中额外披露等义务（见图2-5）。

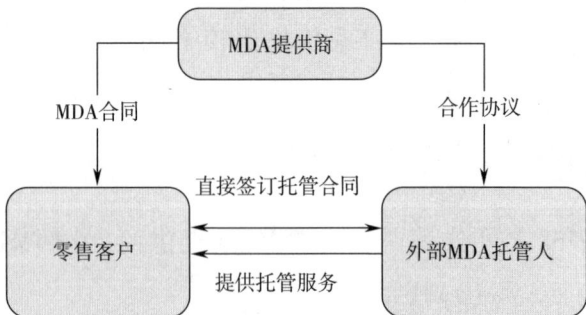

图 2-5　MDA 提供商 + 外部 MDA 托管人

②外包/委托业务模式

此模式客户只与MDA提供商签订MDA合同，MDA提供商聘请拥有存管或托管（或提供金融产品建议）授权的AFS持牌人向客户提供存管或托管服务，或者使用内部顾问编制或审查MDA合同中包含的投资计划，而事实向客户提供服务的人为MDA提供商的代理人。MDA提供商应就MDA合同提供服务获得相关授权，并负有披露、采取适当技巧和谨慎措施选择和监控服务提供商等义务（见图2-6）。

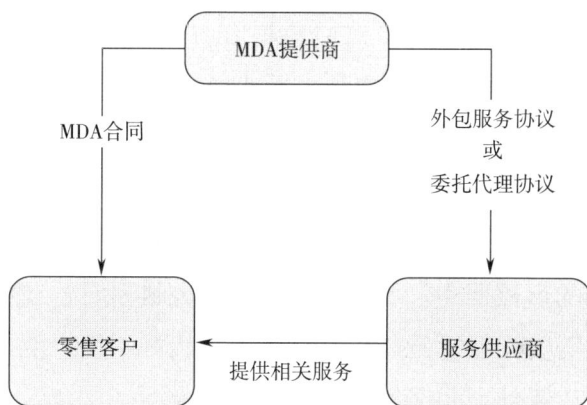

图2-6　外包 / 委托业务模式

（5）智能投顾营运者许可授权路径

第一，已经持有AFS牌照。已持有AFS牌照的数字建议营运者在其牌照授权范围内提供金融产品相关的服务，不用另行申请牌照。但如果拟提供的金融产品或者服务超出授权范围，在满足法定授权条件下，营运者可以向ASIC申请变更原有牌照下服务、产品或者客户类别的授权范围①。

第二，未持牌的初创金融科技企业的准入路径有以下几点：一是

---

① RG255.34。

成为AFS牌照的授权代表。根据《公司法》第S911A（1）条的规定法定豁免持牌从事智能投顾业务，以此类方式准入需要考虑授权者的AFS牌照与自身提供服务类型的匹配（授权覆盖）。作为授权方（持牌人）则需要注意已授权的代表数量、为这些代表们提供的合规帮助、对代表的监督与检测和合规记录保存等问题。二是根据智能投顾经营业务内容，向ASIC申请获得自己的AFS牌照授权（包括有限AFS牌照）[①]。三是通过申请进入监管沙箱，豁免持牌测试智能投顾商业模式12个月，并在通过测试后申请牌照。

第三，智能投顾营运者申请AFS牌照时的特殊考虑。智能投顾营运者在申请自己的AFS牌照时需要注意两点：一是确保自身的业务能力符合ASIC的一般要求（也是原有法律要求）和特殊期望；二是确保AFS牌照授权范围覆盖所提供的金融产品和服务，除了明晰了智能投顾营运者申请AFS牌照时对其服务能力的一般审核要点外，ASIC还基于此对营运者提出了特殊的审核期望。所以，在准备相关材料时，在前述一般要点的基础之上还需要注意特殊风险管理和充足资源，组织能力一般要求和特殊安排和提供额外证明文件等。

第四，FinTech豁免申请流程和说明。FinTech许可豁免流程如下：A.编制书面文件；B.准备相关证明；C.材料发送到ASIC邮箱；D.ASIC检查，是否符合前述FinTech主体、客体和豁免条件等要求，网站发布；E.测试期结束后两个月向ASIC简短报告；F.ASIC汇总报告分析可行性、有效性和风险等。

---

① 作为有限AFS牌照持有人，其只能就自营养老基金提供建议、客户现有退休金产品持有与后及持有量提供建议和对六种金融产品（养老金产品、证券、简单的管理投资计划、普通保险产品、人寿保险产品、基本存款产品）的"产品类别"提供建议"。

4. 智能投顾AFS持牌人基本义务及特殊指引

根据《公司法》s912A（1），作为AFS持牌人，无论获得AFS牌照下的何种授权，提供何种服务，均须遵守AFS持牌人的基本义务。根据《公司法》s912A（1），作为AFS持牌人应当遵守以下一般义务：①持牌人应尽全力确保牌照所涵盖的金融服务能够有效、诚实和公平地提供给客户；②有适当的安排来管理利益冲突；③遵守持牌人的许可条件；④遵守金融服务法律；⑤持牌人应采取合理步骤确保其代表遵守金融服务法律；⑥除非另有例外，持牌人应拥有充足的财务、技术和人力资源来提供持牌人牌照所涵盖的金融服务并执行监督安排；⑦维持持牌人提供其牌照所涵盖的金融服务的能力；⑧持牌人应确保其代表接受充分的培训使其有能力提供授权的金融服务；⑨持牌人如向零售客户提供金融服务，应当有争议解决系统；⑩除非另有例外，持牌人应当建立和保持适当的风险管理系统。如果持牌人违反其一般义务，需要向ASIC通知该违规行为；如果ASIC有理由相信持牌人没有遵守前述义务，可能会采取包括暂停或取消牌照、施加额外许可条件等行政措施。具体如何遵守一般性合规义务还需要根据持牌人业务的性质、规模和复杂性来确定。

以数字建议服务的网络和算法特殊风险为导向，ASIC在RG255中就智能投顾营运者如何遵守AFS持牌人的一般义务进行了特殊指引。

（1）人力、技术资源要求和特殊指引

营运者须遵守《公司法》第s912A（1）（d）条，确保充足的财务、技术和人力资源来提供持牌人牌照所涵盖的金融服务并执行监督安排；结合智能投顾的通过算法生成建议的特殊性，RG255要求智能投顾营运者应从以下几方面遵守该义务。

①人力资源和监督安排。首先，智能投顾被许可人应确保业务人员中至少有一位了解用于提供数字建议技术和算法基本原理、风险和

规则的人，至少有一位有能力检查数字建议的人，定期检查算法生成的数字建议"质量"。其次，基于不相容职务分离，算法管理和算法建议监督人员不得为同一人，具体人力资源需要根据业务规模和复杂程度安排。最后，智能投顾如果将业务功能外包，则应当以适当且谨慎的选择服务供应商，持续监督和审查与数字建议相关的算法及其生成的建议。②技术资源。金融服务行业的技术资源包括电话、传真、个人电脑、复杂的网络和定制的信息技术（Information Technology，IT）系统等，RG255对保证技术资源要求再次进行了强调，主要包括维护客户记录和数据完整性；满足当前和预期的未来业务需求（如系统容量）；保护机密信息和其他信息；确保向客户提供数字建议的任何系统可提供充足的连续性服务计划、系统备份和灾难恢复计划。③业务外包管理。根据智能投顾业务性质、规模和复杂程度不同，有些资源有限的营运者出于降低成本和专业性的考虑可能会将部分业务外包，如外包储存与提供金融服务记录有关的IT系统、招聘和培训代表、与金融服务有关的金融产品研究和定期对代表们的合规审查工作等。根据《公司法》s769B的规定，持牌人尽管将部分业务职能外包，但其仍有遵守作为被许可人的义务，对外包职能负责。所以，对于外包业务需要注意，首先在挑选外包服务供应商时要有适当机制，采取适当的谨慎态度和技巧选择适当的外包供应商；其次，对外包供应商提供的服务持续监督，以满足自身业务持续性要求；最后，妥善处理外包供应商违反外包协议或者违反持牌人所应遵守义务的任何行为。

（2）组织能力要求

营运者遵守《公司法》第s912A（1）（e）条的组织能力要求。提供数字建议的持牌人应当确保至少有一名满足培训和能力的人作为管理责任人。管理责任人分为五个不同的类别，通过知识（资质和培训）和技能（经验）两个维度组合判断。

（3）风险管理要求和特殊指引

AFS持牌人应遵守《公司法》第s912A（1）（e）条的风险管理要求。ASIC对智能投顾风险特殊指引重点体现在算法、网络安全和PI保险三个方面。

第一，算法风险应对措施——监视和测试算法（风险降低）。提供数字建议的持牌人应基于数字建议业务的性质、规模和复杂程度，对算法进行定期监视和测试[1]，控制措施包括但不限于：①在最初设计算法时，应有适当的系统设计、决策树和包含测试计划、测试案例、测试结果、缺陷解决方案和最终测试结果等测试策略的文件体系；算法更改应有适当流程管理和权限设置；算法运行前后应定期进行稳定性测试。②有足够的人力和技术资源，监测和监督算法执行，确保算法输出的建议质量，符合客户最大利益及相关义务要求。③发生关键影响因素变动情况（市场或法律变化）应检查和更新算法；监测时如发现存在错误或者违规应停止提供建议。④向零售投资者提供数字建议服务，则须保存前述相关控制和监测记录，且不得少于7年；⑤建立适当的内部签核（sign off）流程，确保前述风险控制措施的实现。

第二，重视网络和信息安全风险管理——标准化要求（风险降低）。RG255网络安全风险应对指引主要有三个方面，一是网络安全标准框架，如国家标准与技术研究所的《改善关键基础设施网络安全的框架》、澳大利亚信号局（Australian Signals Directorate，ASD）《缓释网络安全事件的策略》和国际公认的网络安全标准等；二是"云"技术合规措施，可参考澳大利亚网络安全中心的相关出版物；三是网络恢复，可参考ASIC发布的REP429《网络恢复：健康检查报告》。

---

[1]　RG255.73。

其中，《改善关键基础设施网络安全的框架》中的框架由核心框架、框架配置文件和框架实施层组成，整体侧重于利用业务驱动因素来指导网络安全活动，并将网络安全风险作为系统风险管理流程的一部分。核心框架类似于网络风险控制矩阵模板，将识别、保护、检测、响应和恢复等网络安全活动组织起来，通过类别与子类别对前述网络安全活动进行详细描述。

澳大利亚信号局（Australian Signals Directorate，ASD）《缓解网络安全事件的策略》。ASD制定了应对网络安全风险的优先级缓解策略，该策略针对具有破坏性意图的目标网络入侵、勒索软件和外部对手、恶意内部人员，"企业电子邮件泄密"和行业控制系统风险缓释进行了指引，以帮助所有组织中的网络安全技术专业人员缓解网络安全风险。ASD认为目标网络入侵中至少有85%可通过四种策略来缓解，且这四大策略也是澳大利亚政府的强制性要求：①使用应用程序"白名单"来防止恶意软件和未经批准的程序运行；②补丁应用程序，如Flash、Web浏览器、Microsoft Office、Java和PDF阅读器等；③补丁操作系统；④根据用户职责限制操作系统和应用程序的管理权限。ASD还对其他网络安全风险进行了单独指引，并针对五类风险提出根据安全有效性分为四个优先层级共37条缓释策略，汇总成网络安全风险缓释策略矩阵[1]。

第三，适当的职业责任赔偿保险（Professional Indemnity Insurance，以下简称PI保险）安排（风险分担）。根据《公司法》第912B条，为零售客户提供金融服务的AFS持照者必须有客户因被许可人或其代表违反《公司法》第7章规定的义务而遭受的损失的赔偿安排。提供数字建议的持牌人须从以下几方面考虑赔偿安排的充足性：①通过每月查看数据，考虑可能增长的客户数量。考虑算法缺陷（如基本

---

[1] https://www.asd.gov.au/publications/Mitigation_Strategies_2017.pdf.

假设不正确、算法未更新以反映立法变化）可能带来的最大损失等。②算法缺陷导致的损失，可能会被保险公司视为单一索赔，故而需要考虑PI保险索赔条款。③PI保险安排要适当考虑是否提供MDA服务。④定期检查业务和潜在损失。根据业务变动动态变更和管理PI保险。每年检查一次PI保险，以确保PI保单的充足性。

智能投顾营运者在遵守一般义务的同时，还需注意《公司法》7.10部分规定的金融产品和金融服务有关的市场不当行为和其他禁止行为，主要包括虚假交易和市场操纵、传播有关非法交易的信息、虚假或误导性陈述、诱导交易、不诚实的行为和误导性或欺骗性行为（仅限民事责任）等。

5. 智能投顾营运者信息披露义务

ASIC监管框架下的信息披露特色就是强制性要求负有披露义务的营运者提供披露文件，以平衡零售客户与营运者初始和持续状态的信息不平衡。这种强制性体现在提供时间、类别、内容、记录、披露方式等方面的"标准化"和"差异化"规定，违反强制性披露要求被视为犯罪，造成损害需承担民事责任。披露义务适用主体为提供建议的实体，包含AFS持牌人或授权代表（以下统称为营运者）。例如，前两者雇员提供建议，则提供建议的实体则为AFS持牌人或授权代表。

6. 智能投顾营运者信义义务和ASIC的最低期望

信义义务是一种为了受益人最大利益的行为，其最初产自信托关系，而后扩大到代理、监护和投资咨询关系中①。该义务应贯穿于提供金融服务业务的全程，但因业务类别又有所区别，如美国SEC认为投资顾问作为受托人应当采取合理必要的步骤来履行客户最佳利益、最

---

① 邢会强：《金融消费者权利的法律保护与救济》，经济科学出版社，第143页。

大忠诚、避免利益冲突、避免误导客户和公平披露所有重要事实等义务[1]。FINRA规则第5310条规定经纪商必须遵守最佳执行责任等。根据澳大利亚原有监管框架，智能投顾营运者根据其业务内容需要从以下几个层次遵守信义义务。

（1）数字建议提供者——客户最佳利益及相关义务

《公司法》7.7A第2部分规定了作为金融服务持牌人的最佳利益及其相关义务，即AFS持牌人有义务采取合理措施确保自己和其代表遵守以下规定：①最佳利益义务；②提供适当的建议；③如果建议基于不完整或不准确的信息，则有义务警告客户；④优先考虑客户利益的义务[2]。这类义务具体有以下几点特征：第一，从适用主体角度来说，S961及其相关部分规定的义务适用的主体范围为零售客户提供个人建议服务的提供者[3]，例如，AFS持牌人雇员提供的个人建议，则雇员和AFS持牌人均须遵守该义务，具体范围包含AFS持牌人、授权代表和其他代表，提供金融产品建议的其他实体或个人。如果某主体是通过计算机程序为零售客户提供个人建议，则该主体即为建议提供者[4]（以下统称建议提供者）。第二，从适用客体角度来说，s961及其相关部分规定的最佳利益及其相关义务适用于所有的个人建议，不适用于一般建议。第三，从这几类义务关系角度来说，尽管最大利益责任、适当的建议要求和冲突优先权规则，有其相似点，即都是基于客户的利益而考虑，但是这三者是平行约束营运者且彼此独立的义务[5]。

---

[1] SEC, *Information for Newly-Registered Investment Advisers*, （November 23, 2010）, https://www.sec.gov/divisions/investment/advoverview.htm （last visited on Aug .24, 2018）.

[2] 《公司法》s961B、《公司法》s961G、《公司法》s961H、《公司法》s961J和s961L。

[3] 《公司法》s961（1）和s961（2）。

[4] 《公司法》s961（6）。

[5] RG175.235（e）.

综上，客户最佳利益及相关义务的遵守，是金融产品建议服务的"质量"标准之一[①]，故而RG255指引数字建议AFS持牌人应当有强有力的合规安排，由合格的审查人员定期、随机、全流程监控和测试向客户提供的数字建议的质量，确保数字建议可以符合法定要求。当识别算法错误、不适合客户等违规情形时，及时采取纠正、停止提供建议和提交违规报告等行动[②]。根据ASIC对智能投顾的"最低期望"义务分析，ASIC认为营运者的传统信义义务可以运用技术"优化在线服务流程和文件+合理的人工监测"等方式来遵守。

（2）数字建议延仲业务营运者的信义义务

第一，MDA服务提供商信义义务。

在智能投顾业务链中，营运者需要根据其业务性质，遵守不同内容和层次的信义义务。在提供MDA服务阶段，MDA提供商须遵守《公司法》第5C章第691FC条规定的注册管理投资计划实体应当遵守的一般义务。包括诚实行事、向客户提供MDA服务时应行使合理的人所行使的谨慎和勤勉程度的义务，使客户处于合理的位置；在履行与MDA有关的职责时，为客户的最佳利益行事，并且如果客户的利益与MDA提供商的利益发生冲突，应优先考虑客户的利益；平等对待同一类别权益的成员和公平对待不同类别权益的成员；不使用客户的相关信息为自己或任何其他人获取利益或损害客户的利益。

第二，执行交易阶段的信义义务。

在执行交易阶段，根据《ASIC市场完整性规则（证券市场）》（以下简称《证券市场规则》）第3.8条的规定，相关营运者如果作为

---

① 标准最初来自ASIC支持FoFA改革的发布的《养老金建议的影子购物调查》报告，里面有关财务建议服务高质量的标准，在ASIC后续的监管文件和报告中多次被提及。

② RG255.110–117。

市场参与者，有义务在处理和执行客户订单时采取合理步骤为客户取得最佳结果，除非客户另有指示。具体合规要求主要有以下几点：①市场参与者必须制定适当的政策和程序确保遵守最佳执行交易义务，且必须严格遵守和动态审查义务。②禁止歧视性佣金结构，对相同订单和客户差异收取佣金，除非差异与执行市场订单的实际成本有关。③零售客户的最佳结果指最佳总费用，但是如果客户以书面形式（记录保留7年）明确无误地与市场参与者就满足条件的特定订单约定以客户指示的方式执行，则市场参与者必须采取合理措施以满足零售客户指示的方式处理和执行订单。市场参与者不得采取措施鼓励或诱导客户提供前述指示。④首次接受客户的客户订单前，市场参与者必须向客户披露其最佳执行责任。智能投顾平台Clover的交易执行合作商OpenMarkets在签订相关协议时，单独向客户披露包含最佳执行交易责任、最佳执行交易场所、标准等信息的文件[①]。

7. 作为MDA提供商的具体义务

提供MDA涉及一系列功能和服务，例如向客户提供发行和交易金融产品服务、提供托管或存管服务以及提供个人建议。所以遵守相关义务的不仅仅是与客户签订MDA协议的MDA提供商，还应包括提供与MDA有关的服务和功能的人，包括MDA提供商的代理人、外部MDA托管人和外部MDA顾问等。

除了前述许可和授权外，MDA提供商义务遵守要点主要分为三个方面：要做到业务披露或合同等文件合规、业务行为合规和与定期向客户报告等。

---

① http://www.openmarkets.com.au/wp-content/uploads/Best-Execution-Policy.pdf.

8. 澳大利亚个人隐私保护规范

（1）澳大利亚个人隐私保护主要规范文件

澳大利亚个人隐私受到英联邦、州和地区立法的保护，每个立法都包含不同的隐私保护原则。这些原则基于经济合作与发展组织关于保护隐私和跨境个人信息流的指南（经合组织原则）制定[1]。从监管文件上来说，与客户个人隐私保护的相关规范主要有以下几部。

第一，个人隐私保护及相关法律。一是1988年《隐私法》（*Privacy Act 1988*），其中包含澳大利亚隐私原则（Australian Privacy Principles，APPs）[2]；二是《隐私法》后续系列修正案，如《2012年隐私修正案（加强隐私保护）法》，《2017年隐私修正案（应予报告数据泄露）法》将"数据泄露强制性通知制度"引入《隐私法》中，并于2018年2月22日生效；三是与个人隐私保护相关的1982年的《信息自由法》（*Freedom of Information Act*，FOI）。

第二，其他一般法律。例如，《2003年垃圾邮件法》规范广告邮件和其他电子广告信息的发送、《2006年不要致电注册法》（*Do Not Call Register Act*，DNCRA）约束电话营销和传真营销行为；《2001年金融部门（数据收集）法》和《2010年税法修正案（纳税人信息保密）法》等。

第三，州或地区的立法。尽管澳大利亚个人隐私所有相关法律都是基于经合组织原则制定，但联邦和州立法从管辖权到管辖方式存在很大的差异和交叉重叠，特别是对于健康隐私的保护原则[3]。具体主

---

[1] https：//www.w3.org/2018/vocabws/papers/watts-casanovas.pdf.

[2] https：//thelawreviews.co.uk/edition/the-privacy-data-protection-and-cybersecurity-law-review-edition-4/1151244/australia.

[3] https：//www.w3.org/2018/vocabws/papers/watts-casanovas.pdf.

要有昆士兰州（QId）的《侵犯隐私法1971》（*The Invasion of Privacy Act*）和《信息隐私法2009》（*Information Privacy Act 2009*），新南威尔士州（NSW）的《隐私和个人信息保护法》（*Privacy and Personal Information Protection Act 1998*），维多利亚州（VIC）的《隐私和数据保护法2014》（*Privacy and Data Protection Act*），塔斯马尼亚（Tas）的《个人信息保护法2004》（*Personal Information Protection Act 2004*），澳大利亚首都直辖区（ACT）的《工作场所隐私法2011》（*Workplace Privacy Act 2011*）和《信息隐私法2014》（*Information Privacy Act 2014*）。

第四，与个人隐私保护相关的其他部门特别立法。一是电信管理部门的《电信法1997》（*Telecommunications Act*）及其修正案。如2015年《电信（拦截和访问）修正案（数据保留）法》（*Telecommunications"Interception and Access"Amendment"Data Retention"Act*）等以规范电信服务供应商的数据保留行为；二是健康管理部门的相关规范。例如，新南威尔士州的《健康记录和信息隐私法》（*Health Records and Information Privacy Act 2002*）和维多利亚州的《健康记录法》（*Health Records Act 2001*）。

第五，不具有法律效力的《隐私法》和APPs相关指南。澳大利亚信息专员办公室还会发布各种指南以协助各机构和组织更有效地遵守《隐私法》。例如，APPs系列指南、2014年《隐私影响评估指南》（*Privacy Impact Assessment*，PIA）、2018年5月发布的《交互式隐私管理计划（*Interactive Privacy Management Plan*，PMP）解释》、2018年3月发布的《去标识和隐私法案》和《数据分析指南和澳大利亚隐私原则》以及2018年发布的《数据泄露准备和响应》等指南。

（2）澳大利亚个人隐私保护相关机构

就联邦层面来说，澳大利亚个人隐私保护相关机构主要有三家。

第一，澳大利亚个人隐私保护的主责机构为澳大利亚信息专员办公室（The Office of the Australian Information Commissioner，OAIC）[①]。基于《隐私法》《信息自由法》《2010年澳大利亚信息专员法》（*Australian Information Commissioner Act*，AIC）和其他法律的授权，OAIC主要承担三方面的职能：隐私权管理职能；信息自由管理职能；监督政府信息政策（Information policy）职能。

第二，澳大利亚通讯和媒体管理局（Australian Communications and Media Authority，ACMA）管理《2003年垃圾邮件法》《不要致电注册法》（*Do Not Call Register Act*，DNCRA）的适用。

第三，澳大利亚司法部（Australian Attorney-General's Department，AGD）负有澳大利亚国家安全、行政、刑法、执法、海关和边境管制方面的部分管理职能。例如，其有责任对《电信（拦截和访问）修正案（数据保留）法》的适用提供帮助。

（3）澳大利亚客户个人隐私保护核心——1988年《隐私法》和APPs

澳大利亚个人隐私保护最为核心的规范即为《隐私法》（包含APPs），主要调整私营部门组织和联邦政府机构对个人信息的处理活动，其中组织包括个人（包括独家经营者）、法人团体、任何其他非法人团体或基金受托机构等。例如，在澳大利亚使用cookies收集的个人数据则受《隐私法》约束（见表2-1）。Raiz作为组织在其PDS披露"我们必须按照1988年《隐私法》（*Privacy Act* 1988）和澳大利亚隐私原则（Australian Privacy Principles，APPs）[②]的要求处理您的个人信息"。

---

① https：//www.oaic.gov.au.

② https：//thelawreviews.co.uk/edition/the-privacy-data-protection-and-cybersecurity-law-review-edition-4/1151244/australia.

表2-1 澳大利亚《隐私法》中13项隐私原则的具体要求

序号	类别	具体要求
APP 1	公开透明的个人信息管理	①要求组织采取合理的步骤来建立和维护确保符合 APP 的内部实践、程序和系统；②要求组织有明确表达和更新的 APP 隐私政策，描述其如何管理个人信息
APP 2	匿名和假名	个人必须有权选择匿名或通过假名（不识别自己）与 APP 实体进行交易，除非这是不切实际的
APP 3	征求和收集个人信息	①仅在合理需要或直接与组织的职能或活动相关的情况下收集个人信息；②仅通过合法和公平的方式收集信息；③仅直接通过个人收集信息，除非它是不合理或不切实际的；④仅在个人同意的情况下收集敏感信息（除非适用例外情况）
APP 4	未经请求的个人信息	如果组织收到未经请求的个人信息，则必须在合理的时间内确定是否可以在 APP 下收集信息。如果不是，组织必须销毁或者"去识别"该信息
APP 5	收集个人信息的通知	收集个人信息的组织必须在收集信息之前或收集信息时采取合理的步骤（如果有的话），以使个人了解一些 APP 规定的事项。例如，收集的事实情况和收集目的等信息通知
APP 6	使用或披露个人信息	①个人信息只能用于收集它的目的（称为"主要目的"），或者如果符合例外情形，则可用于次要目的，二次使用；②例外情况包括个人同意、个人合理期望用于次要目的和允许的其他合理情况；③对于敏感信息，个人合理期望用于次要目的情形的信息使用或披露必须与主要目的直接相关
APP 7	直接营销	①在下列情况下，组织可以使用和披露个人信息进行直接营销：a. 组织直接收集，且个人合理期望；b. 个人同意信息用于营销目的；c. 将信息用于直接营销获得个人同意是不切实际的。②敏感信息只能在个人同意的情况下用于直接营销。除非适用例外情况，否则不得使用或披露其他个人信息用于直接营销。③在允许直接营销的情况下，组织必须始终为个人提供"选择退出"直接营销传播的方法。④ APP 7 不适用于 DNCRA 和《垃圾邮件法》的适用范围
APP 8	向澳大利亚境外发送个人信息	①如果组织向海外收件人提供个人信息，则该组织被视为"披露"个人信息；②在实体向海外收件人披露有关个人的个人信息之前，除了 APP 8.2 中规定的某些例外情况外，该实体必须采取合理措施确保收件人不违反 APP 的相关规定

续表

序号	类别	具体要求
APP 9	采用、使用或披露与政府相关的标识符	①组织不得采用（如收集）政府机构分配给个人的标识符（如驾驶执照和护照号码等）作为个人的自己的标识符，除非适用例外情况；②适用的例外情况包括根据澳大利亚法律要求授权采用、披露或使用等
APP 10	个人信息的质量	组织必须采取合理措施确保其收集使用和披露的个人信息准确，最新且完整，并且在使用或披露的情况下，确保信息的相关性
APP 11	个人信息的安全性	①组织必须采取合理措施保护其所持有的信息不被滥用、干扰、丢失、未经授权的访问、修改或披露；②一旦不再需要信息，可以根据 APP 使用或披露信息、销毁或取消可识别的个人信息
APP 12	访问个人信息	①组织必须根据要求让个人访问关于他或她的任何个人信息，除非有例外；②例外情况包括提供个人信息访问可能对其他人的隐私产生不合理的影响，或者拒绝个人访问符合澳大利亚法律要求或授权
APP 13	个人信息的更正	①如果组织信息不准确或者个人要求组织这样做，组织必须采取合理的步骤来纠正任何个人信息；②根据准则，合理的步骤可能包括作出适当的删除。但是，个人没有明确的合法权利删除不准确的数据；③如果组织拒绝更正个人信息，则必须向请求更正的人提供理由，并告诉他们可以投诉的机制

个人信息的范围和去标识与《隐私法》的适用客观对象范围相关，敏感信息和非敏感个人信息被《隐私法》区别对待保护。基于此前提的APPs共有13项要求，可分为5个阶段。第一，考虑个人信息的隐私。包括APP 1公开透明的个人信息管理、APP 2客户选择匿名和假名。第二，个人信息的收集。包含APP 3征求和收集个人信息、APP 4未经请求的个人信息收集和APP 5提供收集个人信息的通知。第三，处理个人信息。APP 6使用或披露个人信息符合主要目的和次要目的的要求；APP 7个人直接营销需要符合个人合理期望或同意等要求；APP 8向澳大利亚境外发送个人信息需要采取合理的必要步骤；APP 9采

用、使用或披露与政府相关的标识符的限制。第四，确保个人信息的质量。APP 10个人信息的质量，即组织必须采取合理措施确保其收集使用和披露的个人信息准确，最新且完整，并且在使用或披露的情况下，确保信息的相关性。第五，访问和更正个人信息。APP 12个人应有权访问自己的个人信息，除非有例外情形；APP 13个人要求信息更正的处理流程（见表2-1）。

（4）数据分析和《隐私法》

智能投顾为客户提供的服务基于算法对数据的分析和匹配之上。数据分析旨在获取和评估数据以提取有用信息的过程或活动，其包含"大数据""数据集成""数据挖掘"和"数据匹配"等子概念。OAIC认识到了从事数据分析应用的重要意义和数据分析技术的特殊性，进而发布了《数据分析指南和澳大利亚隐私原则》提供数据分析活动的最佳实践方法，以便在进行数据分析过程时保护个人信息。主要需要注意以下几点：①尽可能地使用去标识的信息，成功去识别的数据不是个人信息，因此可不适用《隐私法》；②通过采用隐私设计方法，将良好的隐私治理融入组织文化、流程和系统（符合APP 1）；③对数据分析项目进行动态隐私影响评估（Privacy Impact Assessment，PIA）；④保持开放和透明的隐私政策；⑤了解自己收集的信息；⑥小心敏感信息；⑦使信息收集通知尽可能动态、清晰、有效和友好；⑧考虑信息新用途（次要目的）的合法理由；⑨为个人提供选择；⑩确保营销活动符合APP7；⑪确保信息的准确性，可采取更严格的步骤来维护用于数据分析的信息质量。

9. 澳大利亚智能投顾监管借鉴

放眼国际，面对智能投顾带来的监管困境，主要有两种法律规制方案。第一，通过对现有法律框架重新解释，将智能投顾纳入监管范围，并基于其网络、算法、自动化的特殊性，提出合规指引或最低监管义务（Minimum Regulatory Obligation，MRO），引导智能投顾市场的有序发展。如澳大利亚、美国、德国、日本、加拿大和中国香港，各监管机构发布的指引性文件各有其侧重点，美国SEC指引侧重于投资者教育，美国FINRA、马萨诸塞州证券部、我国香港地区、加拿大和澳大利亚侧重于营运者行为指引，德国则二者兼具。第二，修改相关法律。如新加坡MAS专门修改了《财务顾问法》和《证券期货法》等相关法律中的具体条款和灵活运用豁免规则，汇集有效信息，发布《数字顾问服务准则》以期对智能投顾实现更有效的监管。澳大利亚原有监管框架对智能投顾涉及的提供金融产品建议、全权委托账户和自动执行交易等服务的法律规范较为体系化，基本可以对智能投顾所带来的监管风险有所缓释，故而具有重要借鉴意义。

从宏观政策环境来说，澳大利亚可借鉴之处在于全方位政策支持，构建良好创新生态。2017年，澳大利亚政府以其2017—2018年财政预算为基础，为国家创新和科学议程（National Innovation and Science Agenda，NISA）和FinTech计划提供11亿澳元的支持，通过鼓励个人和企业加强合作、培养人才和技能，支持创业和改善资本获取途径以推进创新，致力于将澳大利亚建设成为全球领先的金融技术（金融科技）中心。澳大利亚政府、APRA和ASIC等机构联合推行的针对智能投顾的主要政策为智能投顾初创企业提供了全阶段、全方位的政策支持、监管指导、教育、研究资源、商业环境和资金支持，初步构建了发展金融科技的良性生态系统。

从微观的准入和行为监管来说，对于澳大利亚智能投顾的问题解决方案，有以下几点借鉴之处。

（1）明确监管目标，多举措支持有序创新

①明晰创新的监管目标和原则

面对金融科技的挑战，ASIC并未更改促进投资者和消费者的信任和信心、确保公平和有效的市场、为金融服务和市场参与者提供有效的注册和许可的监管目标[①]。ASIC三大监管目标贯穿智能投顾监管问题的始终。

在智能投顾准入阶段，原有框架内的标准化安全准入+FinTech豁免的"轻触式"准入模式，实现投资者信任信心和创新的平衡。在智能投顾营运阶段，对智能投顾算法人力资源、技术资源、网络安全和风险管理等方面的要求，要求营运者具备业务能力，提供安全的服务，确保投资者信任和信心；重新解释原有信义义务内容，提出数字建议的客户最佳利益"安全港"，缓解数字建议难以适用原有信义义务的合规障碍；在智能投顾业务执行交易阶段，多层次设计控制措施，防范算法程序、电子交易等可能导致的系统性风险，确保市场的公平和高效运作。此外，技术中立、功能等同原则和风险管理方法、留痕要求等贯穿智能投顾营运者准入和义务标准设计的始终。

②多举措鼓励有序创新

第一，技术性调整组织架构，建立信息共享平台。ASIC的创新中心是市场营运者、专家、监管者等构成的重要信息共享平台和沟通机构，为营运者提供非正式援助和个别指导。第二，了解市场动态。为协助提供或打算提供数字建议的营运者，ASIC专门成立数字建议工作小组，在2015—2016年会见了29家数字建议服务提供商，以了解其

[①] https：//asic.gov.au/about-asic/what-we-do/our-role/，部分监管工作人员还提出注意金融科技发展可能带来的系统性风险的目标。

业务模式并就数字顾问的赔偿安排是否充分、培训和能力标准、算法（测试、监督和风险管理）和如何适用最佳利益义务等相关监管问题进行了广泛的讨论①。与智能投顾营运者的信息沟通，有利于监管者在最早的时间了解智能投顾基本信息、商业模式、整体发展现状、判断利弊并基于此对合格企业提供非正式援助和指导。第三，以风险为导向。以监管成本和效益为评价基准的FinTech豁免机制，提供许可准入的正式援助。

（2）科学定义智能投顾，及时纳入监管框架

①确定"核心"监管范围，预留解释空间

首先，数字建议的定义从金融服务、金融产品和服务对象三维度，基本确定智能投顾服务"核心"监管范围，即直接面向零售客户提供数字建议服务（包括一般或个人建议）。后续提供MDA、托管和自动交易执行服务的营运者直接适用原有监管规则即可。不再纠结于智能投顾的"自动投资工具""平台""顾问"定位，避免结合提供建议、提供MDA和自动交易等综合功能定义而可能导致的监管界限模糊争议。其次，数字建议对象仅限于金融产品，与现今智能投顾功能、原理和技术水平较为匹配。最后，强调"综合财务计划"范围，为数字建议技术水平的发展保留灵活解释空间。

②确认数字建议法律效力，提高全流程监管效率

RG255第6条明确表示法律的技术中立性原则，适用于传统金融产品建议的义务等同适用于数字建议，并对数字建议法律效力进行功能确认。数字建议是智能投顾后续MDA服务、资金托管和执行交易业务的开端并贯穿全程，即使属于MDA服务范畴的自动再重新平衡功

---

① http://www.asic.gov.au/media/3359553/rep448-published-24-september-2015.pdf.

能，其执行依据是由已被授权提供金融产品建议的主体（例如外部MDA顾问）通过算法技术自动编制的投资计划，本质上是根据客户个人情况进行的金融产品建议转换。在智能投顾迅速发展的今天，有重点地最先对智能投顾核心服务——"数字建议"进行效力确认，发布监管指引有其紧迫性，也有利于及时提高智能投顾业务链的整体监管效率。

③穿透商业模式，差异化功能监管

数字建议、交易或者安排金融产品、MDA服务、资金存管以及执行交易业务，在澳大利亚分别适用不同的授权类别。将其有意剥离于包含MDA或者自动执行交易的智能投顾定义，有利于基于原有监管框架，穿透智能投顾复杂的商业模式直至其金融服务和产品本质。以不同业务风险为导向进行"差异化"功能监管，明晰合作中各业务主体准入资质及不同层次的义务，故而有其合理性。

④灵活利用辅助性文件，及时指引营运者行为

监管指南、咨询文件、报告和信息表等非强制性指引文件，对及时将智能投顾纳入监管框架发挥了重要作用。首先，指引性文件将关键监管信息及流程梳理、汇总、解释。所使用的语言与简短、精炼的法律语言（有一定的专业性）相比，其阐述比较通俗易懂，一般人直接阅读就可理解，实现了智能投顾关键监管信息的有效传递。其次，指引性文件省去了法律文件的各种提案审批流程，发布速度比较快，可以及时地在智能投顾迅速发展，尚未产生"大而不能倒"、造成投资者损失等问题之前及时引导从业者行为符合基本法律规定的基本义务，规范了智能投顾商业模式，体现了监管的及时性，同时也维护了法律的稳定性。

（3）统合金融服务法律，有利于产品、服务与客户需求的风险适配管理

1998年，澳大利亚开始进行金融监管体制改革，将以相同经济性质或功能的金融商品和服务作为客体的金融服务法律关系进行统合规制[①]，逐步构建了宏观审慎监管和微观准入与行为监管的"双峰"监管模式。ASIC在澳大利亚"双峰"监管模式中担当微观行为监管者的角色，主要通过监督公司以及金融服务法律适用来保护投资者客户。这种监管模式下，造就了澳大利亚金融服务领域"统合AFS牌照、三维度定制化授权、灵活的豁免机制和差异化准入授权"的许可框架以及在此框架下的多层次和差异化义务结构，主要有以下几点借鉴：第一，提供综合金融服务和产品多样化是智能投顾业务特征之一，智能投顾统合适用AFS牌照，以服务行为和产品定牌照，而非以各种牌照定服务的准入机制，可降低重复持牌和监管成本，避免牌照成为稀缺资源。第二，智能投顾业务模式有多样化的特点，适用三维度定制化授权规则，有利于营运者根据业务的性质、规模和复杂程度，统一申请提供金融产品建议、安排或者交易金融产品、MDA服务授权中的一项或者多项，根据市场需求安全提供定制化服务。第三，有条件豁免准入和义务机制，是监管智能投顾监管风险的动态应对工具，出现规制漏洞或合规障碍时，在风险可控的前提下豁免营运者准入和义务以提供服务，可确保智能投顾业务价值链条的完整性和持续性安排，有利于发挥其技术功能优势。第四，差异化授权准入和义务，以及基于营运者业务内容构建的"一般义务+基本业务义务+特殊义务"的多层次义务结构，全覆盖智能投顾营运者行为，降低监管盲区和监管套利的发生概率。

---

① 参见杨东：《论金融法制的横向规制趋势》，载《法学家》，2009（2）。

（4）多维度平衡零售客户和营运者信息不对称地位

ASIC通过差异化披露义务设计，再将差异化披露义务进行精细化、标准化处理，结合金融服务营运者相关信息数据库等方式，尽力去平衡投资者或者消费者与营运者之间的信息不对称，也为自然语言处理（Natural Language Processing，NLP）技术应用于监管文件合规审查打下了良好的基础。主要有以下几点借鉴。

第一，基于业务风险对披露义务进行差异化设计和披露文件的标准化。

良好的披露原则贯穿且全覆盖适用于所有提供金融服务营运者；在良好的披露原则基础之上，根据提供的金融服务统一向零售客户提供FSG，要求营运者统一披露基本信息，包括AFS牌照号、被授权提供服务、产品和客户的范围、是否是持牌人授权代表、收费等关键信息；在不同类型的标准化披露文件上，适用于不同业务营运者，根据服务内容及复杂性承担差异化披露义务；允许并引导营运者利用电子技术进行披露，对达到同等披露效果的电子披露功能，予以法律效力确认。

第二，营运者义务及披露信息的易获得性和可查验性。

首先，前述差异化以及标准化的披露文件，投资者可以通过提供金融服务网站较为便利地获取、下载和保存。根据35家号称智能投顾网站的测试，除了不提供金融服务性质或者非面向零售客户的网站，90%以上均可轻易地获取FSG，在提供个人建议平台获取SOA，在提供MDA服务的平台获取额外披露MDA及投资计划等信息的FSG和签订包含有"投资计划"的MDA合同，清楚披露公司被授权业务范围、产品风险、建议局限、费用（包含费用澳元披露示例）和利益冲突等。其次，只要在FSG、SOA和MDA合同当中获知经营者AFS牌照号或者名称，均可在ASIC官方数据库查询该公司可提供产品、服务和服务对象授权代表及财务顾问知识（资质和培训）、技能（经验）的详细信息，方便投资者随时查询所使用智能投顾相关营运者、财务顾问及授权代表的基本信息，维持了基本的透明度，增加投资者对智能投顾这一新兴事物的信心，有利于促进智能投顾的发展，进而实现监管者金融效率的目标。

第三，零售客户和营运者权利义务的平衡——MDA合同强制性条款。

为应对MDA服务双方信息不对称可能导致的风险，ASIC对营运者及其编制的包含有"投资计划"的MDA合同有强制性义务条款要求。首先，明确授权条款。MDA合同中应当具有持牌人获得的授权范围、性质、投资策略，以及MDA和直接接受建议获取金融产品服务的差异等条款。其次，强制加入信义义务条款。强制要求营运者将对客户的最佳利益义务、警告、适当性义务、优先考虑客户利益等相关义务写入MDA合同中。再次，向客户至少13个月更新一次"投资计划"，每个季度向客户提供季度报告等条款。最后，终止合同条款。MDA合同必须包含客户如何从中有序退出的条款。

（5）信义义务多层次覆盖，全面控制金融服务"质量"

澳大利亚提供数字建议及相关服务主体广义内涵的信义义务有全覆盖、多层次、系统化和法定性等特点。

①信义义务多层次全面覆盖

ASIC监管下的信义义务的第一层为智能投顾营运者作为AFS持牌人角色应当确保自己及其授权代表有效、诚实、公平地提供服务，有适当的安排来管理利益冲突等义务；第二层为基本业务层面，为零售客户提供个性化数字建议的提供者应遵守客户的最佳利益、适合、避免利益冲突等义务；第三层为延伸业务层面，如果数字建议提供者同时作为MDA提供商，则除了遵守最佳利益和相关义务外，还须遵守勤勉、尽责、公平对待客户，不得利用客户信息获利，按照客户指示行动等义务。作为执行数字建议交易的经纪人，需要遵守最佳交易执行义务等。

②信义义务系统的法定化

与美国通过判例逐步确定投资顾问受托人地位[①]方式不同，前述三个层次的信义义务明确且系统地规定在《公司法》第961B、961G、961H、961J条和《证券交易规则》第3.8条等法律规范条款之中。

③明确违反信义义务的责任

《公司法》第961K条规定，违反最佳利益及其相关义务，导致损失或损害需承担民事责任和罚款。《证券交易规则》第3.8条规定的市场参与者的最佳交易执行义务，违反该义务除了可能承担民事责任，还可能收到MDP开具的最高100万澳元的侵权罚款通知。非规范性文件《持牌人对提供给零售客户个人建议的审查和补救》（以下简称RG256）明确指出顾问违反最佳利益、适合性、客户利益优先以及披露相关信息等义务会被视为不当或者违规行为，对于该行为给一个或者多个客户带来的系统性货币或者非货币损失应及时进行审查和补救。

④信义义务优化建议——适用主体合理扩张

信义义务主体范围是营运者及直接提供建议的雇员。智能投顾特殊性在于由算法自动输出建议，加之"算法歧视"问题频发。因此，

---

① SEC V. Capital Gains Research Bureau, Inc., 375 US 180（1963）.

有学者提出受托人义务应扩张至算法设计开发者[1]，本书持肯定态度。理由主要有以下几点：第一，算法设计无论是内部雇员开发，还是营运公司委托第三方开发及维护，向技术开发人员支付劳务对价的是智能投顾营运者，且本行业内缺乏公认的行业准则和道德标准，于是在算法模型设计初始就存在利益冲突管理"盲区"，尤其是技术公司为有金融机构背景的营运者提供B to B to C模式的"白标智投服务"，故而信义义务进一步扩张有其必要性。第二，信义义务通过考量当事人之间在信息、决策能力和签约能力等方面的优劣，赋予当事人不同的权利义务，使拥有信息优势和较高专业技能的一方承担更高的诚信义务，以寻求双方或多方之间利益的制衡[2]。智能投顾算法设计之初的目的即为收集并处理（匹配）客户的信息，挖掘数据为其提供精准服务，类似于客户依赖设计者的算法处理个人信息并接受服务的"信息受托人"角色。信息受托人有对客户信息的处分和管理等控制权，但是客户不能轻易地监控受托人（利用算法工具）利用其信息在做什么[3]，二者在知识和能力方面存在显著的不对称，故而算法设计开发者对其算法的最终用户负有受托人义务有其合理性。

⑤智能投顾信义义务"安全港"≠高质量建议

智能投顾信义义务"安全港"的非绝对性即遵守客户最佳利益义务最低期望步骤只是评价建议质量的重要标准之一。2012年3月，ASIC就FOFA改革发布的《养老金建议的影子购物调查》报告提出了符合优质建议的六大基本原则；2016年《公司法》修改第961B条的最佳利益

---

[1] Jack M. Balkin, *The Three Laws of Robotics in the Age of Big Data*, 78 Ohio State L.J. 1217（2018）.

[2] 陈学文：《商业银行非保本理财业务的投资者法律保护——以英美法系国家的"信义义务"为借鉴》，载《政治与法律》，2012（7）。

[3] Jack M. Balkin, *The Three Laws of Robotics in the Age of Big Data*, 78 Ohio State L.J. 1217（2018）.

责任之后，ASIC在多份报告和指南中对建议质量标准进行了优化，即提供优质财务建议的任何流程都具有明确界定的范围，适合客户寻求的建议主题和客户的相关情况、调查客户的相关情况、与客户良好的沟通、在适当的情况下考虑建议影响的所有方面（例如税收或社会福利保障）等七项部分或全部特征。RG255.110指明数字建议样本应由合格的人定期监控、测试和随机审查数字建议质量标准与传统金融产品建议相一致。所以，算法输出的建议质量除了需要考虑"安全港"步骤，还需要综合酌情考虑风险调查问卷，人机良好的互动，投资者教育，缺陷纠正措施，独立、有效和迅速处理客户投诉以及争议纠纷解决机制等服务流程细节。

（6）算法风险管理借鉴和优化建议

第一，算法或技术功能报备而非内容报备。

在立法方面，根据技术中立和功能等同原则，无论是传统监管方式，还是监管技术（RegTech），其评价标准是技术产生功能最终所能实现的合规效果，而并非技术内容本身。例如，《证券交易规则》要求的合规认证内容是参与者应保证AOP系统所应实现的可以立即暂停、限制或禁止与一个或多个授权人员、客户或产品相关的所有AOP、ACOP或AOP以及自动过滤器及其参数的控制功能，而并非对系统本身的技术内容——过滤器参数内容或者算法逻辑在立法方面有所要求。在执法方面，市场纪律小组（MDP）给瑞银证券开出侵权通知的处罚依据是算法缺陷所带来的未能公平处理客户订单的结果，而非算法缺陷本身。

功能认证或者报备相较于技术内容认证至少有两点优势。第一点，类似于供应商/产品服务保证书的算法或技术的功能认证，除了可以明晰使用者义务和责任外，还可应对相关风险，同时倒逼营运者和专业技术人员改善算法或技术，持续维护、优化和稳定已经被监管报备认证的功能。第二点，从算法或技术内容的动态变化、专业性、易理解性、知识产权保护和核心商业秘密价值等角度衡量，技术内容报备或者公开应对风险的效果和效益不如利用算法或技术功能进行合规认证。

第二，AOP管理规则适用主体的合理延伸。

ASIC从最后的交易节点多层控制算法自动化、同质化可能带来的系统性风险，有效责任主体为交易所的交易参与者、交易所（即市场经营者），加上MDP监督。本文在技术可行及监管效益基础之上提出以下两点优化建议：明晰MDA提供商或者数字建议提供商的算法程序过滤器及其参数所应实现的功能，并就该功能要求智能投顾营运者进行合规认证或者报备；建议AOP适当组织、技术资源负责任使用AOP系统和设置过滤器等规则，根据实际情形，细化修改后延伸适用于至智能投顾提供数字建议和MDA服务阶段，实现系统性风险的多层次，全阶段的控制。

第三，鼓励第三方机构进行算法合规"功能测试"。

ASIC在智能投顾咨询文件（RG254）中曾考虑过加入算法第三方测试的要求，并获得了部分精算师和技术公司的支持，但基于成本可能过高，被许可人聘请第三方监控和测试算法程序可能会过于烦琐而最终采用了占多数的反对意见[1]。从长远角度看来，本书赞成第三方算法功能测试方案，理由如下。

首先，算法输出服务内部质量控制的缺陷在于，内部隔离墙的客观性和独立性甚至专业性都难以保证，导致算法过于简单或者复杂使最终提供的建议质量无法保证。所以，可鼓励第三方专业机构研究算

---

[1] https: //download.asic.gov.au/media/3994542/rep490-published-30-august-2016.pdf.

法功能合规测试方案，年度或者季度测试算法输出服务的合规性，确保算法测试的专业性、独立性和客观性。算法合规测试报告可与每年必须提交的审计报告一同给ASIC，并纳入提供给MDA客户的年度或者季度报告中。

其次，ASIC已经初步构建算法服务质量测试标准框架。一是持牌人一般义务特殊指引，包括算法人力技术资源，内部良好算法风险控制环境、制度和执行；二是良好的信息披露文件及流程；三是智能投顾信义义务最低期望；四是传统顾问服务的质量标准。

最后，可行的市场环境。澳大利亚市场已经出现了十多家RegTech企业，来帮助智能投顾自动提供服务的流程及算法策略实现合规。主要服务包含利用机器学习实时自动对SOA的合规性结构性审核，并确保财务建议符合客户的最佳利益，如 TIQK和QED[1]；为FinTech企业提供创建、更新、管理和交流策略、自动化知识评估、审计和报告的平台，如GRC Solutions[2]；自动反洗钱服务，如AML360、Moneycatcha和AML Accelerate。

第四，易于获取的"测试"样本和留痕证据。

智能投顾天生具备"网络开放性"特征，尤其是面向零售客户的平台，无论是监管机构还是专业第三方，原始测试抽取的样本具有易获得性和随机性特征。专业机构和人员可根据法定差异化→标准化→精细化设计的义务及披露文件要求，对测试方案设置定性和定量标准，在平台输入合理的预设参数，进行合规性穿行测试，获取全套测试样本，并对其进行合规性评价，以评价营运者利用算法所提供的服

---

① https://tiqk.com.

② https://grcsolutions.com.au.

务质量。同时，ASIC作为监管者，也应当具备算法测试的能力，并且运用行政权力，还可以就更为深入和广泛的服务内容进行测试、监管。例如，调取查阅智能投顾公司内部算法风险管理文档和服务留痕文档等。

（7）支持RegTech应用，重视数据管理和信息共享

2016年，ASIC扩大了创新中心监管立项范围，开始与RegTech利益相关者和服务提供商接触，截至2018年5月23日，主办和参加RegTech活动60余次，希望通过开发敏捷和适应性强的技术系统，利用数据和技术来协助监管和合规。对智能投顾营运者业务行为有所影响的主要有以下几点举措：①自然语言处理（NLP）技术审查机器可读文档。2018年2月，ASIC发布了有关理解和鼓励利用自然语言处理解决监管问题的应用文件，就审查财务建议文件（如FSG、SOA、MDA和投资计划等）、审查基金PDS、手机销售保险、广告、金融和信贷促销服务等六个领域的监管问题，选取合适的市场营运者合作进行RegTech概念验证。②数据积累。扩展数据平台，以更好地捕获、共享和使用内部和外部数据，并将数据结构化和非结构化，使用机器学习模式识别和预测行为。③数据分析。ASIC建立了数据科学实验室用于测试新的RegTech数据分析工具，创建专业数据分析团队收集和分析数据，以便智能分析市场（Market Analysis Intelligence，MAI），实时识别可疑交易或检测市场失当行为并形成违规报告，提高技术监管水平[1]。④建立在线合规监管门户——市场实体合规系统（Market Entity Compliance System，MECS），为市场实体提供合规工具和信息以帮助其遵守监管

---

[1] Speech by Greg Medcraft，*"Global regulatory coordination and the value of global forums in a period of rapid change"*，Australian Securities and Investments Commission，9 July 2017.

义务[1]。例如，前述营运AOP系统的合规认证或年度通知可使用MECS上的相关表格（如果有表格可提供）提交或者通过电子邮件发送至ASIC。

10. 小结

澳大利亚之所以可以对智能投顾所带来的一系列监管问题及时实施平衡创新和市场信任、信心监管目标的有效举措，与其宏观层面的监管环境和模式，中观层面的监管目标、组织架构、治理文化、人才培养、以风险为导向的监管工作方式、流程、文件体系以及微观层面的统一牌照、灵活授权、"差异化"准入和多层次义务结构有根本且密切的联系。对于其监管经验，他国除了根据自身监管规范进行不同程度的借鉴并在此基础上进行优化，更关键的是要从宏观监管环境，中观监管框架、方法以及微观的监管准入和行为方面进行全方位、多层次和体系化的协同完善，才能从容应对智能投顾这类数字金融创新所带来的诸多监管挑战。

（三）澳大利亚智能投顾案例分析

本部分，我们收集了面向零售客户的澳大利亚10余家典型提供智能投顾营运者或类似企业的基本信息，并从两个角度对其进行分析。一是抽取1家典型智能投顾（Clover）进行流程穿行测试，获取可得FSG、SOA、MDA协议（含投资计划）和PDS等文档，提炼重点业务流程、记录其遵守重点义务实践样本，与现有监管规范进行映射对比评价。二是选取1家（Raiz）实质是以发行注册管理投资计划向客户销售基金份额的微投资平台，剖析其产品结构，并与典型智能投顾平台代

---

[1] Speech by Greg Medcraft, "*Regulating for the future: Innovation, disruption and cyber resilience*", 6 April 2016. https: //www.asic.gov.au/about-asic/news-centre/speeches/regulating-for-the-future-innovation-disruption-and-cyber-resilience/.

表Stockspot进行对比分析。

1. 典型智能投顾遵守监管规范案例分析——Clover（合规性穿行测试）

Clover成立于2014年，是一家自动投资服务（Automated Investment Service，AIS）公司，为澳大利亚人提供在线个人理财服务[1]，其也是澳大利亚第一个获得包含MDA服务授权的AFS牌照的智能投顾营运者。Clover最初是为零售客户提供服务的B2C智能投顾服务商，2018年4月24日，Clover与私人财富公司Collins House签署协议，标志着Clover客户服务群体由零售拓展到机构和高净值客户，并开始拓展B2B业务。协议约定 Clover为Collins House提供专有的在线财务建议和财富管理技术服务，并向Collins House提供名为Clover for Advisors（C4A）的白标产品，该产品所包含的功能有创建投资组合建议、生成SOA（投资计划）、完成应用程序、KYC／AML检查和开户等。现仅就Clover为零售客户提供服务一般业务模式进行分析，具体流程如下。

第一步，Clover直接在首页提供FSG链接，客户接受并同意《条款＆条件》文件后，开始回答包含年龄、学历、股票投资经验、财务目标、风险意愿和风险承受能力相关的11个问题后输出投资组合结果，金融产品类别为澳大利亚ETF基金。该流程特点为，调查问卷会问投资者是否愿意投资社会责任（非烟草、酒精和赌博等有损社会利益的行业）投资组合，考虑到了特殊主体的投资意愿。

第二步，引导客户申请账户，填写并确认个人信息，包含是否为政治敏感人士等问题。

第三步，确认问题并阅读相关文件和签署相关协议，需要客户主

---

[1]　https：//www.linkedin.com/company/clover-com-au/.

动确认的问题有：已满18周岁；没有借钱在Clover上投资；澳大利亚本地居民。相关文件和协议包括《SOA＆投资管理计划》、《MDA协议》（与Clover）、与Openmakets客户服务协议（包含《交易条款＆条件》、FSG、最佳执行政策等）。

第四步，与麦格理签署CMA协议，申请现金管理账户协议（Cash Management Account，CMA），并绑定Clover账户。

第五步，客户提供不少于2500澳元的初始投资，且必须维持最低2500澳元的现金余额。以账户余额为基数，分为四级收费，费率0.45％~0.65％不等，最低5澳元。

第六步，OpenMarkets在所有Clover客户账户上拥有第三方授权。每当客户打开Clover账户时，OpenMarkets上也会打开一个经纪账户。Clover根据客户在MDA合同中的授权，不必经过客户事先同意，并根据《SOA＆投资管理计划》中的管理投资计划向Openmarkets发出指令进行交易，并定期进行自动再平衡，管理客户账户。

（1）Clover准入路径分析——申请新牌照

根据Clover平台运营流程和提供/签订的法定的文件梳理，Clover从MDA角度来说属于外部合作型智能投顾平台，即Clover是MDA提供商，与外部相关服务提供商合作为客户提供金融产品建议（包括一般建议和个人建议）、经销金融产品和MDA管理等综合金融服务。

Clover主要投资组合由ETF构成，2016年3月23日已获得AFS牌照，可为零售客户和批发客户就证券、存款和付款产品、管理投资计划权益（仅限于MDA服务）提供一般建议、个人建议、经销前述金融产品服务和MDA服务。Clover也是澳大利亚第一个获得包含MDA服务授权的AFS牌照的智能投顾营运者（见表2-2）。

表2-2　　　　　　　　　　　　Clover外部合作模式各方角色

名称	许可证编号	角色	提供服务内容	必须签订/提供文件
Clover	479416	MDA提供商	提供包括MDA服务在内的咨询和经销多种金融产品	披露；FSG
		MDA管理者	负责建立每一位客户投资计划，然后负责根据MDA协议的条款和条件进行维护	披露；SOA（包含投资计划A部分）
				MDA协议（与客户签订）
Open Markets	246705	执行和清算经纪人	被指定为MDA服务的执行和清算经纪人，是澳大利亚证券交易所（ASX）的交易和结算参与者	客户服务协议（与客户签订）
				清算所电子附属登记系统协议（含）
				隐私政策（含）
				FSG（含）
麦格理银行	237502	现金管理账户提供商	作为投资管理计划的一部分，客户通过该账户将其出资投资于金融产品	现金管理账户开通协议

作为MDA提供商，如果想通过智能投顾为客户提供管理投资组合、自动调仓服务，还需要有托管和存管授权，但有外部MDA托管人除外。麦格理银行作为其外部MDA托管人，与客户直接签订现金管理账户协议（CMA），且麦格理银行作为AFS持牌人已经获得就多个金融产品向零售和批发客户提供包括金融产品建议、经销金融产品、为金融产品做市、存管和托管四类金融服务授权[1]，符合外部MDA托管

---

[1] https：//connectonline.asic.gov.au/RegistrySearch/faces/landing/ProfessionalRegisters.jspx?_adf.ctrl-state=hcjpgo0rt_4.

人的资质要求，所以Clover可不用有托管和存管授权（外部MDA托管人模式）。与Clover一样持有自己AFS牌照的智能投顾平台还有Ignition Wealth、InvestSMART和Map My Plan等（见表2-3）。

表2-3　　　　　　　　Clover的AFS牌照"三维度"定制化授权范围

Clover 的 AFS 牌照授权范围			
维度 1：金融服务范围	维度 2：金融产品限制范围		维度 3：服务对象
提供金融产品建议	存款和付款产品	限于基本存款产品	零售客户和批发客户
	管理投资计划的权益	不包括投资者定向的投资组合服务	
	管理投资计划的权益	仅限 MDA 服务	
	证券		
通过以下方式经销金融产品：发行、申请、取得、转换或处置金融产品；代表他人申请、取得、转换或处置金融产品	管理投资计划的权益	仅限 MDA 服务	
	存款和支付产品	限于基本存款产品	
	管理投资计划的权益	不包括投资者定向的投资组合服务	
	管理投资计划的权益	仅限 MDA 服务	
	证券		

（2）Clover持有AFS牌照遵守持牌人一般义务

Clover需要遵守作为持牌人的一般义务。例如，根据《公司法》s912A（1）（d）持牌人应拥有充足的财务、技术和人力资源来提供持牌人牌照所涵盖的金融服务并执行监督安排。为了更好遵守该义务，根据RG255指引，智能投顾营运者至少应有一名了解算法的人和至少有一名审查数字建议的人，且这两人并非同一人。Clover团队主要成员9名，其中，有2名专业投资顾问、2名合规人员、2名软件开发工作人员、1名悉尼科技大学数学转投资领域的兼职教授。例如，Clover的共同创始人兼CEO，Sahil Kaura是特许金融分析师（CFA）和金融风险管理人，从事了10多年的投资组合等服务，Gareth Townsend拥有超过10年的财务软件构建经验，符合充足人力资源一般和特殊要求[①]。

根据《公司法》s912A（1）（f）持牌人应确保其代表接受充分的培训使其有能力提供授权的金融服务。Clover在2016年10月12日授权了财务顾问代表Harminder Singh Chemay，其有权代表Clover就证券或限于MDA服务的管理投资计划提供金融产品建议，该财务顾问从1994年开始已经获得莫纳什大学的商业学士（银行与金融）资质、投资管理顾问协会的认证投资管理分析师资质和完成迪肯大学CFP专业计划培训等，其资质和培训确保其有能力持续提供相关财务顾问服务，符合《公司法》s912A（1）的要求。

（3）Clover提供金融产品建议遵守披露义务

Clover作为向零售客户提供金融产品建议者应遵守的披露义务。根据风险测评，Clover考虑到客户输入的个人相关情况信息并基于此提供金融产品个人建议，所以需要提供FSG、SOA和PDS等文件以遵守初始和持续性披露义务，除此之外，从流程和后续服务中，也需要体现遵守客户最佳利益及其相关义务（义务部分已详述）。从表2-4和表2-5测评结果可以看出，Clover通过超链接、提供电子文档等方式，基本遵守了《公司法》及条例的披露。

---

① 　https：//www.clover.com.au/about.

表2-4　　　　　　　　　　Clover披露义务合规测评（部分）

适用情形	义务主体	标准披露文件/内容	Clover样本	是否有例外	具体条款依据	责任	
						视为犯罪	民事责任
一般建议	Clover	警告	在投资回报以往业绩表现页面中提供	无	《公司法》s949a		
所有建议	Clover	金融服务指南(FSG)	①首页提供；②填写完调查问卷和个人信息提供	无	《公司法》s941、s942（内容要求）和s943	s952C~s952M	s953B~s953C
提供个人建议	Clover	建议声明（SOA）	①填写完调查问卷和个人信息提供；②每15天更新一次	无	《公司法》s946、s947		
零售客户在购买金融产品前	Clover/产品发行人/卖方	产品披露声明(PDS)	包含在SOA中	有（提供一个无效PDS链接）	《公司法》s1013、s1014、s1015	s1021	s1022
提供MDA服务之前	Clover	投资计划（在FSG中额外披露）	填写完调查问卷和个人信息后提供	无	ASIC公司（全权委托账户服务）文书2016/968	s952C~s952M	s953B~s953C
	Clover	签订MDA合同（在FSG中额外披露）		无			
AFS持牌人或其代表与客户进行了持续收费安排	Clover	费用披露声明(FDS)	包含在MDA、SOA中	无	《公司法》第962C	—	s962P
各种费用、收费、支出等披露	Clover	澳元披露示例	包含在MDA、SOA中	无	《公司条例》第7.7.04条和第7.7.07条	—	—

注：①提供交易执行服务的OpenMarkets和现金存管账户服务的麦格理银行，根据提供服务内容独立遵守不同披露义务；②样本通过预设参数输入，在Clover官网获取，https：//www.clover.com.au。

表2-5 　　　　　　　　Clover服务质量测试简例（部分）

步骤	义务类别	类别	要求	样本	是否有例外	依据
步骤一	披露义务	FSG内容合规性测试	文件的封面、正面或其附近应有"金融服务"指南标题	Clover提供的FSG	无	《公司法》s942A
			FSG的日期		无	《公司法》s942B（5）和942C（5）
			服务提供实体的名称和联系方式		无	《公司法》s942B（2）（a）、942C（2）（a）
			关于提供实体的金融服务种类的信息		无	《公司法》s942B（2）（c）和942C（2）（d）
			......			
		SOA内容合规性测试	文件封面上或文件正面写明"建议声明"标题	Clover提供的SOA	无	《公司法》s947A
			......			
			陈述建议	Clover提供的SOA	无	《公司法》s947B（2）（a）及947C（2）（a）
			提供建议的基础信息		无	《公司法》s947B（2）（b）和947C（2）（b）
			将会收到或合理预期接受的酬金、佣金及其他福利的信息		无	《公司法》第947B（2）（d）或947C（2）（e）
			......			
		是否提供合规的PDS	......	Clover提供的PDS	有	《公司法》s1013、s1014、s1015
		是否良好披露测试	以清晰、简洁和有效的方式呈现	综合流程判断	无	RG 168
			......			

续表

步骤	义务类别	类别	要求	样本	是否有例外	依据
步骤二	客户最佳利益及相关义务	"安全港"测试	向客户解释建议的范围	输入数据提炼提供建议的流程	无	《公司法》s961B（2）和 RG255
			要求客户主动证明数字建议范围在其目标范围内（如弹窗提示回答问题）		无	
			在提供建议的关键点，告知客户建议范围的限制和潜在后果		无	
		不适合性过滤测试	......			
步骤三	良好的沟通		......			
步骤四			......			
未来审查趋势	ASIC正在进行的自然语言处理（NLP）、数据积累、分析等RegTech项目的概念验证如果实现，未来可能实现对智能投顾服务相关文件和服务实时审查，并自动检测违规行为和发送违规报告					

样本来源：https：//www.clover.com.au；

测试方法：通过输入实际或者虚拟客户信息，获取相关文件，提炼流程，与法律设定的义务映射并进行定性定量分析，得出测试结论

（4）Clover遵守最佳利益及相关义务

RG255指引了智能投顾营运者遵守最佳利益责任及相关义务"安全港"步骤，主要有过滤掉"不适合"客户，披露费用、风险等信息和提供给客户改变所提供信息的机会等。本次初始测评暂时可以从提供个人建议等流程中判断Clover遵守该义务的主要控制节点如下：①提供客户改变相关信息的机会。首先，在初始测评时，回答Clover每一个问题的界面均有"返回"键设置；其次，后续定期与客户重新确认相关信息，在SOA中或在邮件提醒客户建议有效期为提供SOA起算15天；

最后在客户再次登录时要求客户确认相关信息，并据此提供新的SOA。②在Clover右下角对话窗口，包括回复人员的头像小标志和姓名，邮件发送问题后，自动显示将在两个小时后通过邮件回复客户。③让客户主动点击确认关键信息，包括要求客户"主动点击"确认姓名、电话、住址、邮箱和是否为政治敏感人物等个人细节信息的真实性。在开立账户前，要求客户"主动点击"确认其投资额、目标范围和大体的时间、费用结构和关键的文件、为客户量身定制的投资组合计划。④让客户"主动点击"确认个人信息。包括要求客户阅读并接受FSG、服务条款和条件；要求客户确认其没有用借款在Clover平台上投资；确认客户是澳大利亚居民（税务目的）；要求客户确认其已经满18周岁。其中FSG向客户解释Clover提供的金融服务详情、收费情况、风险披露和原理解释等，符合前述监管部分对FSG格式和内容的要求。⑤阅读并接受相关文件的"特殊技术"设计。SOA＆投资计划→MDA协议→OpenMarkets提供并与其签署的文书。该三份文件在流程设计上有先后顺序，只有当点击前一个节点的文件，下一个文件才可阅读，一定程度上保证了客户有效了解文件内容，但非交互式披露。⑥客户接收的相关文件内容符合"安全港"步骤要点如下，在SOA中提供建议范围及具体细节。例如，根据经客户确认核实的个人情况输出的固收产品、澳大利亚股票和全球发达市场股票的资产类别分配建议。向客户解释为什么该范围的建议适合他、需要注意的风险、告知客户建议范围的局限性、费用及报酬。在SOA中记录客户风险问卷调查的问题与答案，以及基于此对客户个人情况、风险容忍度和承受能力、投资目标和时间范围的结果分析。告知客户Clover未能提供的建议范围。采用避免和披露利益冲突的方式，来优先考虑客户利益。在FSG和SOA中详细向客户披露与Clover有经济利益的关联第三方Equipsuper，并且采取避免利益冲突收费的方式来遵守优先考虑客户利益义务，即使用否定某些利益冲突的薪酬和收费模式来遵守该义务。披露收费标准和向客户收取的费用明细表。向客户提供所建议的特定金融产品（ETF）的

PDS。⑦其他遵守最佳利益责任和相关义务的关键控制流程，在此不再详述。

通过客户对相关信息和符合监管规定要求的一系列文件阅读并确认的控制流程设计，Clover在向客户提供定制化建议的初始流程上基本遵守了最佳利益责任及相关义务。

（5）Clover作为MDA提供商应遵守的特殊义务

作为MDA服务提供商，Clover遵守MDA服务相关义务的流程控制要点如下：如前监管部分所述，MDA提供商需要遵守的主要义务有业务文件合规和业务行为合规（记录义务贯穿金融服务流程始终）两个方面，业务文件合规体现在其编制的格式和内容提供的时间和方式等方面须符合MDA相关监管要求；业务行为合规体现在一般义务、具体义务和风控义务三个层次。以Clover业务文件合规控制为例，其合规主要判断标准为《立法文书》对FSG和SOA的额外披露要求、MDA合同及其所包含的投资管理计划内容要求等[1]。

第一，在Clover的FSG中包含了基本FSG所要求的内容。在此不再详述。

第二，Clove在FSG中对MDA服务相关信息的特殊披露义务分析。①向客户说明了MDA是什么，即Clover通过以客户名义开立的账户，基于MDA合同授权的酌定权，根据考虑到客户相关情况编制的投资计划来管理客户的MDA组合，代表客户控制MDA的日常交易或投资而不用就每次交易咨询客户指示，客户是MDA持有交易所买卖基金的合法和实际权益拥有者，符合《立法文书》第912AEA的规定。②告知客户签订MDA合同才可获得服务声明，向客户揭示相关风险。例如，整体市场风险、行业风险、股票具体的风险等与MDA投资相关的其他风险；

---

[1] https：//www.clover.com.au/fsg。

披露相关费用、客户可能收到的文件、第三方执行清算代理人、经济商账户申请流程和CMA服务提供商、可能的利益冲突、工作人员的薪酬和福利和专业赔偿保险等内容。根据《立法文书》与Clover内容的映射对照，Clover的FSG符合《立法文书》的规定。

第三，Clover的MDA合同和内含的投资管理计划合规性分析。在文本结构设置上，Clover将MDA合同分为两个部分，A部分为投资管理计划同SOA编制在一起构成的一份文本以协助客户决定是否签署MDA合同，B部分和C部分是独立约定客户和Clover之间权利与义务的文本。投资管理计划基于客户个人情况编制，内容与SOA有重复部分，将二者编制在一个文本中有其合理性。从文本内容来看，Clover披露了向客户提供的建议、建议的范围及其局限性和建议所依据的基础等。还包含客户选择实施Clover的建议时应付的费用和报酬信息，以及其他可能影响向客户提供的建议或投资管理服务相关的详细信息，符合《公司法》第7.7部分对SOA的规定。

"投资计划"的编制除了文字性表述外，还以列表的方式展示。包含明确标识可辨认的"投资计划"部分，列入"投资计划"的有关金融产品、金融产品类别、投资策略或确定的目标等信息，且措辞清晰、简洁和有效，披露该投资计划相关的风险和基于回归测试模拟的投资组合回报、所有相关费用"澳元披露示例"和PDS的超链接等信息，编制内容基本符合《公司法》对SOA和《立法文书》对投资计划的要求（在实际测评中，Clover提供的瑞银 IQ MSCI 世界Ex澳大利亚道德ETF是无效的PDS超链接）。

MDA合同法定的必备条款有将MDA提供商的基本义务写入合同（CloverMDA合同第4条），明确MDA授权的性质和范围（第2条），执行策略（第2.1条a），至少每隔13个月检查客户投资计划是否适合客户个人目标、需求和情况的条款（第4.2条d），MDA服务终止条款（第13条）终止后资产组合如何处置转移条款（第13.3条和第13.5条）等。

表2-6   经测试，获取Clover投资组合样本

测评输出 Clover 投资计划（部分）

资产类别	投资组合（%）	可允许的权重（%）	初始出资（澳元）	金融产品
固定收益产品	32.5	0~100	1560	iShares 核心混合债券 ETF
现金产品	7.5	0~100	360	Betashares 澳大利亚高息现金 ETF
澳大利亚股票	25	0~100	1200	Russell 澳大利亚责任投资 ETF
全球发达市场股票	35	0~100	1680	瑞银 IQ MSCI 世界 Ex 澳大利亚道德 ETF
总投资组合	100	—	4800	
CMA 最低余额		—	200	—
初始出资总额			5000	

表2-7   Clover费用澳元披露示例

Clover 费用澳元披露示例（基数 50000 澳元）

费用类型	总额	细节
建议	0	初始建议无须支付费用
后续建议费用	0	后续建议无须支付费用
入场费	0	没有入场费
Clover 收取费用	每年 300 澳元（＋GST）	根据客户 ETF 总持有量的每日平均余额，每月从 CMA 中支付
经纪费	0	Clover 合并客户账户上执行 ETF 的交易成本
再平衡费用	0	Clover 在重新平衡客户的投资组合时合并执行 ETF 交易的成本
绩效费	0	没有绩效费
应付给 Clover 的总费用	每年 300 澳元（＋GST）或初始余额的 0.60% 每年（＋GST）	—
ETF 费用（后续）	每年 90 澳元（＋GST）	
示例：50000 澳元投资的总费用	每年 415 澳元（＋GST）或初始月的 1.03% 每年（＋GST）	

表2-8 Clover在SOA和MDA协议中提供的PDS链接

ETF	PDS
iShares 核心混合债券 ETF	https：//www.blackrock.com/au/individual/literature/product-disclosure-statement/ishares-australian-fixed-income-and-cash-etfs-product-disclosure-statement-en-au.pdf
Betashares 澳大利亚高息现金 ETF	https：//www.betashares.com.au/wp-content/uploads/2016/12/AAA-PDS-29-September-2017_FINAL.pdf
Russell 澳大利亚责任投资 ETF	https：//russellinvestments.com/-/media/files/au/resources/pds/australian-responsible-investment-etf-rari.pdf
瑞银 IQ MSCI 世界 Ex 澳大利亚道德 ETF	https：//www.ubs.com/au/en/asset_management/exchange-traded-funds/global-etfs/UBW/documents/_jcr_content/par/columncontrol/col1/linklist_0/link_0.0217960551.file/bGluay9wYXRoPS9jb250ZW50L2RhbhS91YnMvYXUvYXNzZXRfbWFuYWdlbWVudC9ldGYvdWJzLWlxLWLWV0ZnMtcGRzLW5vLTMucGRm/ubs-iq-etfs-pds-no-3.pdf （Clover 提供的无效超链接） https：//www.ubs.com/au/en/asset_management/exchange-traded-funds/ubw/documents.html （实际有效超链接）

2. "微投资"平台——Raiz和智能投顾Stockspot对比分析

（1）Raiz持牌概况

Raiz投资有限公司（Raiz Invest Limited，以下简称Raiz投资）是AFS牌照持牌人Instreet Investment Limited（以下简称Instreet，ABN 44128813016，AFSL434776）的母公司，Instreet获得提供一般金融产品、经营金融产品和提供托管和存管服务授权（见表2-9）。

表2-9 Raiz平台AFSL授权范围

Raiz 和 Instreet Investment Limited 金融服务牌照的"三维度"授权范围		
服务维度	金融产品维度	客户维度
提供一般金融产品建议	存款及付款产品、衍生工具、外汇合约、已发行或拟设的信用债券、股票或政府发行的债权、退休储蓄账户（"RSA"）、证券、管理投资计划等	零售和批发客户

续表

Raiz 和 Instreet Investment Limited 金融服务牌照的"三维度"授权范围		
服务维度	金融产品维度	客户维度
经营金融产品：发行、申请、获取、变更或处置金融产品	衍生工具、外汇合约、管理投资计划的权益	零售和批发客户
经营金融产品：代表他人申请、获取、变更或处置金融产品	存款和付款产品、衍生工具、外汇合约、证券和管理投资计划等	
经营以下各种注册管理投资计划（包括持有任何附带财产）的责任实体	仅包含以下计划的方案财产："Fund'd Australia Fund" Scheme，即澳大利亚基金计划（ARSN：619 281917）	
提供托管或存管服务	经营其他托管或存管服务（IDPS）	

（2）Raiz微投资结构

Raiz投资结构主要有以下几点流程要点。

第一，Raiz基本架构。Instreet是Raiz的全资子公司，作为澳大利亚上市实体和AFS牌照持牌人，Instreet有资质发行注册管理投资计划。Raiz作为发起人通过Instreet发行了名为Raiz Invest Australia Fund Raiz的投资澳大利亚基金注册管理投资计划（ARSN：607533022，以下简称Raiz基金），Instreet作为Raiz基金负责实体，其任命Raiz Invest Australia Limited（Raiz AU）为Instreet基金管理人。Raiz投资持有Raiz AU的91%股份。Australian Executor Trustees Limited（AET）是Instreet制定的独立托管人持有基金资产。

第二，客户打款。客户开通Raiz投资账户并绑定支付账户，小额或者大额通过"四舍五入"、定期存款等方式缴资，最低投资额5澳元。

第三，客户选定投资组合。客户可选择最适合自己目标和财务状况的投资组合，选择将Raiz投资账户中的资金投资于由澳交所上市ETF构建的六种不同投资组合之一。

第四，客户通过Raiz持有投资账户注册管理投资计划的权益份额（Raiz基金）。Raiz能够将ETF单位的部分利益分配给个人投资者，对应于他们在所选投资组合中投入的资金数额。整个ETF单位本身将与托管人一起代表所有投资者持有一个汇集账户，投资者会分配到该ETF单位的部分股权。部分权益分配的方式允许投资者在资金可用时持续投资，而不必等到有足够的资金再购买完整的ETF。客户Raiz投资账户的价值将随着所投资的投资组合中的ETF的市场价值上涨和下跌而变化。

（3）Raiz微投资平台和Stockspot智能投顾对比

Raiz和Stockspot主要有如下几点区别。

第一，销售产品和提供金融产品服务。首先，Raiz的业务本质是销售基金，其不具备智能投顾的核心，即提供数字建议服务。资产组合由客户自行选择，包括后续通过算法技术进行的自动再平衡，也是为了确保客户最初选择的资产组合比例，而并非基于平台自身提供的金融产品

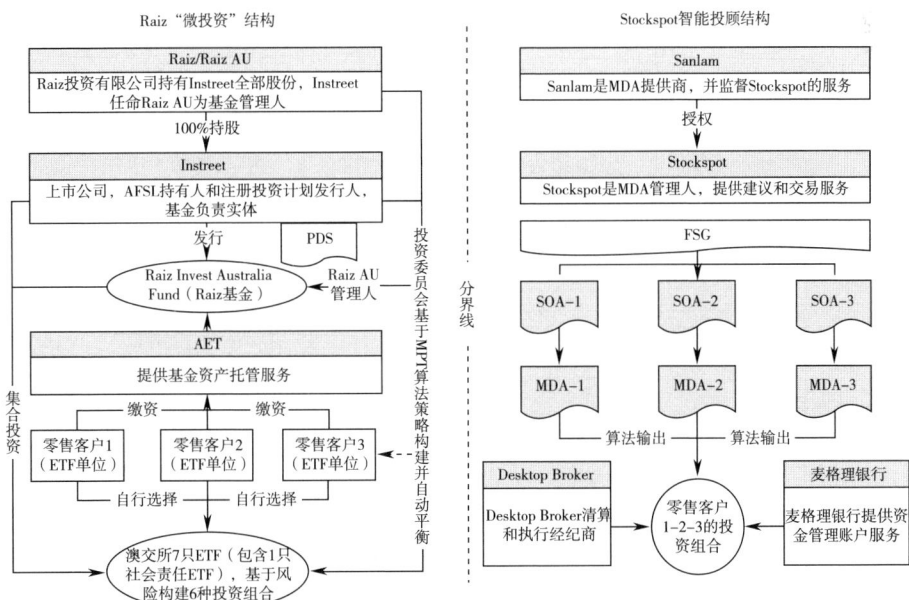

图 2-7 Raiz 和 Stockspot 基本产品／服务结构

建议。其次，MDA属于被豁免的注册管理投资计划范畴，MDA被ASIC视为MDA提供商发行管理投资计划的权益。提供MDA服务，即代表MDA提供商提供组合的金融服务，包含提供金融产品建议、经销金融产品和存管或托管服务的组合服务，MDA是服务授权的产品范围。

表2-10　　　　　　　　　　Raiz产品和Stockspot服务对比

一级分类	二级分类	Raiz	Stockspot
主体	主体身份	控股子公司 Instreet：上市公司、AFSL 持有人、注册投资计划发行人、基金负责实体	非上市公司
	资质合规路径	Instreet 持有 AFSL：434776	桑勒姆私人财富有限公司（Sanlam Private Wealth Pty Ltd）的授权代表：453421
	主体结构	较为简单的主体结构（除托管人）	多主体组合提供服务
	托管人	Australian Executor Trustees Limited（AET）持有基金资产	麦格理银行提供 CMA 服务
产品或服务	产品本质	发行注册管理投资计划（法定）	豁免的注册管理投资计划，被视为 MDA 权益发行人（官方观点）
	业务本质	销售基金份额，不提供建议	提供 MDA 服务 = 组合提供（个人建议 + 经销 + 托管或存管）服务
	投资组合初始构建	投资委员会基于 7 只 ETF，构建 6 个组合	投资委员会构建 5 个投资组合
	投资组合匹配	客户自行选择	算法策略根据客户个人状况自动匹配
	自动再平衡	运用算法自动再平衡	运用算法自动再平衡
	投资策略	MPT 策略	MPT 策略
合规	披露文件	编制并披露 PDS	FSG+N × SOA+N × MDA 协议（N 代表零售客户数）
	是否有冷静期	收到邮件 15 天或建立账户 5 天	无

续表

一级分类	二级分类	Raiz	Stockspot
账户设置和费用	托管账户	投资的合法所有权将由托管人持有，客户享有直接的实益权益	客户拥有资金和证券所有权
	缴款账户类别	支出账户（银行账户、信用卡或借记卡）	专门 CMA 或其他托管账户
	费用构成	账户费用（包括责任实体费＋投资管理费＋托管费＋其他）+ETF 费＋交易成本＋净额差价费＋维护费＋偶然费用＋其他服务费	账户管理费 +ETF 费
	最低投资金额	5 澳元	2000 澳元
	是否开通证券账户	否	是

第二，披露文件区别。首先，Instreet作为Raiz基金的发行商，应当根据《公司法》s1013、s1014和s1015的要求，编制并向客户提供PDS；其次，Stockspot提供金融服务→个人建议服务→MDA服务，则必须根据《公司法》的要求向客户提供FSG→SOA→MDA协议；最后，PDS和FSG的适用具有普遍性，向每一位客户提供一份相同的PDS或FSG即满足要求，但是SOA和MDA需要根据客户个人情况，向每一位客户提供不同的披露文件。

第三，是否有冷静期。Raiz的客户有权在收到Raiz投资账户的建立确认邮件15天内或者在平台为客户建立Raiz投资账户后的5个工作日内要求取消投资账户；Stockspot提供的金融产品建议、经营金融产品和存管或托管为服务性质，则无法适用于冷静期。

第四，客户资产持有方式区别。如果客户通过Raiz投资账户进行投资，则托管人是客户投资的合法所有者，客户无权参加投资持有人会议，也无权就所投资的公司行使选举等股东行为。Stockspot所有ETF证券都以其客户的名义通过独特的持有人识别码（Holder Identification

Number，HIN）保存，该HIN可将客户识别为清算所电子附属登记系统
（CHESS系统）登记证券的持有人。

四、欧盟智能投顾的业务模式与法律规制[①]

（一）欧盟智能投顾业务模式与概况

在过去的几年中，大量的智能投顾公司在欧洲萌芽发展，如表
2-11所示，这表明了越来越多的零售投资者和机构投资者对智能投顾
感兴趣。

表2-11　　　　　　　　　　　欧洲智能投顾公司的发展情况

国家	公司	国家	公司
德国	Saclable.capital	英国	Moneyfarm
	fintego		Nutmeg
	LIO.ID		ETFmatic
卢森堡	Investify		Wealthify
	KEYTRADE		Munnypot
比利时	Medirect		True Potential
	EASYVEST	法国	WESAVE
意大利	IB Navigator		ADVIZE
	CheBanca！		YOMONI
瑞士	TrueWealth		MARIE QUANTIER
	WERTHSTEIN	匈牙利	Blueopes
西班牙	Feelcapital	奥地利	Moomoc
	Indexacapital	荷兰	Dexxi
	Finizens	丹麦	Nord
	Finanbest		

[①] 本部分的主要参考资料是European Union，Distribution systems of retail investment products across the European Union，Final report，2018. ISBN 978-92-79-66737-4。

1. 目标客户细分

基本上，智能投顾的目标投资者主要分为两类：直接面向消费者D2C（Direct to consumer）模型和企业面向企业的B2B（Business to Business）模式。直接面向消费者的D2C模型是指通过在线平台来为目标投资者提供服务；而B2B的模式则是指由智能投顾平台（robo-advisory platform）来直接为诸如银行和资管公司等传统金融机构提供服务。但无论是哪一种模式，最终的客户还是零售客户（retail investors），尽管现存的金融机构可能仍将高净值客户（wealthier clientele）作为主要的投资群体。总体而言，智能投顾的目标客户是可投资资产达到100万欧元的投资者，但全球的平均水平是8000欧元。

具体到世界各地的零售投资者而言，地区与地区之间的人口统计和文化习惯的差异是巨大的。然而，根据地理位置，可以观察到某些特定的模式。在欧洲，目标客户同质化情形较为严重。投资者通常是男性，每月家庭净收入约为4000欧元，拥有大学文凭，经济条件中等，年龄通常在40~50岁。值得指出的是，智能投顾公司管理资产的平均规模差异较大，一些公司管理的账户的平均规模在10万欧元，而有一些公司管理的账户的平均规模则可达到100万欧元。随着金融机构为其零售客户提供智能投顾产品，智能投顾的用户群体将会进一步扩大。

虽然世界各地的零售客户的细分可能有所不同，但B2B商业模式的客户并不如此。在全世界范围内，几乎所有的智能投顾产品都为诸如银行、资产管理和越来越多的保险公司等主流金融机构提供服务。

值得一提的是，与第三方商业机构合作的模式正呈现出勃勃生机。智能投顾公司正在与第三方商业机构合作，包括为第三方商业机构提供折扣价格的智能投顾服务。现今，智能投顾公司Money farm与优步（Uber）公司合作，使Uber司机可以在养老金计划上获得一定的折扣。

2. 产品和服务

智能投顾提供两种服务：全权委托产品（discretionary）和基于咨询的投资管理（advisory-based investment management）。

全权委托的投资管理模式是由代表客户利益的理财经理，基于与用户之间的授权协议（在智能投顾中，是基于算法得出的投资建议）来直接购买或卖出具体的金融产品。与此相反，基于咨询的投资管理模式是基于向客户建议购买或卖出特定金融产品，由客户自己来决定采取何种行动（在智能投顾中，通过智能投顾咨询平台给出相关的投资建议）。

这两种类型的服务仍须通过不同程度的人际间的交互来传递信息，包括完全自动化的建议、基于算法辅助而给出面对面的建议。完全自动化的建议通常只涉及与网站交互的客户，但如果他们需要解决任何IT问题、投诉或澄清条款和条件，他们仍然可以与智能投顾机构的工作人员进行交流。

在混合投资的案例中，客户既可以通过网站获取信息又可以通过与工作人员交流而获取信息（比如，通过网页聊天或电话问答的形式）。例如，在实践中，一个顾客可能会有问题与公司进行商讨或者公司需要询问顾客额外的信息等。

在由算法所支撑的面对面建议中，尽管投资顾问可以通过算法获得一般性的投资建议或者投资信息，但客户可以与投资顾问进行交流，并根据实际情况而不采纳算法所提供的结论。

新近成立的金融科技公司专注于完全自动化的投资建议或者混合模式，通过在线问卷、预先设定好的投资组合，根据风险的概况和基于算法的调整，以此实现对投资组合的调整。

欧洲智能投顾四个发展阶段的特点可以归结如下（见图2-8）。

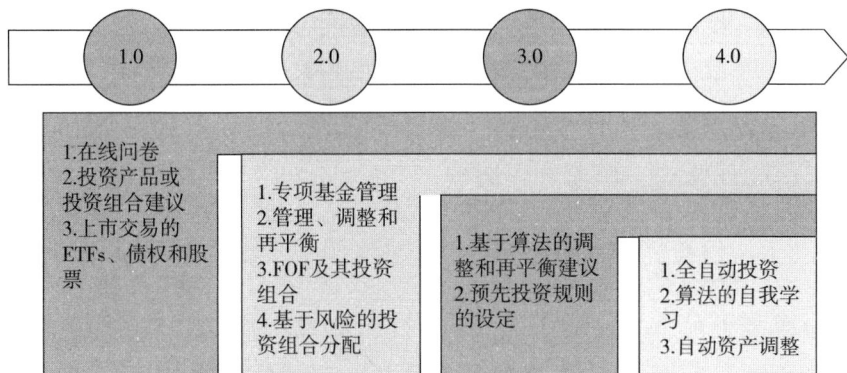

图 2-8 欧洲智能投顾四个发展阶段的特点

（1）智能投顾1.0阶段

基于客户对调查问卷的反馈来筛选一项合适的投资产品或投资组合。大多数公司通过Web服务或智能手机应用程序进行操作，而没有选择银行或代理商代为管理执行。客户必须通过他们自己的账户购买或者管理一项投资组合。智能投顾的投资标的包括股票、债券、ETF和其他投资工具。

（2）智能投顾2.0阶段

与智能投顾1.0阶段相比，智能投顾2.0阶段呈现出以下特点：第一，投资组合包括基金中的基金（Fund of Fund，FOF）；第二，设定投资账户和直接执行指令成为提供智能投顾服务的部分内容；第三，资产分配是由专门的投资经理在人工基础上进行管理的；第四，问卷不仅用于筛选合适的产品，还用于将客户与预先分配好的风险等级相匹配；第五，投资经理负责投资和调整客户的投资组合，这一过程是半自动化的，因为是由投资经理具体负责监督算法并对一系列的投资规则作出规定。

（3）智能投顾3.0阶段

与智能投顾2.0阶段相比，智能投顾3.0阶段呈现出以下特点：第一，投资决策和投资组合再平衡建议均基于算法，算法会自动检测并满足预先设定的投资策略；第二，有专业的基金经理负责最终的监督；第三，提供一些服务，这些服务使客户可以或遵从或否定投资组合调整决策的建议，以实现投资组合个性化。

（4）智能投顾4.0阶段

与智能投顾3.0阶段相比，智能投顾4.0阶段呈现出以下特点：能够进行自我学习的人工智能将负责复杂的风险管理和问卷分析。人工智能根据不同的市场条件和个人投资需求，如利润、风险偏好和流动性等，在不同资产类别之间转移、实时监控和调整单个客户的投资组合，以保持与顾客所选择的投资策略的一致性。

如今，欧洲、亚洲和美国大约80%的智能投顾有3.0阶段具备的功能，并且全自动服务化的程度也越来越高。我们观察到，智能投顾3.0阶段的能力目前包括一系列的由低到高端技术，当然这取决于智能投顾所选择的策略。一些产品倾向于基于特定投资理论而建立的关键绩效指标对投资组合进行调整，另一些产品则结合市场活动和趋势来对投资组合作出再平衡。大部分的智能投顾的分析、开发和维护的算法完全在内部，无法被外部获知。一般来说，平台的网站都会清楚地阐明它们的算法会在多大的程度上介入投资的过程，但是对于投资过程的细节仍有很大的说明空间。

智能投顾商将它们的服务以一种可行的、对用户友好的方式集成在一起供用户使用。智能投顾提供多设备的端到端的服务。从发展伊始，许多欧洲的智能投顾服务大多具有一个简单的过程，即通过一系列会影响客户资产分配的相关的问题来刻画用户风险承受能力肖像。在线问卷会因所需调查信息的多少和种类而略有差异。在用户风险评估之后，投资组合将会以动态化的图标和简练的文字解释来描述投资上的问题。在投资组合分配之后，大多数智能投顾通常会履行了解你的客户的程序［Know-Your-Customer（KYC）procedures］。在KYC程序中，将会通过简短的在线视频来进行用户识别。在经过用户身份识别后，最终版的合同和用户账户信息将会通过电邮的方式发送给用户。总体而言，这一整个程序通常会花费15分钟的时间。客户如果对这一过程存在疑问，可通过可视化交谈、电话、视频以及综合性的问答汇总部分得到解答。

对于智能投顾所选择的投资标的而言，其通常会选择ETF基金。由于ETF基金被动型的投资方式，与诸如共同基金等基金相比，ETF基金的运营费用会更低。此外，由于ETF基金是多样化的，因而可以分散投资单一证券种类的风险。根据统计，大约10个智能投顾产品中会有6个投资于ETF基金，而其他的则投资于股票、商品、保险、货币和债券。在法国和英国可以发现某些特殊性，其中有些产品具有规避税收的目的。在法国，投资组合被打包成人寿保险产品（assurance-vie），这是一种非常常见的账户形式，大约有40%的储蓄采用了此种形式。在英国，客户可以通过个人储蓄账户（Individual Savings Account，ISAS）进行投资。在欧盟最发达的成员国，产品范围扩大的原因是市场压力，需要智能投顾来为客户提供更具个性化的资产投资方案。在卢森堡和德国运营的智能投顾运营商为客户提供特定主题的投资服务，比如投资标的专注于网络安全、水资源和颠覆性技术。由于这些特定领域的投资不能单独用ETFs执行，所以这些智能投顾产品会将不同的投资产品添加到投资组合之中。

关于人的因素在智能投顾之中的介入问题，在不同智能投顾服务之中会有一些相同的特征。无论投资规模如何，所有平台都能在一定程度上为用户提供免费的人力支持。所有的智能投顾平台都在进行投资和持有投资的过程中提供免费的技术服务。一般而言，在英国和法国，可以通过聊天、电邮、电话的形式与投资团队的成员进行交流，可以在选择投资产品时获得帮助。客户可以查询智能投顾所给出的建议，也可以接收到他们偏好的投资产品的相关信息。事实上，更多的投资信息会时常出现在投资平台上，例如某些关于重新平衡以满足特定投资目标的建议。在某些情况下，例如在英国，根本就不提供财务建议，如果客户希望了解更多关于他们可用的投资产品的话，他们需要与独立的财务顾问交谈（这一服务是有偿的）。这一差异主要由于各国对可以提供证券投资咨询的主体的规制的不同。

3. 营销战略

归属于欧盟成员国的智能投顾平台可以在一个或多个成员国提供服务。用户可以在智能投顾平台的网站上开设一个账户，并且还可以用自己的语言访问平台。例如，德国和卢森堡的客户可以在Investify上进行投资和交易。再比如，MoneyFarm的网站采用英语和意大利语的服务。只有一个明显的例外——有一个智能投顾可以在多达32个国家提供服务。基于我们的观察和研究，对于智能投顾平台而言，合法合规成本和市场运营成本构成了其在不同国家运营的巨大障碍。在调查过程中，行业营运者都强调监管状况的差异和适用规则的差异对于智能投顾公司的影响，比如不同国家的金融工具指引就是智能投顾公司的一个核心关注点。此外，欧盟成员国在文化习惯方面存在着很大的差异。因此，进入一个资源稀缺的市场去投资营销，对于公司而言是一个不容忽视的问题。

智能投顾的市场营销战略非常简单，即主要依靠网络营销来宣传自己。智能投顾通常使用诸如搜索引擎优化的程式化的广告、搜索引擎上的付费横幅以及社交媒体上的广告。此外，智能投顾平台也运用广播广告和平面广告来提供服务。

4. 发展水平

为了确定智能投顾所管理的资金规模，图2-9比较了欧洲各个国家中智能投顾所管理的资产。

百万欧元

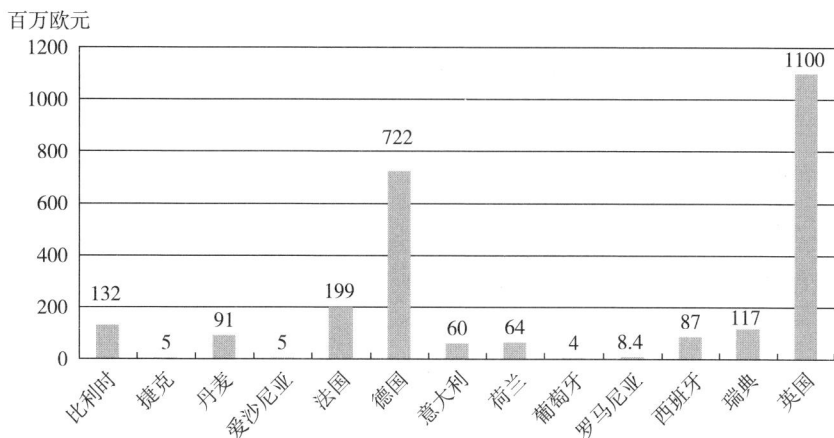

资料来源：Deloitte analysis（2017）。

图 2-9 欧洲各国智能投顾管理资产情况

在管理资产方面，在整个欧洲范围内，英国和德国智能投顾咨询市场的发展尤为发达。特别是英国为22个智能投顾公司提供了丰富的机会。在过去的投资中，会存在"建议鸿沟"（advice gap）的现象，出现这一现象的原因主要在于获取投资建议所花费的成本较高，原始数据的影响，投资者较低的财务素养，缺乏信任等。随着个人越来越多地负担起管理自己养老金的任务，并且在国家所给予的养老金越来越少的情况下，智能投顾在提供低成本投资方案中发挥了关键性的作用。这些因素助推了英国智能投顾资产管理规模的增大。事实上，英国最大的智能投顾平台Nutmeg公司，截至2017年12月底，已经代表25万用户管理6.61亿欧元的资产，值得注意的是，该公司在8月底管理的资产规模才仅有4.41亿欧元。另一个主要的竞争者Money on Toast，截至2015年末，就管理了1.65亿欧元的资产。在德国，智能投顾是市场发展的新的趋势。截至2017年末，在德国的38家智能投顾公司管理着共计7.22亿欧元的资产。然而，在德国目前只有不到0.03%的人口使用智能投顾服务。德国智能投顾的发展前景是很好的，据估计到2021年用户数量将会增加三倍，并且德意志银行和Oliver Wyman均认为德国智能投顾管理的资产总额将达到200亿~300亿欧元。值得注意的是，预计欧洲智能投顾管理的资产规模将会有较高的年增长率，而不仅仅局限于英国和德国。事实上，爱沙尼亚的年增长率最高为100%，法国的年增长率最低为50%，其他欧洲国家则介于两者之间。值得注意的是，爱沙尼亚的154家智能投顾公司受益于线上为用户提供服务的模式，以及该国国民对于数字技术和互联网服务的熟练运用程度。以上因素使爱沙尼亚成为欧洲智能投顾发展程度最好的国家。

5. 费用和账户最小投资金额

一般来说，智能投顾的费用包括年度投资组合管理费和投资于基金所花费的费用。每年的投资组合管理费用最低的是德国，平均为0.61%；最高的是法国，平均是1.88%（见图2-10）。同时值得注意的是，管理费用往往受到批量折扣定价模型（volume discount pricing model）的影响。

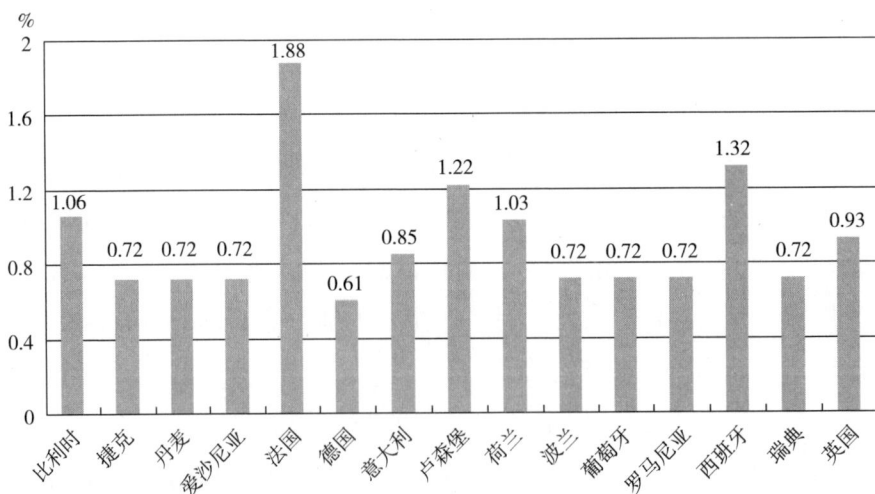

资料来源：Deloitte analysis（2017）。

图2-10　欧洲各国投资组合管理费用

除此之外,大多数智能投顾所投资的基金的费用都是根据ETF基金或者其他基金费用来收取的,费率从最低的丹麦0.21%到最高的法国0.45%不等。许多智能投顾平台设立的更个性化的投资组合还包括主动型的基金,与之相关的费用则可能超过1%,但主动型基金仅仅是投资组合中的一小部分。

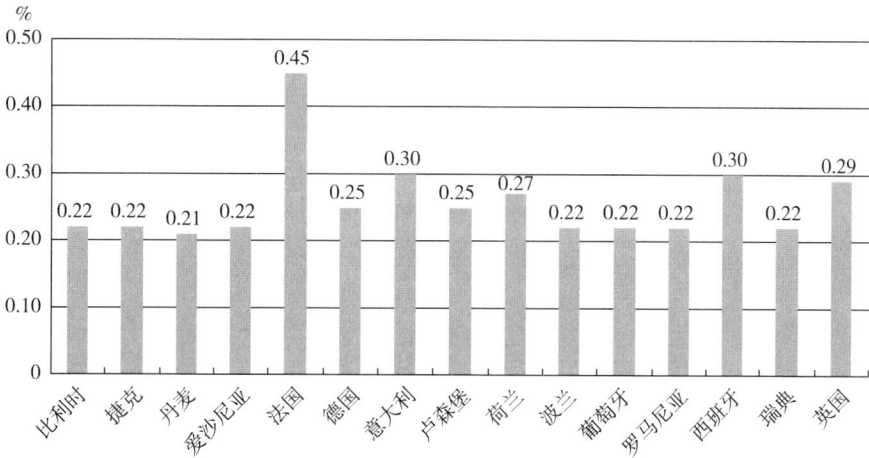

图 2-11 智能投顾中 ETF 基金的平均费率

资料来源:Deloitte analysis(2017)。

采用智能投顾进行投资的账户的最小金额差异较大,在一些成员国如捷克共和国和罗马尼亚等最小金额是100欧元,而在意大利则高达1.3万欧元。总体而言,成员国智能投顾平台的投资账户的最低金额的平均值为2700欧元(见图2-12)。在意大利,规定较高水平的最低投资金额是因为意大利早期采用智能投顾的投资者相比于其他国家的投资者更为富有。在一些成员国,如罗马尼亚、波兰和爱沙尼亚,这些国家的最低投资金额为100欧元是因为在这些国家仅有一个智能投顾公司为其提供服务。在另一些成员国,比如西班牙和英国,这些国家的最低投资金额较小则是由于智能投顾公司相互间的竞争导致的。影响最低投资金额的因素主要有两个:智能投顾是否对每笔交易都收取费用以及目标客户的影响。比如,如果每一笔交易都会收费,许多智能投顾公司就会调整最低投资金额以确保投资者投资组合的多样化和投资组合成本的最小化。当目标客户主要是散户时,最低投资金额往往取决于投资者的年龄范围、投资目标、财务素养以及财务状况。一家受访的智能投顾公司表示在与零售银行合作之后,最低投资金额可能会降低,以便将用户范围进一步扩展到高净值人群以外的主体。

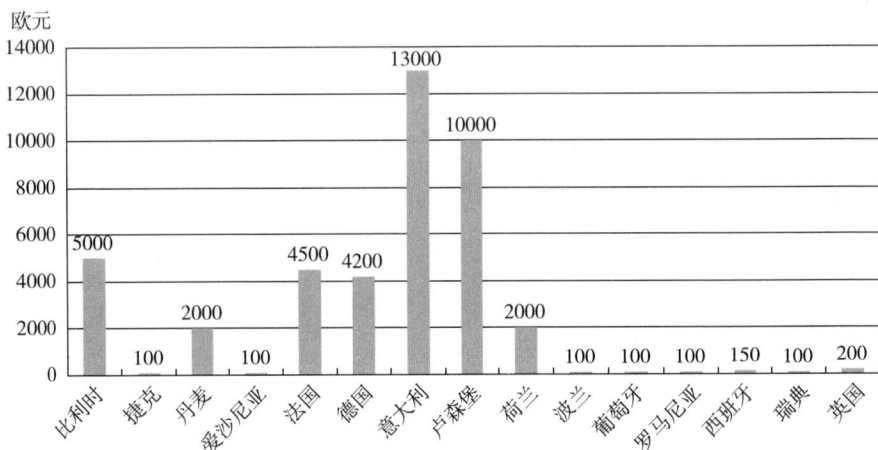

资料来源:Deloitte analysis(2017)。

图 2-12 欧洲各国智能投顾最低投资金额

6. 收益与风险

(1)收益

相比于传统的财富管理,智能投顾以相对低廉的价格提供服务。事实上,在欧洲大多数智能投顾公司收取的平均管理费率在介于管理资产的0.6%~1.3%,作为一个特殊的例外,法国的费率高达1.88%。此外,所投资的基金的费率介于投资资产的0.9%~1.6%。按照金融机构的价目表,传统的财富管理将会收取2%~3%的费用。这一巨大的差异可以使智能投顾有更为广泛的受众。事实上,对于不那么富有的投资者,投资建议的负担成本是最为关键的问题。以英国为例,英国的智能投顾市场在欧洲最为成熟，英国的成年人乐意为投资建议付出对价，大约80%的成年人对于一笔5万英镑的投资最多愿意负担1%（500英镑）的费用。这一比例恰恰是智能投顾所收取的费用，但却远远低于传统财富管理所收取的费用。

此外，实用性和用户友好性也是智能投顾的优势。基于互联网本身的特性，智能投顾可以通过多种设备提供端到端的服务。此外，智能投顾公司可以为客户提供更为便利的7×24小时的服务。事实上，智能投顾吸引用户的一点在于用户投资方式的转变，它可以使用户坐在驾驶座上的时候也能获得必要的信息和支持。智能投顾使用户可以远离人群，通过非常直观的数据表、可视化的分析工具、用户支持来进行投资决策。

此外，由于完全自动化，智能投顾服务可以改善合规性并且进行连续记录，以此来为用户提供前后一致的投资建议并且留下一个完整的可审计的线索。智能投顾服务通过此种方式来保证其对投资过程中的误导性陈述、不完整或其他不足的投资建议承担责任。

（2）风险

利弊共存，智能投顾的优点也恰恰能成为其缺点。事实上，当用户在登录智能投顾平台进行投资时，虽然过程更为直观化并且更富效率，但是这样过分简化的过程同样也会增加风险发生的可能性。在运用智能投顾进行投资时，在第一个步骤就存在一些潜在的风险，即用户肖像的刻画所带来的风险。通过调查问卷所刻画的用户肖像虽然可以了解用户的一些基本信息但是却缺乏对用户财务状况全面性的了解。例如，在一个完全自动化的调查问卷中，问卷之外的其他潜在的收入来源或费用支出就会被忽略掉，此外投资规划也需要考虑投资者的全球资产投资状况。值得关注的是，标准化的问卷可能无法对某些方面给予足够的关注。例如，如果两个投资者想要采取预防性的储蓄，一个投资者的动机可能在于潜在的减薪，而另一个投资者的动机可能源自身体方面的风险或者是削减不必要的开支。这就会导致虽然两个人采用了相同的投资策略，但是两个人的储蓄动机却是截然不同的。进一步说，调查问卷会预先假设具有相似基本特征的投资者会对同一主观性问题作出相似的回答。然而，对于主观性问题的回答却会存在主观上的差异，这一差异将会对既定的算法产生误导。例如，如果两个投资者对于ETF基金有着相同的理解，一个投资者可能对于ETF基金确实有着一定的理解，而另一个投资者却仅仅是因为过度自信而展现出了与前一投资者相同程度的理解。因此，错误的假设或者不完整的数据，由于不能被算法所矫正，可能会导致智能投顾给出不完整的投资建议。这些缺点可以通过更长和更为详细的调查问卷所弥补，也可以通过人工投资顾问的介入（即采取混合模式）来在一定程度上解决。

另一个风险主要源在自由算法所决定的投资资产分配的环节。虽然自动化的投资可以减少某些利益冲突的问题并且可以提供更大的透明度，但是在技术上也可以对底层算法进行编程，从而将投资者引入一定范围的投资产品或者中介机构，以此获得更高的佣金或者其他形式的补偿。除了对算法进行恶意的编程外，编程本身也可能存在着一定无意的过失。由于不理解植入算法的方法，以及算法与公司预期的方法不一致，从而可能导致将不适当的投资产品销售给投资者，或者算法本身作出不理想的投资决策。比如，可能未考虑税收筹划。此外，大量的研究表明，由于不同的智能投顾平台有着不同的算法指导，因而即使针对同一用户肖像也可能给出不同的投资建议。

最近一项对英国15个在线投资服务商（包含智能投顾平台）的研究发现，关于投资成本和投资费用往往存在沟通不畅、误导性陈述或者遗漏的问题。在线投资服务商对于投资成本和费用的披露方式使缺乏投资知识和技术知识的投资者难以准确获悉他们的投资成本以及为什么付出这些成本。我们的研究也证实了这一点。

无论是哪个在线平台的智能投顾，都试图尽量减少人为的干预。但这存在着一个风险：对于不太老练的投资新手，他可能不太理解专业的术语，特别是在没有人工顾问对相关的问题提供必要的补充解释时就更可能会产生误解。

智能投顾受到一系列不能归因于算法的技术风险。自动化投资平台的设计必须符合相关的合规政策和程序，以使所有的投资活动都符合监管指导方针的相关规定。此外，还要保证算法具有一定的可变性和一致性来使其始终符合投资的目的。然而，在实践中，许多智能投顾公司都是初创型公司，这些公司可能没有足够的投资去建立一个强有力的合规体系。因此，这些公司在数据完整性、可恢复性和存储方面的能力可能不足以应对不利的市场环境，不能避免系统性的错误。除此之外，智能投顾平台还容易受到网络安全的威胁。

（二）欧盟智能投顾的法律规制

欧盟金融监管的首要目标之一是改善金融体系的运作。为此，监管机构和立法机构确定了一系列共同目标，并制定了监管框架。其中包括确保消费者保护，金融稳定和（良好）竞争。另外，过多的监管会扼杀创新、竞争并最终影响经济增长。因此，讨论的起点应该仍然是"如果它没有破产，就不要修复它"。通过遵循技术中立和相称的方法，欧盟的监管框架力求在对新技术采用动态监管的同时实现上述原则。市场中新的潜在破坏性力量的出现是评估现有规则并重新评估其基本原则和目标是否仍然有效实现的良好机会。因此，本节旨在研究现行规则是否以及如何适用于智能顾问及相应的后果。在这样做的过程中欧盟试图找到一个答案，即现行规则是否对机器人顾问造成不必要的负担。

在欧盟层面，与智能投顾相关的监管标准主要体现在《金融工具市场指令》（MiFID）框架。最初的MiFID框架可追溯至2004年，但在2018年1月，欧盟通过国家法律的形式对其进行了实质性修订。这次改革的根本目的是加强投资者保护并改善金融市场的运作，使其更有效率，更具弹性和透明度。此外，新制度也加强了监管当局的权力。尽管在协商MiFID时，智能投顾几乎很少出现，但它通常适用自动化投资建议（automated advice）以及MiFID对投资公司的相关规定。被视为MiFID所规定的投资公司，其所运营的智能投顾服务需要执行投资建议或投资组合管理（perform investment advice or portfolio management）。上述要求是以功能为导向（function-based），因此适用于满足各自要求的所有类型的实体，无论是否由人或算法去进行投资管理。

指令框架所指的投资建议是"向客户提供个人建议……"［第4条第（1）项第4款］，而投资组合管理则意味着"……依据客户的全权委托授权来对投资组合中的一种或多种金融工具进行管理"［第4条第（1）款第8项］。提供投资建议或投资组合管理的公司，无论是否自动化，通常都属于该指令所规范的范围。但对于仅提供投资建议的公司则可以豁免适用MiFID的规定，其监管主要由国内立法机构或监管机构负责。

MiFID适用涉及受监管公司的一些重大法律义务。首先，公司必须得到主管当局的授权。为此，它们需要满足各种要求。例如，拥有足够的初始资本。在提供服务时，还必须满足几项业务标准。例如，向客户提供有关公司和服务的信息以及从客户收集相关信息以便能够提供适当建议（"适用性要求"，suitability requirement）的义务。后者被认为是投资者保护的最重要的要求之一。此外，公司必须采取一切必要措施防止利益冲突。自MiFID Ⅱ生效以来，运营智能投顾的公司和其他机构认为自己面临额外的监管负担，新法律要求它们需要从客户那里获取大量的信息，且需要将其提交给客户并进行记录。

尽管欧盟监管采用技术中立的方法，但智能投顾中似乎普遍存在的一个问题是监管的不确定性。预先定义的类别和实践中的细微差别使新形式的金融建议难以评估其是否符合监管的要求。新的创新方法或混合技术可能难以归于这些预先定义的类别。公司在投资建议和投资组合管理之间以及在投资建议和投资中介之间存在差异。例如，根据德国法律，投资中介不必满足适当性要求或同等条件。智能投顾引起的不确定性是显而易见的，德国大量的智能投顾声称只提供中间金融产品而不是提供建议。然而，在应用上述标准时，其中许多似乎属于投资顾问的范畴。

对于那些发现自己处于监管"灰色地带"的公司而言，各自当局对其监管义务的判定将难以预测。因此，随着投资建议方法的创新，监管不确定性也随之增大。欧洲银行管理局（EBA）2017年的讨论文件似乎证实了这些论点。讨论文件涉及实践的结果是EBA承诺更好地了解欧盟金融科技公司的范围及相应的服务及其各自的监管处理。作为这项工作的一部分，EBA研究了如何对提供特定服务的样本公司进行监管以及根据哪种制度（国家或欧盟）进行监管。关于智能投顾的研究显示，在智能投顾的133个样本中，35%没有监管制度，而41%受欧盟法律管制，24%受国家制度管制。首先，由于智能投顾应该由MiFID监管，但数量较多的智能投顾未受监管。这使根本没有受到监管的智能投顾服务可能会带来未披露的风险并最终损害消费者。其次，数据显示那些受到不同监管的公司经常提供相同的服务。这表明整个欧盟的智能投顾可能存在差异化的监管，比如德国BaFin和卢森堡市场当局CSSF对于相同的规则采取了不同的监管方式，导致针对同一服务出现了不同监管处理。在欧盟委员会关于金融科技的咨询文件的回复中也提出了类似的担忧。鉴于监管框架与欧盟法律是相协调的，这表明监管机构现行监管对新技术的应用存在很大的不确定性。这不仅违背了消费者保护和维护金融稳定的监管目标，而且还对创新产生了不利影响。为了在公司和投资者之间建立监管确定性，规则应用的一致性和可预测性是主要目标。因此，监管机构方面的不确定性必然会加剧受监管公司的不确定性。

监管不确定性的影响是多方面的。首先，它对潜在的市场进入者构成了巨大的市场障碍。在向市场引入新技术或被迫终止业务时担心受到制裁可能导致金融科技公司对创新保持谨慎，并可能首先阻止它们进入市场。换句话说，投资尚未获准开展业务的金融科技公司会承担很大的风险。因此，在监管不确定的情况下，企业难以筹集新资本，这最终意味着监管不确定性会拖累金融创新。上述不一致的监管（或国内监管的偏差）可能会导致监管套利。智能投顾公司可以选择监管或执法对它们更有利的司法管辖区，可能会因监管竞争而导致众所周知的"竞相降低"，这可能同时为消费者带来风险，因为服务可能没有得到各自当局的适当评估。此外，监管的不同和不明确的应用可能会导致消费者产生混淆。正如上文所指出的，对智能投顾服务的信任和信心的建立对其未来的发展至关重要。而相关的监管法规在这方面起着关键作用。较高水平的监管可以令消费者在使用智能投顾服务时不必担心隐藏的风险。另外，监管的不确定性使消费者有理由怀疑监管机构的专业知识，因此对新产品和服务可能会变得过于谨慎。在这种背景下，监管机构和智能投顾适用法律的不确定性是智能投顾和金融科技发展的主要风险，需要由监管机构解决。

除了监管不确定性之外，当前框架的另一个主要障碍是许可要求。如上所述，要获得正常许可，需要满足初始资本要求，如"资本要求法规"和"资本要求指令"（Capital Requirements Regulation and the Capital Requirements Directive）中所规定的那样。这对于不断寻找投资者和筹集资金的小型金融科技公司来说，对其进入市场构成了相当大的障碍。因此，许多智能投顾寻求由MiFID I第3条提供的豁免（仅提供投资建议而不进行资产管理），这似乎是进入市场的好机会，不必经过整个严格的授权程序。但事实上这一途径对于智能投顾公司是没有吸引力的。首先，被豁免的智能投顾公司仅能提供"财务建议"，这在实践中难以与进行资产管理进行区分。其次，对公司活动的限制（例如对推荐金融产品、合作机构的限制）是对商业自由的限制和对创新的消极激励。最后，适用豁免的公司无法利用由MiFID管理的主要利益。在MiFID Ⅱ下，这些规则已进一步收紧，这意味着第3条规定的豁免更多是"空壳"，而不是智能投顾公司的机会。而且相比之下，依据第三条规定受国内制度监管的智能投顾公司，截至2018年1月，受到了更严格的监管审查，其中一些公司已经无法应对日益严苛的监管。

关于消费者保护，通常适用于财务建议的法规主要依赖于适用性要求（suitability requirement），通过强制公司提供大量信息来防止利益冲突和客户教育。对于确保建议的质量而言，适合性要求当然有其合理性，并被视为投资者保护的最重要要求之一。近期，欧洲证券和市场管理局（ESMA）全面调整了智能投顾的适合性要求的指导方针，并就此问题启动了咨询。尽管如此，在全面考虑客户的个人情况的意义上，智能投顾建议是否满足适合性要求仍然是一个悬而未决的问题。通常希望通过披露义务促进教育和防止利益冲突，因为知情的客户更有可能识别出有问题的产品并相应提升相关服务的竞争。增强信息披露和透明度义务是促进消费者教育的常用方法。智能投顾所提供的建议，由于自动化和标准化的过程简化了必要信息的收集和提供。因此，可以认为，披露的信息越多，消费者理解和回答调查问卷的能力就越强。另外，在线匹配投资方案与简化建议过程相结合后可能会带来新的风险，因为在超过一定数量的信息时，客户可能根本不会阅读它们。有研究显示，在网络环境中，由于注意力不集中，人们倾向于"跳过"和"浏览"信息。信息被忽略的可能性随着提供的信息量的增加而增加。因此适得其反，提供的信息越多，由于缺乏知识而导致不适合的风险就越高。此外，为了提高消费者对服务的理解，通过合法的小字所提供的信息可能会被视为没有得到消费者的认可。有证据表明信息的设计对其被阅读的可能性有很大的影响。因此，监管的重点不仅在于提供的信息是什么类型，而且还在于提供信息的数量，特别是提供信息的方式。

总而言之，尽管欧盟目前的监管框架包含正式适用于智能投顾的规则，但它们引起了许多担忧。这些问题（到目前为止）已经更多存在于对法律的应用而不是法律规定是否存在的问题。

对欧盟智能投顾的总结可以得出如下结论。

智能投顾通过复杂的算法对用户数据进行分析，并生成具有个性化的投资方案。通过数字化技术，来实现用户自助登录、投资者风险分析、基于算法生成资产投资分配方案，以及根据线上投资者的需求为其提供投资方案。

智能投资顾问利用技术性的方法来提供B2C和B2B服务。现在B2C的用户主要由零售投资者组成，这一群体可以充分利用自动投资组合分配工具，他们精通数字化技术，对于金融问题有一定的知识储备，并且投资金额一般较低。虽然这一群体被认为是智能投顾早期的客户，但我们预计智能投顾的投资群体将会进一步扩大。B2B客户群体则主要是零售银行、资产管理经理、家族办公司、投资银行以及保险公司。

尽管在欧洲范围内智能投顾的市场份额获得了较大的增长，但只有一小部分的散户依赖于智能投顾平台进行投资。值得注意的是，相比于欧洲其他国家，英国和德国用户使用智能投顾的用户更多。

智能投顾所选择的投资标的往往是ETF基金，这是由于ETF基金的相关投资成本更低。一些智能投顾平台除了主要投资ETF基金外，还允许将股票、实体货物、保险、货币和现金作为辅助的投资标的。

　　虽然是由算法生成或决定特定用户的投资方案，但投资者在作出投资决定时仍能获得不同程度的人工的帮助。人工的帮助是十分重要的，作为一个散户可能需要与人工投资顾问就智能投顾给出的投资组合建议进行讨论，可能对特定投资产品特征（这些特征无法单纯通过网络获得解答）存在的一些疑问进行探讨。

　　总体而言，相比于传统的财富管理，智能投顾的投资成本要更为低廉，投资者仅仅需要负担0.9%~1.6%的年度资产管理费用。对于这些费用的情况，投资者往往难以从网站上获知或者是网站上的描述令投资者难以理解。

　　鉴于即将出台的关于智能投顾的相关规则，智能投顾可能将具有更快的发展潜力，可能将会具有更多的潜在用户。

五、新加坡数字顾问商业模式、法律规制和案例分析

（一）新加坡数字顾问业务模式

　　英国研究机构财富洞察（Wealth Insight）报告指出，到2020年新加坡管理的资产规模将超越瑞士，成为全球最大的离岸财富中心。作为世界上主要富裕国家之一的新加坡，其资管市场一直是全球金融机构"必争之地"。从历史上看，过去几十年的新加坡的财富管理需求一直由银行主导，但管理成本较高，服务客户范围有限。根据Statista数据，2018年新加坡数字顾问行业管理的累计资产价值为175亿美元，预计到2022年将以44％的年增长率增长至76.1亿美元，新加坡数字顾问用户数量也将攀升至405000左右。[①]全球资本市场的FinTech热潮为金融科技公司进入资本市场提供了难得的契机。无论是传统金融机构还是新兴金融公司，纷纷或独立，或合作战略布局低成本、操作便利的资

---

① https://sbr.com.sg/financial-services/in-focus/banks-rev-robo-advisory-push-in-singapore.

产管理"利器"——数字顾问，以此抢占新加坡财富管理市场份额或进一步巩固原有市场地位。新加坡FinTech网站将B2C的数字顾问与B2B技术供应商共同归类为在线财富管理领域。

综观新加坡数字顾问，新加坡数字顾问有以下几个特点。

第一，从数字顾问背景看来，有传统金融机构背景营运者，也有新兴的技术背景营运者。首先，传统金融机构营运者又可细分为银行系、资管系和证券系。银行系营运者如华侨银行与金融科技公司InvestCloud Inc合作推出的WeInvest，其经过认可投资者试点后，华侨银行又与新加坡金融科技创业公司WeInvest合作，于2018年8月又推出RoboInvest、星展银行与IBM合作运用沃森认知计算创新技术合作推出的财富顾问服务平台和大华银行的UOBAM Invest等；资管系营运者有英国财富管理公司横桥资本（Crossbridge Capital）与晨星（Morningstar）、潘星（Pershing）、瑞士宝盛（Julius Baer）和Bambu合作开发的Connect；证券系营运者有Phillip Securities推出的SMART Portfolio。技术背景的营运者有财富科技公司Mesitis Capital推出的账户聚合、投资组合可视化产品Canopy以及数字顾问产品Bento；数据驱动型资产管理公司有Marvelstone Capital与Smartfolios合作的数字顾问平台。

第二，从数字顾问服务对象来看，有B2C、B2B和家族办公室等类型的数字顾问营运者。首先，B2C又可分为三类，第一类主要是为零售客户提供服务的营运者，主要有独立型数字顾问StashAway和AutoWealth、银行系的RoboInvest（华侨银行）和UTrade Robo（大华银行）、资管系的Smartly和外汇经纪商背景的CGS CIMB eWealth Robo；第二类是受制于牌照限制或市场战略考虑，只为净资产超过200万新元或在过去12个月至少获得30万新元的个人高净值投资者（HNWI）服务的B2C营运者。例如Crossbridge Capital的Connect只为HNWI提供服务，嘉信理财（Charles Schwab）的嘉信智能顾问（Schwab Intelligent Advisory）目标是私人银行客户；第三类是在前两类基础上服务特色人群的营运者，如专门为女性提供量身定制数字顾问服务的B2C产品Miss Kaya、最初为新加坡美国人提供服务的Infinity Partners、大华银行初期为其商业银行认可投资者提供试点服务的UOBAM Invest。

其次，B2B营运者主要有Bambu、Pivot FinTech和Smartfolios等。以典型的Bambu为例，其首页就将自己介绍为"亚洲B2B智能顾问"，专门运用技术为金融机构和非金融机构等企业客户提供财富管理数字化解决方案、白标数字顾问开发和咨询服务、算法排名服务和API集成服务等。主要的B端客户有新加坡汤森路透社、Crossbridge Capital和渣打银行（Standard Chartered）等。

最后，家族办公室（Family Offices，FO）又可分为单家庭办公室（Single Family Office，SFO）或多家庭办公室（Multi-Family Office，MFO），这类FO以私人机构形式专门为富裕家庭管理财富，包括提供金融投资、房地产管理和税务筹划等服务。在新加坡典型营运者有新加坡FO投资的Smartfolios，其目标之一就是致力于为全亚洲的FO提供数字顾问服务。

表2-12　　　　　　新加坡数字顾问及相关主体基本信息概览（部分）

分类	平台名称	时间	背景机构或合作机构名称	客户类别	产品类别	持牌情况
银行系	Roboinvest	2015年	华侨银行（OCBC）与WeInvest合作	OCBC客户	新加坡、澳大利亚、英国、美国、欧洲和中国香港共六个市场的股票型和债券型ETF、黄金信托等共28个投资组合	①本地银行牌照；②豁免CMS实体；③豁免FA
	UOBAM Invest	2017年	大华银行（UOB）与Pintec和Invessence等金融科技公司合作	仅向大华银行的商业银行客户提供（主要是中型公司）	全球ETF，如股票、高收益债券，以及货币市场产品等	UOB资产管理有限公司：①CMS交易、基金管理牌照；②豁免FA

续表

分类	平台名称	时间	背景机构或合作机构名称	客户类别	产品类别	持牌情况
银行系	UTrade Robo	2018年	大华银行（UOB）与 Pintec 和 Invessence 等金融科技公司合作	零售客户为主	发达和新兴市场的股票、债券和商品指数型 ETF	大华继显私人有限公司：① CMS 交易、基金管理牌照；②豁免 FA
	Your Financial GPS	2018年	星展银行（DBS）	DBS 客户	提供财务规划计划服务，暂不出售和推荐任何产品	①银行、财务公司等牌照；② DBS 信托公司是获许 CIS 信托、持牌信托公司；③ DBS 证券公司持有 CMS 交易牌照和豁免 FA
	CGS–CIMB eWealth	2018年	CGS–CIMB 与丹麦投资银行盛宝银行的子公司 Saxo Capital Markets 和新加坡金融科技公司 WeInvest 合作	零售客户为主	主要为美国债券型和股票型 ETF、黄金信托，与大华银行产品类似	CGS–CIMB 证券持有：① CMS 交易、产品融资和提供托管服务牌照；②豁免 FA
独立型	Auto Wealth	2015年	独立型	零售客户为主	美国股票、欧洲股票、亚洲股票、新兴市场股票、美国政府债券、国际政府债券	持牌 FA（证券+CIS）
	Stashaway	2016年	独立型	零售客户为主	美国股票型 ETF、欧洲股票型 ETF、亚洲股票 ETF、新兴市场股票 ETF、美国政府债券 ETF、商品市场、可转换证券 ETF、现金产品	① CMA 基金管理牌照；②豁免 FA
技术提供商	Bambu	2016年	第三方技术提供商	银行、资产管理、财富管理等金融机构，如 Crossbridge Capital	①智能顾问(Intelligent Advisor)；②白标机器人（White-Label Robo）；③应用程序接口库（API 库）	无牌照

分类	平台名称	时间	背景机构或合作机构名称	客户类别	产品类别	持牌情况
技术提供商	Smartfolios（已被监管科技公司 Finantix 收购）	2016年	第三方技术提供商	银行、资产管理、财富管理等金融机构和技术服务提供商（如Bambu）	开发实时定量投资引擎和分析工具，包含咨询、监控分析、战略建模、反向测试、客户交流和投资组合优化平衡等功能的模块和引擎	无牌照
	WeInvest	2014年	第三方技术提供商	金融机构（华侨银行、CGS-CIMB）	财富追踪、财富增长和财富顾问三类产品，主要内容包含开发财务账户聚合、风险分析、实时事件警报、资产配置及平衡和客户互动工具	无牌照
混合型（技术服务＋面向客户数字顾问服务）	Connect	2016年	Crossbridge Capital 与金融科技公司 Bambu、瑞士宝盛银行等合作	认可投资者＋企业技术服务	数字顾问服务＋技术服务：投资组合构建、全数字化开户流程、开发客户关系管理工具和多语言及全自动化的界面等模块	Crossbridge Capital 是 CMS 基金管理牌照持牌人＋豁免FA
	Smartly	2015年	与获得许可的基金经理 VCG Partners 合作的 B to B to C	零售投资者＋技术服务提供商	技术支持，客户 VCG Partners Pte 签订相关协议	VCG Partners Pte：①CMS 基金管理；②豁免FA

以上分类仅体现了现今各营运者对智投市场战略布局的不同侧重点，但并不代表其服务范围仅限定于这些主体。例如，Smartly不仅是B2B营运者，也是B2C营运者。多元化的客户群体、横向扩张与纵向拓展财富管理价值链一直是数字顾问们所追寻的终极目标。

第三，服务模式从自然人顾问参与程度来看，有自动型数字顾问和混合型数字顾问。自动型数字顾问是指提供金融服务过程中自然人不参与或者参与较少的模式，主要营运者有StashAway和

AutoWealth；混合型数字顾问是全自动型数字顾问的升级版本，其除了利用电脑、手机等设备，基于算法为客户配置出合适的投资决策外，还会通过软件的设计加入和专业自然人投资顾问交流的板块，从而使混合型数字顾问更加个性化，给投资者更多的选择，使其利用该类工具得出的投资决策更加合理，典型的营运者有嘉信理财（Charles Schwab）2017年在新加坡推出的嘉信智能顾问（Schwab Intelligent Advisory）就通过电话或视频会议在数字顾问平台上无限制地接入了自然人顾问。

（二）新加坡数字顾问法律规制

新加坡监管者从数字顾问服务流程和商业模式出发，通过重新解读法律规范，及时将其纳入现有监管框架。考虑数字顾问算法驱动、投资组合产品构成、投资组合再平衡和初创企业轻资产等特殊性，审查数字顾问适用于原有监管框架的"规制漏洞"和"合规障碍"，以风险管控为逻辑主线，运用保障性个案豁免、义务合理扩张等方式，先后发布咨询文件和准则，并对财务顾问和资本市场领域相关的底层法律规范进行修订，渐进式稳步应对数字顾问带来的监管问题。这有利于确保数字顾问业务价值链的完整性和可持续性，发挥其技术优势，为零售客户提供多样化的服务，并有效指引数字顾问营运者的准入路径和经营行为，以实现平衡金融创新和市场信心的监管目标，其对各国数字顾问的适度监管和有序发展具有重要借鉴意义。

1. 新加坡数字顾问监管概况和文件体系

新加坡数字顾问监管机构主要是新加坡金融管理局（Monetary Authority of Singapore， MAS），MAS主要承担四方面角色：一是作为新加坡的中央银行，MAS负责宏观经济监督；二是作为综合金融监管机构，MAS负责监督新加坡包括银行、保险、资本市场中介机构、财务顾问和证券交易所在内的所有金融机构；三是作为零售投资者的教育者，MAS负责对弱势零售投资者进行教育，保障投资者对金融市场的信任和信心；四是MAS作为新加坡资本市场发展推动者，通过与其他政府机构和金融机构密切合作，确保新加坡金融业保持活力和竞争力，推动新加坡成为区域和国际金融中心[①]。

从中观的监管体系文件来说，新加坡数字顾问监管文件框架由原有法律及规范性文件和MAS对数字顾问发布的专门准则两方面构成。

（1）现行法律及规范性文件

MAS现行监管文件框架主要有两个层次。第一层次是具有法律效力的法律及附属条例、指令（Directives）和公告（Notices）[②]等。第一，数字顾问提供投资产品建议的功能，适用于2018年10月8日发布的最新修订的《财务顾问法》（Financial Advisers Act，FAA）以及与FAA配套的2018年10月8日发布的最新修订的《财务顾问法实施条例》（Financial Advisers Regulation，FAR）；2018年10月8日发布的最新修订的《关于投资产品的建议公告》（Notice on Recommendation on Investment Products，FAA-N16）、《关于客户信息和产品信息披露的通知》（Notice on Information to Clients and Product Information Disclosure，FAA-N03）[③]以及反洗钱和反恐怖活动、技术风险管理相关的公告。FAA、FAR及其附属规范主要适用于财务顾问及其代表、豁免财务顾问等相关主体的业务活动。

第二，数字顾问的投资组合管理（基金管理）和投资交易执行活动，适用于资本市场类下的基金管理和资本市场产品交易相关规定，主要有2018年10月29日发布最新修订的《证券和期货法案》

---

① http://www.mas.gov.sg/About-MAS.aspx.

② 公告主要是对特定类别的金融机构或个人施加具有法律约束力的要求。

③ http://www.mas.gov.sg/Regulations-and-Financial-Stability/Regulations-Guidance-and-Licensing/Financial-Advisers/Regulations.aspx.

（*Securities and Futures Act*，SFA）及2018年10月8日最新修订的《证券和期货（许可和商业行为）条例》［*Securities and Futures*（*Licensing and Conduct of Business*）*Regulations*，以下简称SF（LCB）R］和2018年10月5日最新修订的《关于出售投资产品的公告》（*Notice on the Sale of Investment Products*，以下简称SFA04-N12）等，SFA及系列附属规范，适用于资本市场产品交易、基金管理、为企业融资提供意见、产品融资和提供信用评级服务等活动。

第二层次是辅助适用文件，包括MAS根据SFA第321条和FAA第64条规定，为促进监管目标实现而适当发布的准则（Guidelines）[①]、守则（Codes）、实务说明（Practice Notes）、常见问题解答（FAQs）和通函（Circulars）等。与数字顾问有关的辅助文件主要有准入阶段的《财务顾问执照授权标准准则（FAA-G01）》（*Guideline on Criteria for the Grant of a Financial Adviser's License*，以下简称《FA授权准则》）《基金管理公司的许可、注册和业务行为准则（SFA04-G05）》《准入：基金管理和房地产投资信托管理以外的资本市场服务许可证授予标准准则（SFA04-G01）》和业务营运阶段的《公平交易准则》（*Guidelines on fair dealing*）等（见图2-13）。

（2）数字顾问专门指引性文件

2017年6月7日，MAS发布《关于促进在新加坡提供数字咨询建议服务的咨询文件》（以下简称《咨询文件》），针对智能投顾准入障碍、算法风险特殊性和识别出的监管漏洞，向公众提出8个问题，包括就扩大资本市场产品交易准入豁免范围提出立法修订议案，寻求相关利益方的反馈，以便发布拟议的救济或者拟议的监管指导。

---

① 准则规定了管理特定机构或个人行为的原则或"最佳实践标准"。违反准则并非刑事犯罪，也不会引起民事处罚，但MAS鼓励特定机构或个人遵守准则。机构或个人遵守准则的程度可能会影响MAS对该机构或个人的整体风险评估。

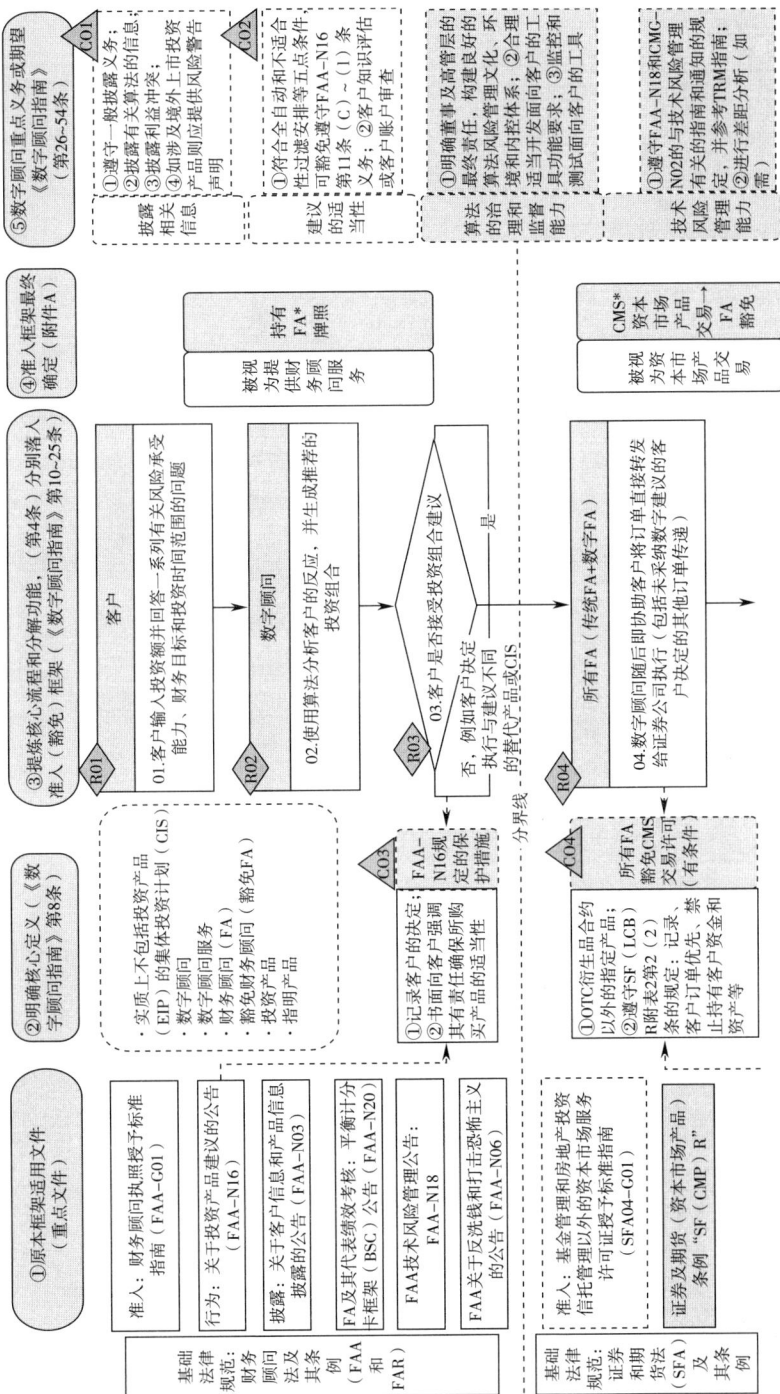

图2-13 新加坡数字顾问以业务流程为核心的监管文件体系、重要定义、准入框架、最低监管要求和期望①

① http://www.mas.gov.sg/Regulations-and-Financial-Stability/Regulations-Guidance-and-Licensing/Securities-Futures-and-Funds-Management/Guidelines/2018/Guidelines-on-Provision-of-Digital-Advisory-Services.aspx.

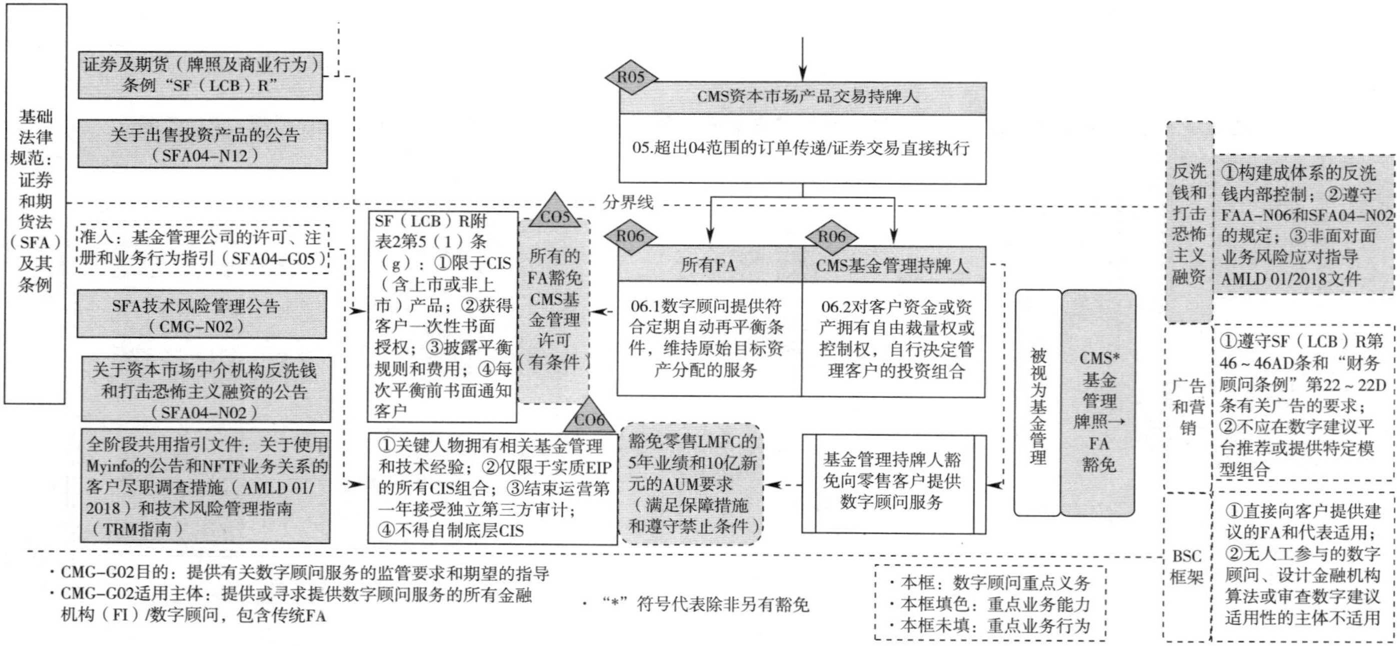

图 2-13 新加坡数字顾问以业务流程为核心的监管文件体系、重要定义、准入框架、最低监管要求和期望（续）

2017年6月7日至2018年10月8日，MAS对数字顾问相关的财务顾问法及其条例、证券及期货法案及其条例和相关公告，如SF（LCB）R、FAA-N16、FAA-N03和SFA04-N12进行多轮且大范围的修订。

基于修订的法律规范，2018年10月8日，MAS正式发布《关于提供数字顾问服务的准则（CMG-G02）》（*Guidelines on Provision of Digital Advisory Services*，以下简称《数字顾问准则》）。该文件为在新加坡从事或者寻求从事数字顾问服务的金融机构（包含传统财务顾问）提供了有关数字建议服务的监管要求和期望的指导，明确了与数字顾问服务相关的7个定义[①]，提炼数字顾问核心流程，对其进行功能拆解，从不同商业模式出发对数字顾问的准入及豁免规则进行了指引。基于数字建议算法生成等技术特点，提出了算法治理和监督期望，强调了技术风险管理能力、反洗钱和反恐怖融资、披露相关信息、建议适当性、广告和营销以及BSC框架的适用这六大方面的重点义务或行为指引。

2.新加坡数字顾问定义和业务流程

（1）新加坡数字顾问定义及特点

《数字顾问准则》第8条规定，数字顾问（digital adviser）是指提供数字顾问服务的人，其中数字顾问服务（digital advisory services）是指在顾问服务过程中与自然人顾问没有或者有限互动，面向客户的，使用基于算法、自动化工具提供的投资产品建议。

---

① 《数字顾问准则》第8条。

新加坡数字顾问定义有以下特点：第一，从服务内容来说，数字顾问提供的是投资产品建议服务；第二，从产品角度来说，数字顾问的建议对象是投资产品；第三，数字顾问服务是直接面向客户的服务；第四，数字顾问服务定义强调数字顾问全自动化服务过程、技术性和非人工干预特征；第五，数字顾问服务受监管的主体范围。

（2）新加坡数字顾问服务核心业务流程及基本监管框架

《数字顾问准则》第4条提炼了数字顾问服务的四步核心业务流程。第一步，客户输入投资金额并回答有关其风险承受能力、投资目标范围和投资时间等一系列问题。第二步，数字顾问使用算法分析客户的回答，并生成推荐的投资组合。第三步，如果客户接受推荐的投资组合，数字顾问可以将客户的交易订单直接（directly）传递给经纪公司执行。第四步，随着时间的推移，由于市场变动，客户的投资组合可能会偏离其原始建议的资产配置。当发生这种情况时，数字顾问将调整客户的投资以维持目标资产分配（称为"再平衡"，rebalancing），并且投资组合的再平衡通常是定期自动执行的。

在原有监管框架下，数字顾问提供数字建议（第一步和第二步）被视为提供财务顾问服务，落入财务顾问监管框架内（FAA）；第三步直接传递交易信息被视为资本市场产品交易活动，落入资本市场领域的资本市场产品交易监管框架（SFA）；第四步重新再平衡等投资组合管理活动被视为基金管理行为，落入资本市场领域基金管理监管框架（SFA）。《数字顾问准则》第11条明确规定，适用于数字顾问的相关监管框架将取决于数字顾问的运营模式和具体活动（见图2-14）。

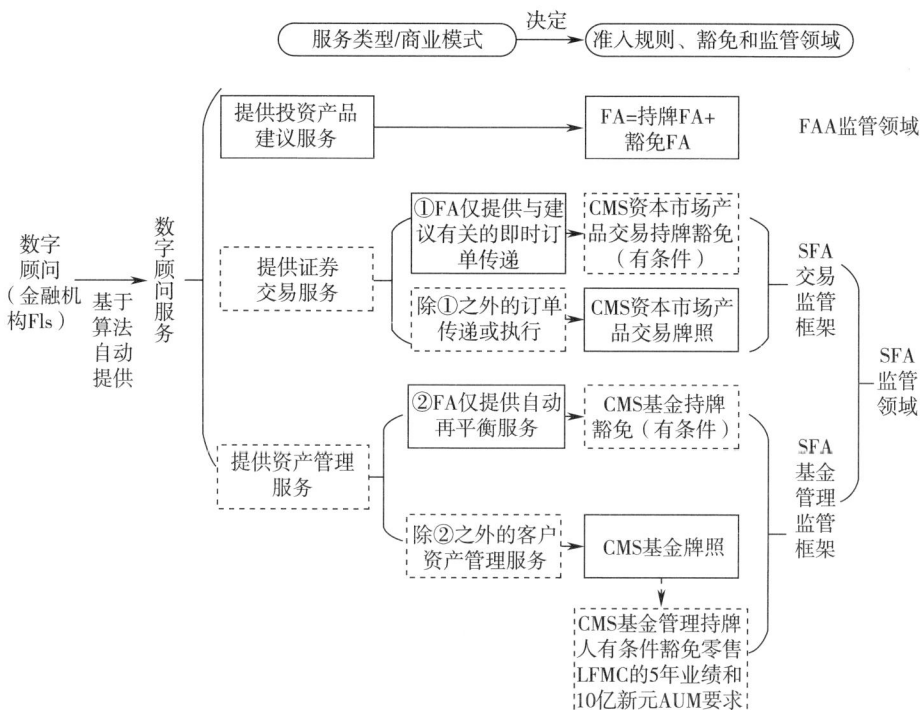

图 2-14 新加坡数字顾问准入基本框架

3. 以服务流程为主线的数字顾问准入规则和豁免机制

（1）第一步和第二步：提供财务顾问服务——成为FA＝持牌FA＋豁免FA[①]

《数字顾问准则》第12条规定，提供财务顾问服务受FAA管制。除非获得FAA第23条法定豁免和第100条MAS的自由裁量豁免，否则提供此类服务的数字顾问必须持有财务顾问（financial adviser）牌照（以下简称FA牌照）。

①提供财务顾问服务的准入、一般豁免及排除

首先，根据FAA第6（1）条规定，任何人不得在新加坡就任何财

---

① 如无特指，下文FA＝持牌FA＋豁免FA。

务咨询服务担任财务顾问，除非他已获FA牌照或者根据FAA第23（1）（d）条的规定属于豁免财务顾问（以下简称豁免FA）范畴。如果违反前述规定则要承担罚款或者监禁的刑事责任，[①]申请FA牌照的主体只能为公司，不包括个人，需要符合最低组织能力要求[②]、根据服务内容和产品不同需符合最低财务要求[③]以及不少于50万新元的专业赔偿保险要求（Professional Indemnity Insurance，PII）[④]。

其次，根据FAA23（1）规定非以财务顾问业务为主营业务的七类主体，可被豁免持有FA牌照进行财务顾问活动，但是须遵守FAA及其规范性文件中适用于豁免FA的所有规定：根据《银行法》（第19章）持牌的银行；依据《新加坡金融管理局法》（第186章）被批准为金融机构的商业银行，并被批准经营提供财务顾问服务业务；根据《保险法》（第142章）持牌的公司或商业合作社；根据SFA持有资本市场服务牌照（Capital Markets Services License，CMS）的主体；根据《财务公司法》（第108章）第25（2）条规定豁免从事财务顾问业务的财务公司；经批准的交易所、获认可的市场经营者或核准设立的控股公司，提供财务顾问服务仅是与其从事有组织市场的经营业务活动或作为核准控股公司的执行而产生的附带行为（视情况而定）[⑤]；其他可能的主体。例如，在FAR中补充规定的一般豁免主体。豁免FA需要在其营业或者终止营业财务顾问服务一定时间内向MAS提交相关表格。

---

① FAA6（4）规定，任何人违反FAA6（1）的规定，即属犯罪，一经定罪，可单处或并处罚款不超过75000新元或不超3年期限的监禁，如果仍不改，则每日或部分罚款不得超过7500新元，直至改正为止。

② 《准则》第7条。

③ 《准则》8.1根据建议的服务内容和提供产品不同分为三类，最低财务要求分别为实缴资本15万新元、30万新元和30万新元。

④ FAR第17条和《准则》8.2专业赔偿保险：申请人必须拥有独立的非混合专业赔偿保险单，赔偿限额应不少于50万新元且允许的扣除额不超申请人上一财政年度结束时资产净值的20%。

⑤ 2018年最新修订。

最后，不被视为FA业务的活动。根据FAA附表2，主要有以下几类主体不被视为FA。第一，附带业务排除。提供任何财务顾问建议完全是附带行为，如依法从事会计、法律服务的主体和信托公司。第二，媒体附带排除。依法向新加坡一般公众发行的、仅限于报刊附带的且不因建议收取任何费用而发布的投资产品建议或报告等。第三，提供信用评级主体仅在提供评级服务时附带的且不包含就任何资本市场产品提供获取、处置、认购或承销的具体建议而发布的任何分析或者报告。

②FA用词限制、业务范围和类型

首先，用词限制有利于投资者确定服务实体是否受MAS监管。根据FAA第21条，FA仅代表持牌FA、豁免FA或者其他经批准的主体，只有这些主体和它们的代表，才能在其经营业务的名称、描述、通知、广告、刊物或文字等中使用"财务顾问"及其"代表"词语[1]且二者须区分使用，即不允许代表称自己为财务顾问[2]。MAS并不限制使用财务规划师（financial planner）、财务分析师（financial analyst）或者财务咨询师（financial consultant）等名称，这些名称可能会代表其不受MAS监管，但是合法使用FA一词的，一定是受MAS监管的实体。

其次，FAA的调整范围不包含税收规划、退休和遗产规划业务，FAA主要是对资本市场产品、部分保险等（排除普通保险、银行存款、贷款和抵押产品等）带有投资要素的产品提供的建议进行监管[3]。

最后，根据FAA附表2，财务顾问服务分为三类：第一类直接或通

---

[1] 参见FAA第21条（1）和（2）。任何人违反用词限制的规定，即属犯罪，一经定罪，可处罚款不超过12500新元，持续犯罪的情况下，在定罪后继续犯罪的每一天或其中一部分的额外罚款不超过1250新元。
[2] FAA-FAQs-10。
[3] FAA-FAQs-10。

过出版物、著作、电子、印刷或以其他形式就投资产品向他人提供建议，但不包括SFA中为企业融资提供建议和第二类所述类别；第二类以电子、印刷或其他方式发布或公布有关投资产品的研究分析或报告的方式向他人提供建议；第三类除再保险合约外的人寿保单的保险合约安排①。财务顾问的类别将与后文所述豁免限制条件有关。

（2）第三步：交易执行——持有CMS牌照（交易）/作为FA交易豁免（有条件）

①提供资本市场产品交易服务——原则上应持有CMS交易牌照

第一，提供交易服务必须持有CMS牌照（交易），除非另有豁免。根据SFA第82条第（1）款规定，除本条第（2）款②及第99条另有规定外，任何人或其代表从事本法所规范的活动，除非他是受本法规范的CMS牌照的持有人，否则不得从事该业务。受SFA规范的活动有：交易资本市场产品、就企业融资提供建议、基金管理、房地产投资信托管理、产品融资、提供信用评级服务、提供托管服务③。数字顾问服务涉及其中的交易资本市场产品基金管理和提供托管服务。

第二，CMS牌照的"另有豁免"情形之一是指根据SFA第99条非以CMS活动为主营业务的主体。主要包括持牌的银行、被批准为金融机构的商业银行、持牌财务公司、持牌保险公司或合作机构、获批准的交易所、认可市场经营者、经批准的控股公司和经批准的结算机构等。

---

① FAA附表2。

② SFA附表3明确规定的主体。

③ 2018最新版SFA对其监管活动类型有了较大的调整，修改之前的调整范围：①证券交易；②买卖期货合约；③杠杆式外汇交易；④为企业提供融资建议；⑤基金管理；⑥房地产投资信托管理；⑦证券融资；⑧提供信用评级服务；⑨为证券提供托管服务。将前三条并为一条，提供托管服务产品范围不仅仅限定在证券领域。

②数字顾问作为FA：可豁免持有CMS交易牌照执行客户订单（有条件和限制）

CMS牌照的"另有豁免"情形之二是指SF（LCB）R附表2中规定的豁免。《数字顾问准则》第12条和第16条规定，数字顾问通常会协助客户将其买卖订单（如CIS、债券和股票）传递给经纪公司执行，而将此类订单传递给经纪公司执行被视为在SFA下的交易活动。在2018年10月版SFA及SF（LCB）R修订前，满足条件的FA附带的交易执行服务可以豁免持有CMS交易牌照向客户提供（以下简称交易豁免），但是产品范围限定在上市或者非上市CIS中。《咨询文件》指出其他低风险的证券（如股票、债券）也可以同样依靠此豁免。2018年10月8日生效的对SF（LCB）R附表2第2条进行了修改（2018第2号修正案），扩大了此类豁免的产品范围，并优化了《咨询文件》中提出的保障措施，为FA提供数字顾问服务扫除了部分监管障碍。

表2-13　　　　　　SF（LCB）R交易豁免相关条款的修订变化

交易执行	法律规范修改前	2018年10月8日版本SF(LCB)R最新修订	法条依据	对应准则条款
FA有条件豁免持有CMS交易牌照提供附带投资交易执行服务	主体范围：限于FA（持牌FA+豁免FA）	不变	SF（LCB）R附表2第2条（1）（j）	第18条(a)
	产品范围：任何CIS（包含上市CIS+非上市CIS）	范围扩大：除场外衍生品合约的指明产品，即范围从仅限CIS扩大至证券和部分衍生品合约	SF（LCB）R附表2第2条（1）（j）	第18条(b)
	提供建议过程中的附带交易执行	准则进一步明确附带性构成要件：①已经提供建议；②即时性和辅助性	SF（LCB）R附表2第2条（1）（j）	第17条

续表

交易执行	法律规范修改前	2018 年 10 月 8 日版本 SF（LCB）R 最新修订	法条依据	对应准则条款
FA 有条件豁免持有 CMS 交易牌照提供附带投资交易执行服务	并未对财务顾问类别有所规定	仅限于 FAA 附表 2 所定义的第 1 类和第 2 类财务顾问服务附带的交易执行，排除了人寿保险合约安排财务顾问服务类别（新版 FAA 附表 2 对财务顾问建议类别也进行了修改，删除了第 3 类财务顾问服务）	SF（LCB）R 附表 2 第 2 条（1）（j）	未提及
	并未明确客户选择执行建议与否对交易豁免的影响	明确无论客户是否依赖 FA 提供的建议，FA 均可依赖交易豁免	SF（LCB）R 附表 2 第 2 条（1）（j）	第 17 条
		如果客户选择不依赖 FA 建议，决定其他替代的产品执行，则 FA 须遵守 FAA-N16 规定的客户保护措施：记录客户的决定，并以书面形式向客户强调，客户有责任确保所购买产品的适当性	未提及	第 17 条
	FA 仍需遵守 SF（LCB）R 的其他行为规范	FA 仍须遵守 SF（LCB）R 的其他行为规范：正确记录客户订单及执行方式、客户订单优先和禁止持有客户资金或资产等规定	SF（LCB）R 附表 2 第 2 条（2）	第 18 条

（3）第四步：基金管理——持有CMS基金牌照/作为FA豁免基金管理（有条件）

①提供资产管理服务——持有CMS基金牌照或豁免

数字顾问向客户提供资产管理服务，需要获得CMS基金牌照，除非另有豁免。例如，SFA第99条（同交易豁免）和SF（LCB）R附表2第5条中规定的豁免。

在2018年10月版 SF（LCB）R修订前，持牌FA建议附带的基金管理服务可以豁免持有CMS交易牌照向客户提供，但有条件限制，如豁免主体仅限持牌FA（不包括豁免FA）、产品仅限非上市CIS（但ETF属于上市CIS）和每一笔交易须经客户同意等。《咨询文件》第5.2条提出将建议附带基金管理豁免持有CMS基金牌照的主体扩大到豁免FA，产品范围扩大到所有CIS（包含上市CIS）。第5.3条就重新再平衡活动提出进一步取消客户同意每一笔交易限制条件，并在第5.4条提出了保障措施。2018年10月8日生效的对SF（LCB）R附表2第5条（g）（k）将《咨询文件》提出的几条议案落实到法律条款上，为数字顾问附带提供基金管理服务，尤其是重新再平衡服务扫除了部分监管障碍，有利于更好发挥其技术优势功能。

表2-14 SF（LCB）R基金管理豁免（含重新再平衡）相关条款、限制和修订历程

基金管理	法律规范修改前	2018年10月8日版本SF（LCB）R最新修订	法条依据	对应准则条款
FA有条件豁免持有CMS基金牌照提供附带投资组合管理服务	豁免主体：仅限于FA持牌人（不包含豁免FA）	豁免主体扩大至豁免FA（FAA第100条和第23条豁免主体），即所有FA均适用	SF（LCB）R附表2第5条（g）（i）（C）和（B）	第22条
	投资组合管理是提供建议的附带行为	不变	SF（LCB）R附表2第5条（g）（ii）	第20条
	仅就该笔附带的交易接收客户资金和资产，除非有托管授权可覆盖，否则须按法定时间移交给有资质的托管人	扩大托管主体范围：①增加CIS管理人或受托人的授权代表；②删除证券提供托管服务中"证券"一词，扩大托管范围；③明确SF（LCB）R附表2第6条豁免持CMS牌照提供托管服务的主体，且该条也在此次修法中进行了修改	SF（LCB）R附表2第5条（g）（C）	未提及
	旧版FAA附表2所定义的第1类和第3类财务咨询服务	仅限于FAA附表2所定义的第1类财务咨询服务附带的基金管理服务，排除了发布报告和人寿保险合约安排财务顾问服务类别（新版FAA附表2对财务顾问建议类别也进行了修改，删除了第3类财务顾问服务）	SF（LCB）R附表2第5条（g）（i）（C）	第20条
	仅限于非上市CIS产品	扩大到包含ETF基金的上市CIS产品	SF（LCB）R附表2第5条（g）（ii）	第21条（a）

续表

基金管理	法律规范修改前	2018 年 10 月 8 日版本 SF（LCB）R 最新修订		法条依据	对应准则条款
FA 有条件豁免持有 CMS 基金牌照提供附带投资组合管理服务	必须获得客户对每笔交易的批准	SF（LCB）R 附表 2 第 5 条（g）（i）（B）中增加除外规定：定期重新平衡客户投资组合除外	保障措施（额外豁免条件）		
			①确保重新平衡活动仅针对包含上市和非上市 CIS 的投资组合进行	SF（LCB）R 附表 2 第 5 条（g）（ii）	第 21 条（a）
			②获得客户的一次性书面授权，以定期重新平衡投资组合的单位	SF（LCB）R 附表 2 第 5 条（g）（ii）（BB）	第 21 条（b）
			③在获得客户书面授权前向客户提供有关重新平衡的范围、费用、频率、方法、其他重要条件及条款，并动态披露确保前述披露在交易日前是正确的	SF（LCB）R 附表 2 第 5 条（k）（ii）（1A）/SF（LCB）R 第 5 条（g）（ii）（AA）	第 21 条（c）
			④在每次重新平衡交易之前书面通知客户（以便客户有机会反对该笔交易）	SF（LCB）R 附表 2 第 5 条（g）（ii）（CC）	第 21 条（d）

现今监管框架下 FA 豁免持牌提供建议附带基金管理服务主要有以下几点一般限制条件：①主体限于所有 FA。包括持牌 FA、根据 FAA 第 23 条法定豁免的 FA 和根据 FAA 第 100 条 MAS 自由裁量豁免的 FA。②附带建议和交易对象仅限于 CIS 单位或其投资组合（包括上市 CIS）。③仅就该笔附带的交易接收客户资金和资产，除非有托管授权可覆盖，否则须在不迟于接收到客户资金或资产工作日的次日前或客户书面同意的时间前将资金和财产移交给有资质托管主体。③提供财务顾问服务的类别限定在 FAA 附表 2 第 1 条规定的服务类型，即直接或通过出版物、著作、电子、印刷或以其他形式就投资产品向他人提供建议，排除了人寿保险合约安排和发布报告情形[①]。④建议附带的每笔交易应当得到客户的同意，但是以定期重新平衡客户投资组合为目的的除外。

---

① 2018 年 10 月版的 FAA 和 SF（LCB）R 相关条款均有修订。

②数字顾问作为FA：定期自动平衡服务的"再豁免"

《数字准则》第20条规定，投资组合再平衡活动被视为SFA下的基金管理，进行此类活动的人员必须持有CMS许可证进行基金管理，除非另有豁免。

投资组合再平衡被视为建议附带提供的服务[1]，属于SF（LCB）R附表2第5条（g）（ii）（B）条基金管理豁免限制条件的额外情形，即FA依赖豁免在为客户或代表客户进行基金管理业务时，应就客户或代表客户订立的每项交易取得客户的事先批准，但以定期重新平衡客户投资组合为目的而进行交易的除外。[2]FA依赖此额外豁免情形需要注意以下几点。

首先，满足投资组合再平衡的条件。附带投资组合再平衡仅用于将投资组合调整回客户同意或选择的最后建议分配且投资组合的成分没有变化的情形。

其次，豁免产品限制及其保障措施。确保重新平衡活动仅针对仅包含上市和非上市CIS的投资组合进行[3]；需要注意的是，证券是与CIS并行同属于指明产品类别，如果FA进行投资组合再平衡的对象包含个别证券，则应向客户提供有关证券的投资建议，并获得客户对每笔交易的同意[4]。获得客户的一次性书面授权，以定期重新平衡投资组合。在获得客户书面授权之前，向客户提供必要信息：（i）再平衡活动的范围，包括重新平衡的频率和方法；（ii）应付费用以及与定期再平衡相关的任何其他重要条款和条件；（iii）在进行任何再平衡活动之前提供的预告通知期，并就前述信息再变动时向客户动态披露。数字顾

---

① 《数字顾问准则》第20条。
② SF（LCB）R附表2第5条（g）（ii）（B）。
③ 《数字顾问准则》第21条（a）。
④ 《数字顾问准则》第20条。

问应在每次重新平衡交易之前通知客户①（以便客户有机会反对该平衡）。②

③作为CMS持牌人的特殊豁免：放宽零售LFMC部分准入标准（有保障措施）

向零售客户提供"投资组合"服务的数字顾问，需要持有CMS零售基金管理公司牌照。在SFA资本市场监管框架下的基金管理公司（Fund Management Company，FMC）有持牌FMC和豁免FMC两大类。

第一类是持有CMS牌照的基金管理公司（Licensed fund management company，LFMC），该类基金公司又分为零售LFMC和A/I LFMC两小类。其一，零售LFMC（Retail LFMC）基金管理牌照可以面向包括零售投资者在内的各类投资者开展基金管理业务；MAS对零售LFMC及其相关公司有业务年限和管理资产规模（Assets Under Management，AUM）等要求：必须证明自己或其相关公司有在与新加坡相当的司法管辖区内管理零售投资者资金至少有5年的业务记录；管理资产总额至少有10亿新元；要有足够的PII保险。其二，A/I LFMC基金管理牌照只允许与合格投资者开展基金管理业务（无人数限制），且管理的总资产不超过2.5亿新元。第二类是根据SFR（LCB）附表2第5（1）（i）条获豁免持有CMS牌照的注册基金管理公司（Registered Fund Management Company，RFMC）。管理不超过30名的合格投资者（其中基金或有

---

① 《数字顾问准则》第21条（d）。
② 《咨询文件》。

限合伙基金结构不得超过15名）[①]，并且管理的总资产不超过2.5亿新元。

数字顾问多为零售客户提供服务，该规定阻碍了部分管理资产规模较小、年轻化的初创企业或者FinTech公司的准入，所以MAS建议豁免不符合前述业务5年业绩记录年限和10亿新元AUM要求的CMS持牌基金管理公司为零售客户提供数字顾问服务，但被豁免营运者必须有相应的风险管理能力和措施：一是数字顾问的关键人物（如负责数字顾问平台的设计、运营、监督的首席执行官、董事和管理成员等）具有相关的基金管理和技术经验。二是数字顾问仅可向零售客户提供包含实质上排除投资产品（EIP）的CIS的投资组合（collective investment schemes that are in substance Excluded Investment Products）；MAS监管下的资本市场产品分为指明的投资产品（Specified Investment Product，SIP）和被排除的投资产品（Excluded Investment Product， EIP），二者的分类决定数字顾问是否需要遵守额外义务。三是数字顾问在授权第一年运营结束后，必须接受有资质独立第三方的审计。审计应最低限度地涵盖对算法的开发和维护、客户资金和资产的处理、建议的适用性、技术风险以及防止洗钱和打击资助恐怖主义的治理和控制等方面，这些保障措施有利于使具有相关能力、良好控制和合规安排的数字顾问能够为零售客户提供简单和多样化投资产品的数字顾问服务。四是仅限于完全自动化的数字顾问，不应制造用于构建其数字顾问平台上提供的模型组合的底层CIS。

---

① 合格投资者意味着其是经SFA认可的投资者（accredited investor），有资格投资任何CIS和封闭式基金，经认可的投资者需符合以下条件之一：①个人净资产超过200万新元或过去12个月收入不低于30万新元的个人；②经审计或经核证的资产负债表显示其过去12个月内净资产超过1000万新元（或等值外币）的公司；③受托人信托财产超过1000万新元的信托受托人；④合伙中的每一个合伙人（不包括有限合伙）都是被认可的投资者；⑤全部股本由认可投资者拥有的独资经营投资公司。

4. MAS对数字顾问重点监管要求和最低期望

数字顾问提供FAA或者SFA所监管的服务，则其所有商业行为均须相应符合该监管领域的基本要求，除此之外，《数字顾问准则》对数字顾问七方面义务提出了重点监管要求和最低期望。这七方面的特殊行为指引可分为基本风险管理能力和营运行为规范两个层次。

（1）数字顾问基本风险管理能力

①算法的治理和监督——强调算法内部风险治理和功能监管

面向客户的工具主要是算法驱动的，算法中的错误或偏差可能会对依赖算法生成的建议中的大量或全部数字顾问的客户产生不利影响。基于算法工具的特殊风险，其治理和监督分为两个层面，一是算法风险管理整体层面的风险治理和监督；二是具体业务层面的算法风险治理和监督。从整体风险管理层面来看，第一，《数字顾问准则》明确了治理层和高管层的算法风险治理责任，确保数字顾问有足够的人力和技术等资源监控算法的性能。例如，对从业人员进行培训，对设计算法和算法监控等不相容职务岗进行分离等要求。第二，强调内部风险治理文化和环境，明确岗位职责和关键业务的授权权限。例如，批准适用于客户工具的系统的流程、政策和程序。第三，确保符合金融机构普遍适用的一般技术标准。第四，动态维护算法治理程序和流程文档。

从具体业务层面来说，首先，开发面向客户的工具，需要确保满足MAS对算法工具的功能期望。第一，数字顾问开发面向客户的算法工具应足够稳定，可以具备收集所有必要信息、分析信息、过滤信息等功能，以符合识别和过滤掉"不适合"客户的要求。第二，在算法启用或者发生任何更改时进行充分的测试，确保算法具备对客户风险输出结果进行分析和分类并根据预设风险匹配逻辑，产生预期的投资分配和投资建议的能力。

表2-15　　　　　　　数字顾问机构整体层面算法风险管理应对方案

风险识别	MAS 最低期望（整体层面风险应对）			依据	要点
面向客户的工具主要是算法驱动的。算法中的错误或偏差可能会对依赖算法生成的建议中的大量或全部数字顾问的客户产生不利影响	数字顾问必须实施适当的治理和监督安排，以有效减轻这些风险		数字顾问董事会和高管层有责任保持对面向客户的工具的有效监督和治理	《数字顾问准则》第28条	明确治理层和高管层监督算法的责任：资源、监督和培训
			董事会和高管层应确保有足够的资源来监控和监督算法的性能		
			应配备足够的人员，具备开发和审查算法方法的能力和专业知识。还应向使用面向客户的工具的所有工作人员提供适当的培训		
		董事会和高管层应建立系统和程序，以确保其公司有良好的风险管理文化和环境，并遵守相关的规则和条例	批准面向客户的工具的设计和方法开发，并确保其得到适当的维护	《数字顾问准则》第29条（a）	岗位职责安排和明确董事会和高管层授权权限管理
			批准适用于面向客户的工具的系统和流程的政策和程序	《数字顾问准则》第29条（b）	
			对面向客户的工具的管理进行监督，例如，指定适当的人员批准算法的变更，以及安全安排以识别和防止未经授权的算法访问	《数字顾问准则》第29条（c）	
			确保遵守"技术风险管理通知和准则"中规定的要求	《数字顾问准则》第29条（d）	统一适用技术风险管理要求
			维护有关算法设计和开发的适当文件	《数字顾问准则》第29条（e）	算法治理和监督体系文件

表2-16　　　　具体业务层面算法风险管理应对——满足MAS算法功能期望

风险识别	MAS 最低期望（业务层面风险应对 1——开发面向客户的工具应具备的功能）		依据	要点
面向客户的工具主要是算法驱动的。算法中的错误或偏差可能会对依赖算法生成的建议中的大量或全部数字顾问的客户产生不利影响	①数字顾问确保面向客户的工具背后的算法方法足够稳定		《数字顾问准则》第31条（a）	面向客户算法的工具应具备的关键功能 1. 系统稳健、识别和过滤不适合的客户；2. 实现预期的符合风险匹配逻辑的结果
	②数字顾问确保该工具收集所有必要的信息并充分分析信息以提出适当的建议，包括有适当的机制来识别和解决客户的矛盾或不一致的反应	例如，可以通过"弹出框"警告客户回复中的不一致，并建议客户重新考虑所提供的信息	《数字顾问准则》第31条（b）	
		例如，可以通过提出其他问题或通过其他方式解决客户的矛盾或不一致的回复，如联系客户以获得有关其回复的进一步说明		
	③数字顾问应制定控制措施（如"过滤"问题），以识别和消除不适合投资的客户	可以通过使用"筛选"或阈值问题，以识别和消除不适合参与数字顾问平台的客户，并可能需要考虑寻求人类顾问的投资建议。例如，包括表明需要保全资本的客户或表明其无法承担损失本金投资金额的客户	《数字顾问准则》第31条（c）	
	④数字顾问在工具启动之前以及对工具进行更改时执行充分的测试，以检测算法中的任何错误或偏差，并始终如一地可靠地实现关键结果	算法可根据客户提供的输入和风险等级对客户进行正确的分类。特别是，应使用假设输入进行反向测试，以确保算法生成的风险概况符合其风险分析方法。测试应确保客户的算法得分和风险分配概况正确且一致	《数字顾问准则》第31条（d）（i）	
		算法根据数字顾问的风险分析方法产生预期的资产分配和投资建议	《数字顾问准则》第31条（d）（ii）	

　　其次，数字顾问应有算法风险管理的内部监督和输出建议的质量控制机制，以确保算法持续稳定实现预期的功能。第一，明确算法更

改权限管理。第二，检测算法错误和偏差，并及时处理。第三，定期对算法输出建议进行测试，抽取样本进行合规性检查。

表2-17 业务层面风险应对2——算法功能的维护和监督

风险识别	MAS 最低期望（业务层面风险应对 2——算法功能的维护和监督——监控和测试算法）		依据	要点
面向客户的工具主要是算法驱动的。算法中的错误或偏差可能会对依赖算法生成的建议中的大量或全部数字顾问的客户产生不利影响	数字顾问还应制定政策、程序和控制措施，以定期监测和测试其算法，以确保其按预期运行。数字顾问至少应具备右栏列示流程	设置访问控制，以在必要时管理对算法的更改	《数字顾问准则》第 32 条（a）	算法更改权限管理
		控制、检测算法中的任何错误或偏差	《数字顾问准则》第 33 条（b）	控制算法错误和偏差
		控制如果检测到算法中的错误或偏差，则暂停提供建议	《数字顾问准则》第 34 条（c）	
		对面向客户的工具提供的建议质量进行合规性检查。检查应定期进行，并在算法发生变化时进行。应包括交易后样本测试，并应由独立且合格的人员顾问进行审核，以确保符合 FAA 的要求。此类审查的频率应与数字顾问业务的规模和复杂程度相称	《数字顾问准则》第 35 条（d）	定期或动态获取样本对建议质量进行合规测试

②技术风险管理

MAS并未对数字顾问技术风险管理提出特殊要求，即数字顾问技术风险管理符合原有监管框架内的《FAA技术风险管理公告》《SFA关于技术风险管理公告》《技术风险管理准则》和行业最佳实践即可。例如，在算法工具启用或者变更时对其进行充分的反向测试、差距分析和回溯分析等。《技术风险管理准则》专门对算法提出了风险管理要求，包括采用加密算法并动态检测加密密匙的功能、配置缺点和漏洞等要求。

表2-18　　　　　　　　　　　MAS技术风险管理标准化要求

风险识别	风险应对：MAS 最低监管要求——符合标准化文件或实践要求		依据	要点
由于数字顾问主要与客户互动、传输、存储和处理客户信息，以电子方式生成和提供投资建议，因此可能更容易受到恶意网络攻击	包括数字顾问在内的所有金融机构均有义务实施内部政策和程序来应对技术风险	FAA 技术风险管理公告（"FAA-N18"）	《数字顾问准则》第35 条	如对算法工具初始和动态地进行充分的反向测试、差距分析、回溯测试等
		SFA 关于技术风险管理公告（"CMG-N02"）		
		技术风险管理准则（"TRM 准则"）		
		了解金融机构行业最佳实践		

③反洗钱和打击恐怖融资风险管理

MAS注意到了数字顾问为客户服务的非面对面特征，同其他金融机构一样，数字顾问需要遵守FAA或者SFA监管框架内的反洗钱和打击恐怖融资相关的规定。新加坡政府推出了用于验证客户姓名、唯一身份证号码、出生日期、国籍和住址等个人数据的官方平台MyInfo[①]，成为反洗钱和打击恐怖融资风险管理措施之一，其也是新加坡政府智能国家计划的一部分。

首先，除了运用传统提供传输扫描或复制文件来确认客户信息外，MAS还鼓励FIs使用根据"电子交易法"由认证机构颁发的基于公钥基础设施的凭证，通过客户已使用安全数字签名签署的文档来验证客户的身份，或者使用包括但不限于生物识别技术（如指纹或虹膜扫描或面部识别）等新技术解决方案来完成客户尽职调查工作，缓释洗

---

① 　https：//www.singpass.gov.sg/myinfo/intro。

钱和恐怖主义融资风险。其次，MyInfo作为客户可靠和独立信息来源平台，MAS允许金融机构在客户同意的情况下从政府平台获得客户经验证过的信息，在确保客户信息真实性的同时，提高FIs服务效率和反洗钱合规效果，降低获取客户信息成本。

表2-19　　　　　　　　　　MAS反洗钱和打击恐怖融资相关的规定

风险识别	MAS 最低监管要求		依据
一般洗钱和恐怖主义融资风险	数字顾问必须制定适当的政策、程序和控制措施，以减轻洗钱和恐怖主义融资风险	FAA 关于反洗钱和打击恐怖主义融资的公告（"FAA-N06"）	《数字顾问准则》第 36 条
		SFA 关于预防洗钱和打击恐怖主义融资的资本市场中介公告（"SFA04-N02"）	
非面对面（"NFTF"）业务关系相关的特定风险	鉴于数字顾问的在线商业模式，其必须采取措施解决与客户的非面对面业务关系相关的特定风险	MAS 关于使用 MyInfo 的公告和 NFTF 业务关系的客户尽职调查措施（"AMLD 01/2018"）	《数字顾问准则》第 37 条

（2）重点营运行为规范

①披露相关信息

第一，一般信息披露义务。数字顾问提供财务顾问建议必然遵守FAA有关信息披露的相关规定。首先，披露基本信息。FAA25（1）规定义务主体须向每名客户及潜在客户披露向该人推荐的与特定的投资产品有关的所有重要资料，包括产品基本信息、费用信息、义务人在特定的投资产品中获得或者可能获得的利益以及该产品可能产生的风险等，持牌FA如果违反前述规定的即属犯罪，一经定罪可单处或并处不超过2.5万新元的罚款或不超过12个月的监禁[1]。其次，披露利益冲

---

[1] FAA25（5）（a）。

突。FAA36规定义务主体应向客户发出书面通知说明义务主体及关联人员在该证券中拥有的购买或者出售该证券的权益，包括因处置该证券而获得的任何直接、间接的经济利益以及可能损害其客观性或独立性的任何重要信息或事实。义务主体披露利益冲突信息的留痕文档需保存5年。任何FA违反前述规定即属犯罪，一经定罪，可单处或并处不超过2.5新元的罚款或不超过12个月的监禁。最后，遵守一般披露原则。数字顾问应向其客户提供足够的信息，以便客户作出明智的投资决策。披露应以简明的英文和清晰、简单易懂的方式呈现。

第二，MAS算法披露最低期望。MAS在一般披露的基础之上，希望数字顾问可以书面形式向客户披露算法相关信息。首先，算法的假设、限制和风险；其次，明确数字顾问可以推翻算法或者暂停数字顾问的情形；最后，披露对算法的任何重大调整[①]。

第三，披露义务合理扩张：境外上市投资产品风险警告。首先，数字顾问所建议的产品可能会包含海外上市交易产品，因为各国产品在不同的监管制度下运作，对投资者保护水平也不相同，根据FAA-N16规定，数字顾问应在客户开立账户时向客户提供风险警告声明。根据SFA《关于出售投资产品的通知》（以下简称SFA04-N12）规定，经纪公司必须向客户提供风险警告声明后，才能让客户首次在海外上市的投资产品中进行交易，声明须使用各自公告附件4的模板。其次，数字顾问就海外上市投资产品提供顾问服务时，所有FAs都需要合理评估海外上市投资产品的优劣、客户的投资目标、财务状况和特殊需求。所有FAs还要确保其没有违反法律规范，例如，确保其分销的CIS符合SFA第285（1）条规定的授权和许可要求。如果外国基金公司提供的CIS未获得授权和认可，则禁止任何FIs作为外国基金公司的委托

---

① 《咨询文件》第3.6和3.7条MAS希望就算法披露的界限征求公众意见，最终确定这三条边界。

人或代理人在新加坡分销该产品。

表2-20　　　SFA-N12提供海外上市投资产品风险警告声明义务的合理扩张

MAS 基于产品角度识别披露义务规制漏洞的解决方案和流程示例（部分）		
步骤及描述		具体方案
第一步	识别规制漏洞	数字顾问建议对象中往往包含海外上市投资产品，但 FAA-N16 并未就海外上市产品风险披露有所要求
第二步	寻找现有监管框架下类似的有效控制方案（义务设置）	SFA04-N12 第 29D 条规定 CMS 持牌人或获豁免金融机构首次允许客户在任何海外上市投资产品交易前，应当向客户披露相关风险，并按照 SFA04-N12 附件 4 模板向投资者提供境外上市投资产品风险警告声明
第三步	考虑将 SFA04-12 中第 29D 条的义务扩张适用于 FA	《咨询文件》第 6.6 条提出将第二步的有效控制方案，纳入 FAA-16 中，就此议案向客户征求意见
第四步	修改 FAA-N16（2018 年 10 月 8 日生效）	① MAS 在 2018 年 FAA-N16（第 3 号修正案）第 6 条中明确"海外交易所"和增加"海外上市投资产品"相关定义
		②增加第 41C 条，要求 FA 在 2018 年 10 月 8 日或之后就任何海外上市投资产品向客户提出建议之前，应向其提供 FAA-N16 附件 4 中规定的风险警告声明
		③增加第 41D 条，应以书面形式或其他方式获得客户对风险警示声明的确认
		④增加第 41E 条，FA 应保留第 41D 条所述客户书面确认记录不少于 5 年的记录
		⑤增加第 41F 条、第 41G 条、第 41H 条、第 41I 条和第 41J 条，要求构建海外上市投资产品识别、确定和分类体系，并确保产品的分类始终准确和最新
		⑥增加"附件 4"《海外上市投资产品的风险警告声明——标准模板》（同 SFA04-N12 附件 4 类似）

续表

MAS 基于产品角度识别披露义务规制漏洞的解决方案和流程示例（部分）

步骤及描述		具体方案
第五步	关键有效信息汇总入《数字顾问准则》	《数字顾问准则》第 42 条规定，数字顾问应在客户开立账户时向客户提供风险警告声明，经纪公司必须向客户提供风险警告声明后，才能让客户首次在海外上市的投资产品中进行交易，使用各自公告附件 4 的模板。汇总有效信息的准则，有利于数字顾问理解义务以及规范适用

发挥效果：①确保商业模式的可持续性和完整性；②数字顾问行业的公平准入，有序和良性发展；③促进市场投资者和消费者对数字顾问的信任和信息

②数字顾问遵守适当性义务的特殊性

根据 FAA 第 27 条（1）规定，作为 FA 数字顾问向合理预期依赖该建议的人推荐任何投资产品，必须有合理的依据，FAA 第 27 条（2）款规定了该义务的"安全港"，即财务顾问提供的投资产品建议合理地调查和考虑了客户的相关投资目标、财务状况和特殊信息等情况，确保基于前述考虑和调查所产生的建议在所有情况下都是合理的。如果财务顾问违反为客户提供合理建议的义务，客户合理相信并依赖该建议采取或不采取特定行为而遭受损失或者财务顾问对此不作为会侵害客户可获得的其他任何补救措施的情况下，持牌财务顾问有责任就该损失向客户支付损害赔偿金[1]。FAA-N16 对该义务规定了更加具体的细节。财务顾问提供投资产品建议应当遵守了解客户（Know You Client，KYC）、需求分析以及文件和记录保存这三大类要求。其中 KYC 流程主要有三点要求：第一，合理了解客户基本信息；第二，动态了解客户信息；第三，评估客户的知识和经验。数字顾问遵守提供合理建议

---

[1] FAA27。

义务主要有以下几点特殊性。

第一，合理了解客户基本信息：FAA-F16第11条适用及其例外情形。

FAA-F16第11条规定了传统FA遵守KYC流程中，合理了解客户信息的九点要求，FA应采取合理措施收集并记录客户的以下信息：客户的财务目标；客户的风险承受能力；客户的雇佣状况；客户的财务状况，包括资产、负债、现金流量和收入；客户的固定收入的来源和金额；客户的财务承诺；客户当前的投资组合，包括任何人寿保单；投资金额是否是客户资产的重要部分；任何关于人寿保单的建议，均需要考虑客户的家属人数以及每位受养人所需经济援助的范围和持续时间。

表2-21　　　　　　　数字顾问FAA-F16第11条例外情形

MAS 基于数字顾问服务特殊性角度识别监管障碍并提出解决方案（流程示例部分）		
步骤及描述		具体方案
第一步	识别监管障碍	全自动化数字顾问，由于在整个服务过程中没有人工顾问的干预（干预定义排除技术和确认支持等），可能不符合 FAA-N16 中 KYC 流程第 11 条规定的所有要求，特别是（c）至（i）项
第二步	风险以及市场效率等多方因素考量	风险因素考量：①一些数字顾问会通过使用"筛选"或阈值问题来最小化提供不当建议的风险，以识别和消除不适合参与数字顾问服务的客户。②数字顾问通常会提供有关传统 ETF 的建议，而传统的 ETF 是低成本和多元化的投资产品，风险较低。③全自动顾问服务过程中，客户遭受传统顾问不当影响和要求其积极投资风险较小，客户往往是自我导向并且自行决定投资金额，因此，数字顾问收集第 11 条规定的（c）至（i）项的所有信息可能不是至关重要的
		服务模式考量：数字顾问服务模式与传统 FA 服务模式存在差异

续表

| MAS 基于数字顾问服务特殊性角度识别监管障碍并提出解决方案（流程示例部分） ||
步骤及描述		具体方案
第三步	考虑个案豁免或者修改法律规范	修改规范：MAS 在《咨询文件》第 4.6 条提出，随着数字咨询服务格局的不断发展，MAS 可能考虑在适当的时候修改 FAA-N16 中的监管要求
		过渡期间个案豁免：《咨询文件》第 4.6 条提出面向全自动数字顾问（提供个案豁免，但须符合限制条件和保障措施
第四步	设计限制条件和风险平衡保障措施	《咨询文件》提出的三点要求。条件限制：①仅限全自动数字顾问模式。②仅就传统 ETF 提供建议；保障措施四个，后修改的最新规范对四点保障措施进行了更新和优化
第五步	修改 FAA-N16（2018 年 10 月 8 日生效）	① MAS 在 2018 年 FAA-N16（第 3 号修正案）第 6 条中明确 "CIS" 和 "豁免 FA" 等相关定义
		②修改第 11 条，增加 "除第 11A 条规定的情况外" 表述
		③增加第 11A 条，通过数字顾问平台向客户提出投资产品建议的财务顾问可选择不从客户收集和记录第 11（c）至（i）段所述的任何信息，但是必须满足 5 项条件
第六步	关键有效信息汇总入《数字顾问准则》并发布	在《数字顾问准则》第 46 条和第 47 条指引提供全自动顾问服务的数字顾问在遵守 FAA-N16 第 11 条规定义务时的例外情况
发挥效果：①确保商业模式的可持续性和完整性；②数字顾问行业的公平准入，有序和良性发展；③促进市场投资者和消费者对数字顾问的信任和信息		

MAS 指出全自动数字顾问服务与传统 FA 相比，遭受不当行为和积极要求投资风险较小，且全自动型数字顾问客户是自我导向的，其可以自己决定投资金额。基于服务模式差异和风险因素考量，MAS 在 FAA-F16 第 11 条增加了第 11A 条的额外规定，即全自动型数字顾问可以无须遵守第 11 条（c）~（i）项规定的全部信息的收集要求，但是需要满足以下五点条件：第一，提供建议过程是全自动的，没有人类顾问干预，人与人之间的互动仅限于向客户提供技术支持，例如，协助

客户处理与IT相关的问题或在不一致的情况下向客户确认其回应；第二，有内置的"淘汰"或阈值问题，以有效识别和消除不合适的客户（如无力承担损失本金投资金额的客户）；第三，有控制措施来识别和动态跟进客户提供的不一致的答复；第四，在提供建议时，向客户提供风险披露声明，提醒客户数字顾问并未考虑其财务状况；第五，该建议对象仅限于实质EIP的CIS。

第二，义务的合理延伸：评估客户的知识、经验和账户。SFA04-N12要求CMS资本市场产品交易持牌主体应当评估客户的上市和非上市产品投资经验。但是在2018年7月6日最新发布的FAA-16中仅规定了FA仅须评估客户的非上市特定投资产品知识和经验，由于FA或者豁免FA提供附带资本市场产品交易执行功能的数字建议中含有上市投资产品，进而产生了监管盲区，故而MAS在《咨询文件》中提议将SFA04-N12客户上市产品投资经验和知识评估义务合理延伸到FAA-16的规定之中。2018年10月发布的FAA-16对评估客户的知识和经验部分进行了修改，解决数字顾问提供服务的规制漏洞问题。

表2-22　　　　SFA04-N12客户上市产品投资经验和知识评估义务合理延伸

MAS 基于识别规制漏洞并提出解决方案（流程示例部分）		
步骤及描述		具体方案
第一步	识别规制漏洞	数字顾问建议和附带交易执行的对象可能包含上市 SIP，但是 2018 年 10 月 8 日版前的 FAA-N16 只对客户非上市 SIP 投资知识和经验评估有所要求
第二步	寻找现有监管框架下类似的有效控制方案（义务设置）	SFA04-N12 中规定义务主体应评估客户在上市 SIP 的相关知识和经验
第三步	考虑将 SFA04-12 中的义务合理延伸适用于 FA 的合理性	由于提议 FA 提供附带客户订单到经纪公司可以交易豁免持牌，该行为实质上被视为投资产品交易执行，SFA04-12 评估客户上市 SIP 知识和经验义务延伸适用至 FA 有其合理性

续表

MAS 基于识别规制漏洞并提出解决方案（流程示例部分）		
步骤及描述		具体方案
第四步	考虑如何有效地进行义务延伸	《咨询文件》第 6.5 条提议，将 SFA04-12 评估客户上市 SIP 知识和经验义务延伸适用至 FA，并修改 FAA-N16
第五步	修改 FAA-N16（2018 年 10 月 8 日生效）	① MAS 在 2018 年 FAA-N16（第 3 号修正案）第 6 条中修改"客户知识评估"（CKA）和"非上市指明投资产品"定义；增加"客户账户审核"（CAR）、"上市指明投资产品"、"有组织市场"和"第三方"等相关定义
		②第 3 号修正案增加"客户账户审核"部分，增加第 27E 条，规定"除第 27Q 条（第三方评估）另有规定外，FA 在对任何上市 SIP 提出建议前，应根据本公告附件 3 所列标准进行客户账户检查"
		③第 3 号修正案增加第 27F 条，规定就客户账户审核而言，FA 须考虑有关客户的教育资历、投资经验及工作经验的资料。如果客户未提供有关其教育资格、投资经验或工作经验的信息，FA 应认为客户不具备衍生工具的知识或经验
		④增加第 27G~V 条……（客户账户审查相关内容）
		⑤增加附件 3——评估客户账户审查的具体标准
第六步	关键有效信息汇总入《数字顾问准则》	在《数字顾问准则》第 49 条和第 50 条指引数字顾问在遵守 FAA-N16 规定的就 SIP（包含上市 SIP）遵守 FAA 第 27 条规定的提供合理建议→FAA-N16 的 KYC 流程→评估客户知识和经验→CKA 和 CAR 的要求

③明确BSC框架的适用

MAS以客户为中心，依靠各类监督工具，采取审查审计报告、消费者投诉和对财务顾问公司进行现场检查、随机测试等方法，评估FA销售和咨询流程的充分性、合规性、有效性和代表的管理，对财务顾问的市场行为进行监督。平衡计分框架是MAS最为核心的FA及其代表行为审查工具。2015年12月31日，MAS发布《关于代表和监督者薪

酬框架和独立销售审计部门的要求的公告》规定了独立销售审计单位
（independent sales audit unit，ISA部门）的要求以及平衡计分卡框架
（Balanced Scorecard Framework，BSC）的设计和运作。ISA部门一般为
FA公司的内审或者风险管理部门，且可以将ISA外包给第三方符合资
质的单位。该业务部门有资格审查和评估财务顾问代表提供的财务咨
询服务的质量，非销售关键绩效指标，并确定代表是否有违规行为。
审查和评估主要分为关键绩效指标（质量控制）和非关键绩效指标。
关键绩效指标考核，是指ISA部门以季度为期间，对代表提供给客户建
议的交易按标准进行至少三轮抽样后，基于MAS设计的以三类违规行
为和特定可变收入为定性和定量标准的BSC框架，对代表进行A~E评级
（E最差）。非销售关键绩效指标是指"了解客户的需求""建议产品
的适当性""信息披露的充分性"和与提供建议服务有关的专业性和
道德行为标准四个方面共四十多条细化的考核指标。

　　《数字顾问准则》明确指出，BSC仅适用于直接向客户提供建议
的FA或其代表。首先，数字顾问的代表没有向客户直接提供建议，则
无须受BSC约束；其次，为FIs设计算法、审查面向客户工具产生建议
和不直接向客户提供建议的人，不适用BSC框架[1]；最后，虽然BSC是
对FA自然人代表的考核，但以客户交易为样本，以薪酬与违规行为等
为指标的考核框架，结合《公平交易准则》五个公平交易结果评估指
标[2]，为数字顾问算法所提供建议质量测试的定性和定量标准设计打下
了良好的基础。

---

① 《数字顾问准则》第52条。
② 《公平交易准则》明确了金融机构董事会及高级管理层向客户交付公平交易结果的责
　任，共五个评估指标，一是将公平交易作为企业文化的核心，确保客户有信心与金融
　机构接触；二是金融机构须提供适合其目标客户群的产品和服务；三是金融机构应拥
　有称职的代表，为客户提供高质量的建议和适当的建议；四是客户可获得清晰、相关
　和及时的信息，以便做出明智的财务决策；五是金融机构以独立、有效和迅速的方式
　处理客户投诉。

④广告和宣介

数字顾问在向客户宣介投资产品和组合模型时，需要注意以下几点：第一，数字顾问有义务遵守原有框架内的广告和营销要求。例如，SF（LCB）R第46-46AD条和FAR第22-22D条的规定。第二，遵守不得虚假陈述和误导客户的禁止性义务，确保披露的广告公平、平衡、清晰且符合法定要求。例如，如果宣介预期回报，则同时要强调损失的可能性；如果宣介产品组合过去的表现，则同时要向客户强调过去的表现不一定代表未来的表现，利弊观点披露达到平衡和公正。第三，如果在未考虑客户的投资目标、财务状况和特定需求前，数字顾问不得在其平台上向客户推荐或直接提供特定模型组合。

5. 新加坡数字顾问监管借鉴

（1）新加坡数字顾问监管问题解决方案及实施

①方案：审查监管障碍和漏洞，提出风险应对措施

从发布《咨询文件》到修改相关法律规范，再到发布《数字顾问准则》。MSA对于数字顾问监管问题的解决方案，整体遵循"风险评估→风险应对→风险平衡"流程。第一步，梳理本国数字顾问的基本服务流程[1]，根据功能分解行为，总结并分析现有数字顾问的多样化运营模式，即提供建议型数字顾问、为资本市场产品交易执行提供平台的数字顾问（包括转达交易指令）、管理客户资金和资产的数字顾问或者前三者的组合模式。第二步，明晰准入门槛，为数字顾问提供有效且适当的许可。MAS将不同运营模式的数字顾问纳入现有监管框架，指引不同商业模式的数字顾问营运者符合现有监管框架中的许可和义务要求，即前述商业模式分别对应原有监管框架的财务顾问服

---

[1] 《咨询文件》第2.1条。

务、基金管理服务和资本市场产品交易服务，营运者应当遵守相关准入规则和基本义务。第三步，从产品、功能和主体方面考虑数字顾问自动化、算法驱动、投资组合产品构成、投资组合再平衡、初创企业轻资产等特殊性和风险，识别现有监管框架下对于数字顾问发展产生的合规障碍和规制漏洞，例如，算法错误、偏差或设计缺陷会对数字顾问客户产生不良影响的风险，以及在原有监管框架没有任何规范，算法设计、开发和运行的风险管理处于空白状态的风险。第四步，以能否为客户提供更好的服务和风险是否可控为主要指标，提出具体的行为指引、有保障措施的豁免、义务合理扩张或者修改法律规范的方案，以解决第三步识别的规制漏洞和合规障碍问题。

②实施：优化底层规范，监管信息有效传递

商业模式创新带来监管问题的解决方案，除了相适宜的创新监管，更重要的是脚踏实地地优化底层规范。根据《咨询文件》提出的议案（第四步），在获取公众意见期间，根据数字顾问相关的定义和重要行为规范对SF（LCB）R和FAA-N16等相关规范进行优化后，再汇总数字顾问相关准入许可、要点义务和最低监管期望等有效信息，形成《数字顾问准则》。

首先，以零售客户为重心，优化金融产品和服务底层规范。

从产品角度来说，MAS调整产品结构和定义，基于风险对产品进行再分类，以支持实施SFA04-N12和FAA-N16中保护零售投资者的保障措施。第一，2018年MAS修改或即将发布的FAA和SFA及其附属系列新规，重新调整了投资产品、资本市场及其内部产品之间的结构和分类，将"衍生工具"和"CIS"剔除出2009年修订案的"证券"定义范围，二者与证券并行成为"资本市场产品"同级产品类别。进一步细化CIS定义（ETF基金属于上市CIS），明确其具有客户委托经理及其代表管理财产，客户缴款获取单位实益权益或者利益且对该财产管理没有日常控制权等特征。第二，根据SFA第309B条规定，新加坡FIs（如发行人和分销商）应当对资本市场产品进行分类并将该分类通知新交所，未对产品进行分类、错误分类或者未通知属于刑事犯罪，罚款最高可达5万新元。第三，如果FIs的产品同时符合未被归类为"规定的资本市场"（prescribed capital markets product）和面向新加坡非专业投资者、认可投资者和机构投资者（即零售客户）这两项条件，则FIs应采取SFA04-N12和FAA-N16中[①]规定的至少四点额外步骤：必须对投资者所提供产品类型的知识和经验进行评估；评估是为了确保投资者了解交易所涉及的金融产品类型所涉及的风险；如果投资者未通过评估，则必须对购买产品的风险给予各种警告；向投资者提供的咨询服务应作为向其出售产品服务的一部分。因此，FIs在进行销售前还必须是持牌FA或豁免FA。

从服务优化角度来说，MAS利用并优化底层规范，就识别出的数字顾问可能面临的四个合规障碍和三个规制漏洞，以此为契机完善（修改或增加）FAA-N16、SF（LCB）R和SFA04-N12等中的条款至少二十余条。例如，修改FAA-N16第27条完善客户知识上市SIP知识和经验评估，增加第27G-V条客户账户评估义务等详细规定，有利于产品和服务与客户的风险匹配。认可有资质第三方账户审核的有效性，并细化适用标准和情形，合理降低营运者重复合规可能带来的不必要成本。

其次，监管信息有效传递，从《咨询文件》到《数字顾问准则》的演变和优化。第一，从结构上来说，《咨询文件》整体结构为"算法的治理和监督"+"建议适当性"+"投资组合再平衡阶段：准入方案"+"投资交易执行：准入方案+义务扩张方案"，《数字顾问准

---

① 在这两份公告中"规定的资本市场产品"/排除的投资资产（Excluded Investment Product，EIP）和"规定的资本市场产品"之外的产品被称为指明的投资产品（Specified Investment Product，SIP）。

则》整体结构为"目的+定义+全阶段准入方案+七大监管要求"。划定了监管主体范围为FIs，明确了数字顾问服务和相关投资产品等重要概念，以分散的风险应对方案，提炼为"准入"和"监管指引"双层结构，更加简洁、清晰和合理。第二，从内容上来说《数字准则》在《咨询文件》基础上增加BSC框架、广告和宣介反洗钱和反恐怖融资适用指引，基于新法律规范，对算法的治理和披露相关信息等内容重新整合、分类和微调，监管指引内部进一步构成"三大风险管理能力+四大营运行为指引"两个层次的义务要点。有效信息的汇总、文件结构和义务要点的优化，更易于营运者理解，结合专门准则遵守原有框架下的基本义务。

（2）综合金融服务监管，以风险为导向的管控逻辑

MAS之所以可以迅速地发布《咨询文件》，个案豁免部分营运者，并就数字顾问设计豁免和义务方案，修改法律规范并落实，确保数字顾问商业模式的持续性和完整性以及市场的有序发展，主要有以下几点原因。

①统合金融服务监管职能，分牌差异化准入，自由裁量豁免

MAS综合金融监管职能（监管概况部分）准入结构呈"分牌准入，自由裁量豁免"的特点。第一，分牌准入，差异化裁量。MAS根据金融服务类别，将金融市场分为五大类，共46类许可（包含豁免准入），CMS牌照下又可分为交易资本市场产品、基金管理等授权，根据服务和产品差异化设定准入标准。例如，申请FA执照只能是公司且需要符合最低组织能力要求[1]，根据服务内容和产品不同将最低财务要求分为实缴资本15万新元、30万新元和30万新元三个等级。第二，

---

① 《FAA准入准则》第7条。

MAS保留较大的自由裁量权。根据SFA第337（1）条规定，MAS可以豁免任何人、资本市场产品、事项或交易，不受SFA的任何类别的规定约束。SFA第337（3）条允许MAS根据个人的申请，申请豁免来自MAS指示中指定的任何要求。除了SFA第337（1）条外，MAS还有特定的豁免权，SFA授权MAS就某些条款给予的豁免（"特定豁免权"）。根据SFA中的豁免条款，可以通过法规或书面公告向相关人员提供豁免。MAS是否豁免主要考虑类似活动的监管处理、减少监管套利、为市场参与者提供公平的竞争环境，评估豁免与否的成本与效益的总体平衡，包括现有的市场惯例、合法的商业需求和实现MAS监管目标的有效性，并且MAS有权施加豁免的限制条件。2017年6月至2018年10月过渡期间，MAS豁免持牌执行交易的FA共 9家[①]，豁免重新再平衡持有CMS基金管理牌照FA共2家[②]。

表2-23　　　　　　　　　　新加坡金融服务许可分类

新加坡金融牌照分类			
一级分类	二级分类（数量）		
银行（11类）	本地银行（4）	合格全业务银行（10）	全业务银行（19）	批发银行（97）
	离岸银行（1）	商业银行（29）	财务公司（3）	货币经纪人（13）
	代表处（银行）（39）	金融控股公司（银行）（1）	SGS 一级自营商	—

---

① 2017年7月5日、2017年10月5日、2017年10月24日、2017年11月20日、2018年1月22日、2018年1月31日、2018年2月2日、2018年3月8日、2018年9月14日，http://www.mas.gov.sg/Regulations-and-Financial-Stability/Regulations-Guidance-and-Licensing/Securities-Futures-and-Funds-Management/Exemptions.aspx。

② 2017年7月5日、2018年3月8日，http://www.mas.gov.sg/Regulations-and-Financial-Stability/Regulations-Guidance-and-Licensing/Securities-Futures-and-Funds-Management/Exemptions.aspx。

续表

新加坡金融牌照分类

一级分类	二级分类（数量）			
资本市场 （14类）	资本市场服务牌照持有人（725）	经批准集体投资计划信托公司（15）	注册基金管理公司（270）	豁免资本市场服务实体（121）
	豁免企业融资顾问（92）	持牌信托公司（58）	豁免信托公司（28）	提供信托服务豁免主体（4）
	经批准的交易所（4）	经批准的控股公司（5）	经批准的清算所（4）	经认可的市场运营商（37）
	经认可的清算所（4）	交易库许可（1）	中央存管系统（1）	—
财务顾问	持牌财务顾问（63）	提供财务顾问服务豁免主体（50）	豁免财务顾问（455）	—
保险	15个二级分类共173家FIs			
货币兑换商&汇款	货币兑换商（402）		汇款（107）	

②以风险为导向的阶梯式准入和义务豁免结构

公司化的管理方式和风险治理文化是MAS主要的监管特色。同制造商品一样，MAS也以风险为导向，站在更高层次设计科学合理的结构（流程）并在此基础上对客户与金融服务、投资产品进行风险动态适合性匹配工作。

截至2018年11月，在MAS监管的金融机构中，许可的持牌FA和豁免FA共568家，豁免提供财务顾问服务主体共50家[1]（向不超过30名合格投资者提供建议[2]）、豁免财务顾问505家，具备豁免资格的公司和

---

[1]　提供财务咨询服务的豁免人员只能向不得超过30名合格的投资者就投资产品（不包括人寿保单）提供建议或报告。由于其业务范围有限，根据"财务顾问法"和相关法规，其可免除许可和商业行为要求。

[2]　净资产不少于200新元或过去12个月收入为3万新元。

机构593家，占财务顾问行业许可总数88.9%[①]。资本市场牌照包括豁免许可在内共1366家，相较于8月数据，CMS持牌人增加55家，豁免CMS持牌人增加1家；依据豁免SFR（LCB）附件2和SFA第99条等豁免的注册基金公司、银行等主体共510家，占资本市场许可总数比37.7%。综上所述，新加坡豁免规则整体呈"遵循风险匹配适合性逻辑的阶梯式豁免结构"特点。

第一，风险相关的层级性。MAS的豁免结构呈银行、保险和证券交易所等→CMS持牌→FA持牌的阶梯式特征。这种阶梯经营风险由高→低，准入门槛由高→低，风险管控能力由高→低。例如，银行作为审慎经营、涉众较广的金融机构，风险较高，不允许其以下层级的豁免，准入严格，对经营风险的管控能力更高。上一层级（CMS）豁免下一层级（FA）条件比下一层级（CMS）豁免上一层级条件更为严格；与对上一层级审慎经营金融机构（银行、证券交易所和保险等）豁免条件相比，基金管理CMS对下一层级FA的豁免有管理对象范围、主体范围和附随行为等更为严格的条件。第二，资质和义务的层级性。上一层级对组织能力、人力资源要求、风险管理能力、基本资金和PII保险等的要求比下一层级更加严格，下一层级的业务相关基本要求同样适用于豁免的上一层级。《咨询文件》第4.1也明确指出，FAA第27条提供合理建议义务，同样适用于新加坡的CMS持牌人、银行、商业银行、财务公司、保险公司和保险经纪人等豁免主体。基金管理CMS成为豁免FA后，除了需要遵守与FA共同遵守的适合性义务、利益冲突披露义务外，其还有更为严格的风险管理、基本资金、业务能力和内外部审计要求。第三，阶梯式结构还体现在各层级内部。例如，FMC中的零售LFMC→A/ILMC→RFMC（豁免CMS）机构中根据服务对象主体的类别，对各类FMC也有不同的业绩年限、管理总资产规模和

[①] https://eservices.mas.gov.sg/fid.

PII保险阶梯式要求等。

③分牌准入和豁免机制在数字顾问中的适用

首先，传统监管结构以风险为导向的阶梯式豁免逻辑，贯穿数字顾问监管指引文件。MAS每次对数字顾问营运者遇到的合规障碍提出修改SF（LCB）R附表2的豁免方案时，必会从产品、服务和主体等方面分析其风险高低，并就更低层级主体豁免持有高层级主体牌照提供服务提出风险保障措施。例如，要求基金管理豁免CMS扩大到豁免FA，是因为上市CIS风险更低，在评估数字顾问投资组合平衡功能风险基础之上，提出以一次性同意书、交易前通知等合理的风险管理措施来平衡豁免每笔交易事先同意带来的风险，提高效率的同时为FA和豁免FA提供"投资再平衡"服务规划合规路径，确保数字顾问商业价值链的持续性和完整性，发挥自动化和算法的技术优势。其次，灵活的豁免机制，有利于数字顾问营运者避免重复持牌，降低提供"综合金融服务"的准入牌照成本。例如，豁免FA在总财务顾问许可中占比高达88.9%，大量已持有银行、信托、保险或者CMS牌照主体根据FAA第23（1）条申请的豁免FA，在一定程度上降低重复持牌的比率和营运者的牌照成本，有利于提高市场效率。最后，MAS统一管理金融服务牌照，有利于MAS根据营运者服务内容和产品性质、规模和复杂程度，统一设计准入和义务差异化标准。将金融服务主体适合风险的服务与产品，匹配给适合的客户。

MAS应对数字顾问监管问题不足之处在于，以"牌照"定"服务"的准入机制与澳大利亚统一牌照，以产品、服务和客户三维度授权准入机制相比，并未完全穿透产品和服务本身。以豁免作为将适合服务和产品匹配客户为主要的动态调整方法，在分牌准入机制下衍生出大量避免重复持牌的豁免条款，而这类豁免至少有三点受限：一是受制于豁免的产品范围和各种附属条件；二是一旦豁免规则预先设定的产品、主体等限制条件或范围不适合市场发展，豁免准入的再次调整直接涉及具体法条的修改，整体的监管框架较为被动地去适应市场产品类别和服务模式的动态变化；三是在过渡期间，MAS自由裁量的豁免准入和义务条款仅为个例，对所有营运者并无一般适用效力，如果未能及时通过修改法律规范解决这一问题，可能影响市场公平竞争目标的实现。整体框架应对技术给服务和产品商业模式变革所带来风险的灵活性稍弱，以致于数字顾问所带来的规制漏洞和合规障碍等问题在原生监管框架解决具有明显的被动性和滞后性。此次新规修改，MAS对投资产品、资本市场产品、证券等产品结构、分类和定义有了部分调整，基于风险对投资产品进行合理分类的工作完成后，有利于FA牌照与CMS牌照的合并，克服二者之间牌照豁免机制的弊端，促进MAS构建微观行为监管下的"产品、服务和客户"三维度灵活授权的综合金融服务牌照体系。

（3）借鉴国外经验，鼓励创新监管

①借鉴国外经验，改进政策和流程

在新加坡数字顾问发布准则前，美国、加拿大、澳大利亚、中国香港地区的监管机构和国际证监会组织（International Organization of Securities Commissions，IOSCO）、FSB等已经针对数字顾问相继发布官方指引文件或者报告。第一，新加坡指引文件主要借鉴了澳大利亚的《RG255：向零售客户提供数字金融产品建议》逻辑框架和算法治理的部分内容，并结合本国监管规范，进一步优化指引文件。以算法的监督和治理为例，RG255和《咨询文件》均对算法的人力资源、技术资源、第三方外包、算法开发和定期测试、访问控制、算法提供建议的质量合规性检查和政策程序文档等方面提出治理措施。新加坡完善了澳大利亚算法内部治理"签核流程"，明确算法风险治理的内部控制体系董事会和高级管理层责任。第二，算法信息披露部分借鉴美国FINRA《关于数字投资建议的报告》[①]和《投资者公告：智能投顾》[②]、SEC发布的与智能投顾相关的准则[③]、《投资警告：自动投资工具》[④]等文件，初步确定了算法信息披露的三条合理边界。

除此之外，MAS提出为缓释算法产生的顺周期性风险，应采用重要性或比例性测试的方法，以确保监管的权重与算法所构成的风险成比例。即只有当算法技术带来的风险成为实质风险或超过某个阈值时，监管才会启动，而并非在处理金融科技的不确定性时，采取过于先发制人的态度，过早引入监管扼杀创新，不利于相关技术的应用[⑤]。算法风险管理框架的优势在于其作为新事物，与数字顾问准入和义务问题相比，较少依赖于原有监管框架，具有较高的可借鉴性和通用性。

②成立智能金融中心，鼓励监管技术应用

Ⅰ.构建良好创新生态，组织架构技术性调整

新加坡MAS在国际FinTech和国内智能国家政策的大背景下，设立智能金融中心，致力于使用技术来提高监管效率和效果、培养信任和风险治理文化。智能金融中心主要有以下几个举措或重要项目：第一，强调信息沟通。MAS将智能中心打造成包括金融科技公司、金融机构、高校、政府机构投资者等相关主体沟通合作的良性金融科技生态系统，实现各方信息的有效沟通。第二，通过应用程序编程

---

① http://www.finra.org/sites/default/files/digital-investment-advice-report.pdf.

② https://www.investor.gov/additional-resources/news-alerts/alerts-bulletins/investor-bulletin-robo-advisers.

③ https://www.sec.gov/investment/im-guidance-2017-02.pdf.

④ https://www.sec.gov/oiea/investor-alerts-bulletins/autolistingtoolshtm.html.

⑤ Keynote Address by Mr Ravi Menon, "*Financial Regulation — The Forward Agenda*" (March.20, 2017) at http://www.mas.gov.sg/News-and-Publications/Speeches-and-Monetary-Policy-Statements/Speeches/2017/Financial-Regulation.aspx (last visited on Aug.24, 2018).

接口（Application Programming Interface，API）开放银行平台并整合行业内新旧IT系统以加快创新。第三，执行"沙箱"测试计划对新的商业模式进行豁免测试，执行金融部门技术与创新（Financial Sector Technology and Innovation，FSTI）计划，对创新金融技术进行概念验证（Proof of Concepts）。第四，建立研究、创新和专家人才库，不断为金融科技的发展提供"能源"。第五，鼓励设立并吸引金融科技企业和人才，启动初创SG加速器、SG股权、SG创始人、SG TECH和能力发展资助——技术创新（CDG-TI）等项目，为初创合伙人提供资金或者非财务支持，以进一步提升领域专业知识。第六，启动Ubin项目，探索使用分布式分类账技术（Distributed Ledger Technology，DLT）进行清算、结算（第二阶段已完成）。在Ubin项目的第二阶段，2018年8月24日MAS和新加坡交易所（SGX）宣布合作开发交付与支付（Delivery versus Payment，DvP）功能，以便在不同的区块链平台上结算代币资产，使金融机构和企业投资者能够同时交换和最终结算代币化数字货币和证券资产，从而提高运营效率并降低结算风险。2018年11月11日，DvP项目最终报告提供了使用智能合约自动化DvP结算流程的全面视图。明确了保障弹性运营的关键技术和运营考虑因素，并确定了管理仲裁等交易后结算流程的市场框架。

从组织机构角度来说，MAS专门针对金融科技领域成立了新部门。例如，2015年8月MSA组建了金融技术与创新组（Financial Technology & Innovation Group，FTIG），下设支付与金融技术办公室、FinTech基础设施办公室和FinTech生态系统办公室负责参与金融科技各项工作，利用技术和创新更好地管理数字顾问这类金融科技的风险，提高新加坡金融行业效率和竞争力；2017年2月13日成立数据分析组（Data Analytics Group，DAG），其下设数据治理和架构办公室、专业分析与可视化办公室和监管技术办公室，三者联合致力于对金融机构数据的收集、分析，并与FTIG合作，推动创新，促进金融行业的数据分析能力，使金融机构更加高效地实现合规。

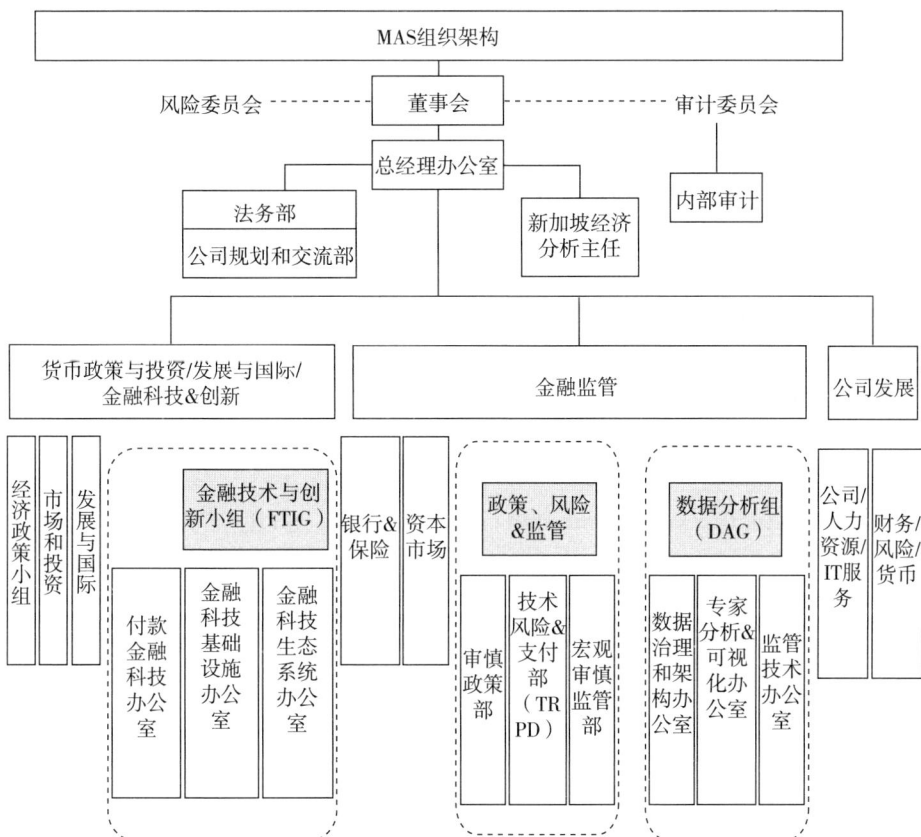

注：虚线内灰色部分为近年调整的与金融科技相关的新设机构，截至2018年11月①。

图 2-15　MAS 组织架构简图

Ⅱ. 监管技术（Supervisory technology，SupTech）在数字顾问中的
应用

第一，利用数据收集和分析工具，监督数字顾问算法运行和FA

---

① MAS组织架构原图：http://www.mas.gov.sg/~/media/MAS/About%20MAS/Structure%20
of%20MAS/Organisation%20Chart/2018/MAS%20Org%20Chart%2019%20Nov%202018.pdf
（last visited on Nov .20，2018）。

及其代表行为。首先，基于数据的风险识别。可根据数据确定数字顾问平台建议产品的销售趋势和集中度风险，以识别某些数字顾问平台是否推荐销售支付更高佣金的产品或者具有更高比例的弱势客户等信息，并且识别潜在的市场不端行为和滥用行为。通过数据预测模型确定可能需要更加密切监督的数字顾问提供的服务或产品，例如通过分析数字顾问提供建议最终销售交易中的变量（如客户档案、购买的产品和投资金额）来预先识别具有较高不良行为概率的投资组合。其次，基于数据的风险应对。通过数据分析深入了解算法输出建议质量，及早了解潜在的不当流程，使管理者有机会在问题升级之前进行干预[1]，以打击市场操纵和内幕交易等不端行为[2]。

第二，开发SupTech工具。首先，开发算法工具。MAS正在开发扫描可疑交易报告（suspicious transaction reports，STR）的算法，开发能够检测和识别涉嫌关联交易活动账户的算法，集中识别高风险交易[3]。其次，开发身份验证工具。通过数字身份证和生物识别技术，探索指纹、虹膜、面部和语音识别，甚至手掌静脉和心跳识别系统以进行认证，有效应对密码篡改、洗钱和恐怖融资等风险[4]。最后，动态风险

---

[1] Keynote Address by Ms Merlyn Ee, "*Putting Customers at the Centre*" (July. 6, 2017), http://www.mas.gov.sg/News-and-Publications/Speeches-and-Monetary-Policy-Statements/Speeches/2017/Putting-Customers-at-the-Centre.aspx (last visited on Aug .24, 2018).

[2] Keynote Address by Mr. Ong Chong Tee, "*Regulatory Landscape for 2016: Positioning for a Dynamic, Trusted and Vibrant Market*", (28 January 2016), athttp://www.mas.gov.sg/News-and-Publications/Speeches-and-Monetary-Policy-Statements/Speeches/2016/Regulatory-Landscape-for-2016.aspx (last visited on Aug .24, 2018).

[3] Keynote Address by Mr Ravi Menon, "*Financial Regulation — The Forward Agenda*" (March.20, 2017), http://www.mas.gov.sg/News-and-Publications/Speeches-and-Monetary-Policy-Statements/Speeches/2017/Financial-Regulation.aspx (last visited on Aug .24, 2018).

[4] Keynote Address by Mr Ravi Menon, "*Financial Regulation — The Forward Agenda*" (March.20, 2017), http://www.mas.gov.sg/News-and-Publications/Speeches-and-Monetary-Policy-Statements/Speeches/2017/Financial-Regulation.aspx.

管理工具。通过机器学习算法分析历史数据，预测价格变动和交易决策，根据新的数据和市场反应不断升级和调整算法监管策略。使用通用数据标准和自动化降低持续报告成本，向行业分析师和学者传播匿名信息，以便更深入地分析金融体系及其风险[1]。

第三，部署技术能力，进行概念验证，确保数据和SupTech工具应用的可行性。发挥DAG和FTIG在机器学习、自然语言处理和网络分析算法方面的技术专业知识优势，与MAS中的各个部门合作，同已受MAS监管金融机构合作对监管技术进行概念验证，并向合作金融机构提供最高20万新元的补助金[2]。

第四，建立必要的基础设施，以促进前述数据、技术工具和技术能力组合运用。包括数据收集和提交的统一平台；云技术运行数据分析和可重复使用的工具以及代码库，以便数据分析；允许可扩展性的API用于数据传播和应用[3]。

第五，重视网络安全，促进信息共享。在金融部门相互联系的同时，在金融机构之间共享及时和可操作的网络信息是在金融生态系统内建立有弹性的网络防御的关键。MAS与金融服务信息共享和分析中

---

[1] Keynote Address by Mr Ravi Menon，*"A Smart Financial Centre"*（29 Jun 2015），http：//www.mas.gov.sg/News-and-Publications/Speeches-and-Monetary-Policy-Statements/Speeches/2015/A-Smart-Financial-Centre.aspx.

[2] FSTI Proof Of Concept Scheme，http：//www.mas.gov.sg/Singapore-Financial-Centre/Smart-Financial-Centre/FSTI-Proof-Of-Concept-Scheme.aspx.

[3] Keynote Speech by Dr David Hardoon，*"Data Science and Machine Learning in Practice"*（26 May 2017），http：//www.mas.gov.sg/News-and-Publications/Speeches-and-Monetary-Policy-Statements/Speeches/2017/Data-Science-and-Machine-Learning-in-Practice.aspx.

心（FS-ISAC）合作建立了亚太地区区域情报和分析中心①，在金融机构之间共享及时和可操作的网络信息，有利于加强金融业的网络安全，使其更安全地使用新技术并增强对消费者的信心。

6. 小结

首先，对数字顾问服务流程进行功能分解、总结商业模式并结合本国现行监管框架，识别规制漏洞和合规障碍。基于风险治理方式，着眼于服务和产品，逐步修订相关法律规范，优化投资产品结构和分类，有条件扩大服务豁免范围。汇总关键信息，发布《数字顾问准则》，提出最低监管要求和期望。构建了适当的许可框架，规范了营运者行为，有利于数字顾问市场的公平、透明和有序发展；有利于确保其商业模式与价值链的持续性和完整性，发挥其技术优势；有利于促进投资者或消费者对市场的信任和信心。其次，MAS统一的金融监管职能、原生的监管模式、贯穿于从业主体许可、义务和豁免规则设计的风险管控逻辑，在应对数字顾问的特殊监管问题中所发挥的作用，也具有一定的参考价值。最后，根据技术变革及时调整监管组织架构，启动sandbox、PoC、Ubin、DvP和SG系列项目，鼓励监管创新，为其提供财政支持，开展技术监管基础设施建设、专业人才培养、各方沟通交流、数据搜集、数据分析和监管技术合作概念验证等举措，利用技术促进市场发展和机遇的同时，全方位应对数字顾问这类数字革命所带来的新风险。

---

① Keynote Address by Mr Ravi Menon, "*Financial Regulation — The Forward Agenda*" （March.20, 2017）, http://www.mas.gov.sg/News-and-Publications/Speeches-and-Monetary-Policy-Statements/Speeches/2017/Financial-Regulation.aspx.

（三）新加坡数字顾问案例分析

本部分，我们收集了不同背景的、服务于不同客户的新加坡8家典型数字顾问基本信息，抽取两家（StashAway和Connect）面向客户（分别面向零售和认可客户）的数字顾问进行流程测试，获取可得协议、提炼重点业务流程（商业模式部分）、记录其遵守重点义务实践等样本，与现有监管规范进行映射对比分析。

1. 面向零售客户的数字顾问：StashAway

StashAway合规措施需要从两个角度把握，一是从相关监管文件发布的时间维度来分析StashAway如何在过渡阶段和监管文件发布后实现合规；二是提炼StashAway业务流程与重点义务条款映射进行亮点分析。

（1）StashAway《数字顾问准则》发布前后的合规措施

①过渡期间——StashAway合规措施

2017年6月至2018年10月，过渡阶段的《咨询文件》尽管是非强制性文件且期间MAS考虑修改相关法案的提议并未完全落实，但是内涵的风险管控逻辑和针对不同数字顾问带有一些背书色彩的风险缓释措施已被部分数字顾问营运者作为合规"安全港"，根据新加坡数字顾问营运者实际运营情况，在过渡阶段起到了一定的行为指引效果。例如，《咨询文件》提出SFA04-N12交易阶段的评估客户上市特定投资产品的知识和经验及第29D条及附件4提供海外产品风险声明的义务的扩张适用于受FAA-N16规范的提供建议阶段的FA，根据2018年4月的测试样本，StashAway已经按照SFA04-N12附件4在《平台协议》中提供相关文件，并在收集客户流程阶段，专门加入了客户自主选择评估上市投资产品知识和经验的子流程，包括客户回答有没有金融或者商业学位、有没有任何金融机构的工作经验和有没有投资过ETF和股票等相关问题，StashAway作为豁免FA实质上遵守了部分SFA04-N12规定的经纪人义务，更有利于保护客户。

②《数字顾问准则》发布后——算法信息披露的边界适用

算法披露边界是《数字顾问准则》进一步明确的内容，是MAS对数字顾问的最低监管期望而非法定义务，该准则第39条明晰了算法信息披露的三条边界，即算法假设、限制和风险，算法何种情况停止/废止和算法重大调整披露。这三条边界内的信息至少具有"非高度专业的技术性信息（如架构、参数），投资者和金融消费者可以有效理解该信息，被有效理解的该信息可能会影响投资者和消费者是否作出或怎样做出投资决策"这三个共性特点。样本显示，StashAway在算法输出的投资组合结果界面通过直接或者超链接点击等方式至少提供了部分算法逻辑输出结果假设，如基于经济制度的资产配置（the Economic

表2-24　　　　　　　　　　　2018年StashAway测试样本

类别	特定投资产品	投资组合占比（%）	类型
美国股票	非必需消费品行业 SPDR 基金（XLY）	14.8	ETF
	消费必需品行业 SPDR 基金（XLP）	4.0	非 ETF
固定收益型	iShares TIPS 债券 ETF	14.8	ETF
	iShares 10~20 年国债债券 ETF（TLH）	4.0	ETF
	先锋中期政府债券 ETF（VGIT）	12.9	ETF
	iShares 20+ 年债券 ETF（TLT）	11.9	ETF
欧洲股票	SPDR 欧元 STOXX 50 ETF（FEZ）	3.2	ETF
亚洲股票（日本除外）	iShares MSCI 亚洲及 ETF（AAXJ）（日本除外）	9.2	ETF
混合型	SPDR 彭博巴克莱可转换证券 ETF（CWB）	14.8	ETF
商品市场	SPDR 黄金信托（GLD）	9.4	ETF
现金	现金（新元）	1.0	非 ETF

Regime-based Asset Allocation，ERAA）策略、该策略的限制和风险相关的信息。

③《数字顾问准则》发布后——着眼于"算法功能"的监管期望

《数字顾问准则》第31条在"开发面向客户的工具"部分重点强调数字顾问的算法所应实现的功能，即合理收集客户必要信息、识别客户不一致反应、客户信息分析分类过滤、可以实现根据预设风险匹配逻辑输出与预期无偏差的资产分配和投资建议的功能①，服务全程的各类测试和后期的质量监督要求均是为了确保实现算法可以持续、稳健地发挥其预期功能的目的。就StashAway而言，合理收集客户必要信息和根据信息对客户进行分类功能已经实现，算法是否具备其输出的投资组合符合预设的风险匹配逻辑功能，可以参考StashAway书面披露的《StashAway资产配置框架——执行摘要》进行初步判断。

④《数字顾问准则》发布后——专项审计范围扩张建议

StashAway是否符合MAS对算法治理和监督的期望，诸如董事会和高管的职责、权限划分、系统的风险管理程序和政策以及建议质量控制等期望，尚须进一步获取样本/证据予以判断。《数字顾问准则》仅对CMS持牌人豁免5年业绩和10亿新元AUM要求向零售客户提供数字顾问服务这一种情形规定了专项审计，内容包括算法的开发和维护、客户资金和资产的处理、建议的适用性、技术风险以及反洗钱相关的治理和控制等②，专项审计主体范围并未适用于所有数字顾问。我们认为，从数字顾问长远规范化发展和风险控制等目标看来，这类专项审计可基于成本、提供服务或产品复杂性、客户结构和规模等多方面考量后，细化专项审计标准，扩大适用主体范围。例如，面向零售客

---

① 《数字顾问准则》第31条。
② 《数字顾问准则》脚注11。

户，因数字顾问服务而管理的资产规模较大、算法假设复杂或过于简单等整体风险评估较高的数字顾问。

（2）StashAway合规措施亮点分析

①遵守披露义务亮点措施

第一，关键协议的易获得和可查找性。客户与StashAway签署的《平台协议》《隐私政策》《开户协议》，可直接在平台网页获得并下载①，我们对剩余7家随机抽取AutoWealth和RoboInvest，其《平台协议》和《隐私政策》较易获得，但是《开户协议》签署后，较难再次回溯查找保留。

第二，将冗长协议特殊处理。从披露方式角度来说，StashAway虽是"一键同意"的静态披露而非"交互式"披露方式，但协议的形式特点在于，其将各类协议内容分为左右两部分，右边是对左边的简要说明，使客户阅读冗长协议内容更为便利，符合披露明确原则中的简洁语言要求。

第三，弹窗提醒。例如，客户选择重新优化资产选项时，页面则会弹窗提醒客户该选择的后续处理方式。

第四，通过超链接详细披露投资组合内的产品信息。StashAway对推荐资产组合中的每一个产品设置有非常便捷的超链接，可直达基金管理人对产品的法定披露文件。

第五，关键点提供文字或视频解释。一是解释问卷。在每一题界面向客户解释为何设置该问题。二是解释关键词。例如对增长、保守、再平衡（Rebalancing）、重新优化（Re-optimisation）、风险意愿

---

① https：//www.stashaway.sg/legal.

和风险容忍度和ETF等关键词进行鼠标停留显示解释信息等处理。

第六，提供FAQs版面。无论是StashAway还是其他家数字顾问，均有显著页面显示客户可能对数字顾问产生疑问的一般问题的回答。例如，数字顾问如何选择客户投资组合中的ETF，财务评估的结果如何影响客户投资组合的风险设置等问题。

②遵守提供合理建议义务亮点措施

第一，提供更多的可选择性。一是客户可根据自身情形变化，随时重新设置目标和回答问卷，在问卷的每一个节点均设置有返回键；二是客户可选择是否接受重新优化资产组合服务，如果客户选择手动重新优化资产组合，则每当StashAway建议重新优化时，都会通知客户使其可以选择接受或拒绝推荐，但是重新再平衡是StashAway作为数字顾问提供的必要服务，无法选择；三是没有锁定期，客户可以随时退出，只要通知StashAway，平台即在约定合理时间内出售客户资产并返还现金。

第二，设置筛选问题，筛选不适合客户。StashAway问卷分别涉及基本情况、财务目标等，例如，平台识别出客户小于18岁，则不会向该客户提供投资组合。总的来说，StashAway的KYC流程有两点不足，一点为其没有评估客户当前的投资组合，根据《数字顾问准则》第46条指引，该条在可被豁免范围之内，而且并非每一个零售投资者都拥有投资组合，所以不予评估有其合理性，但是该项在技术允许的情况下设计入流程当中，可以实现更好的合规效果；另一点不足为对客户相关产品投资知识和经验的评估过于简单，仅由客户自己判断选择"是""否"，传统顾问对于客户学历、投资期限、工作经验均有详细的评估标准。

第三，确保客户信息真实。FAA-N16第27E-P条对客户账户审核进行一系列规定，其中第27H条规定，财务顾问应以书面形式向客户强调，客户提供的任何不准确或不完整的信息可能会影响客户账户审查的结果。StashAway遵守该义务主要体现在其《账户协议》中的部分条款设计上。例如，《账户协议》4.3和附表2一般条款和条件1.1条要求客户保证KYC和需求分析程序相关信息的准确、真实、完整和最新性，并对此承担责任；第27条《账户协议》4.4约定，如果确认客户没有相关知识和投资经验，在开立账户、进行交易和继续使用服务前，将会要求客户完成一般的投资在线课程或者其他措施，以符合FAA-N16的知识和经验评估和账户审核要求。

表2-25　StashAway提供合理建议控制流程与MSA监管规范映射表（部分）

StashAway 提供合理建议控制流程与 MSA 监管规范映射表				
序号	流程	具体流程	规范要求	依据
1	确定投资目标	年龄、性别、是否单身、孩子、年收入	（i）就人寿保单提供的建议，记录客户家属及抚养人情况	FAA-N16 第11 条——合理收集并记录客户信息
		选择退休、一般投资、购买房子、汽车、婚礼和旅行等 9 个理财目标	（a）客户的财务目标	
		目标实现时间、首付等具体细节		
2	客户信息搜集并记录	收入来源、行业、职位、投资偏好、投资承诺（主动选择）	（f）客户的财务承诺；（c）客户的雇佣状况	
		月收入（基本收入和其他收入）和支出（基本支出、偿还债务、月度存款、投资和保险费用）	（d）客户的财务状况，包括资产、负债、现金流量和收入；（h）投资金额是否是客户资产的重要组成部分	
		总资产（现金/存款、法定福利 CPF、退休附辅助计划 SRS、保险现金价值、投资、财产）和负债		
		短期债务（个人贷款、偿还信用卡、透支、缴税额）		
		选择风险偏好：保守型、保留型、平衡型、成长型和进取型	（b）客户的风险承受能力	
	基本分析	未评估客户当前持有的投资组合（AutoWealth）		

续表

StashAway 提供合理建议控制流程与 MSA 监管规范映射表

序号	流程	具体流程	规范要求	依据
3	金融知识评估	有没有金融或商业学位	上市 SIP 的知识与经验评估	FAA–N16 第11 条——第27F 条考虑客户学历资质、投资经验及工作经验等
		有没有任何金融机构工作经验		
		有没有投资过 ETF、股票和债券		
	基本分析	单纯的"是""否"选项,无进一步评估		
4	客户信息确认	个人身份证明文件、就业证明文件、受扶养人证明文件	考虑人寿保单客户家属及抚受养人情况	FAA–N16 第11 条——第27E 条规定的 CAR 要求
		护照、居住证明上传照片	信息搜集记录	

2. 面向认可投资者的数字顾问:Connect

第一,内部KYC程序和接入外部数据库。首先,Connect运用内部KYC控制程序对合格投资者身份进行把控(因组合中有零售投资者不能购买的产品),以遵守提供适当建议义务;其次,通过接入政府数据平台MyInfo获取客户真实以及完整的信息,缓释洗钱风险;最后,定期审查客户资料来应对适当性的动态性风险。

第二,从资产端风险应对角度来说,Connect采用"凭证"结构来"转移"部分投资组合管理风险。即Connect使用由瑞士私人银行瑞士宝盛银行提供并发行的积极管理凭证作为投资组合的投资工具,捆绑瑞士宝盛的信用评级(穆迪评级机构的评级为Aa2级)来降低投资组合管理风险,类似于信用担保。如果因为发行人违约产生信用风险,瑞士宝盛凭证的价值也会下跌,进而影响其信用评级。这种结构每年最多收取1.25%的行政和管理费,收费计算基准为投资金额,不包括现金余额。

第三，从客户信息风险应对角度来说，客户信息风险又细分为泄露风险、信息不当使用风险等①。Connect主要有两方面应对措施。一是，客户同意流程中的《隐私政策》，内容根据2012《新加坡个人资料保护法》（以下简称PDPA）制定，包含部分免责条款，旨在采取一切合理措施确保Connect采集、使用、储存和披露客户的个人资料符合PDPA或者相关法律规定。二是，确保使用最新技术来管理Connect平台，保护数据安全。储存在Connect上的个人资料在传输和保存时被加密到256位水平，与银行使用的加密程度相当，在某些情况下甚至更高。以上措施的不足之处在于，Connect声称运用技术确保数据安全尚需要专业第三方或监管机构来评价是否有效。《隐私政策》被双重内嵌入《条款和条件》，不符合信息披露的完整和有效性要求，并且客户信息风险应对的核心在于内部流程控制，而并非《隐私政策》中的免责条款。

除了以上风险缓释方式外，Connect还通过历史业绩展示的声明、匹配依据披露、费用披露、对第三方网站的链接和在线聊天的免责声明以及常见问题解答等措施来控制各类风险。

表2-26 Connect KYC流程控制要点

风险	控制措施	类别	具体措施	依据
适合性风险：未能向客户提供合理建议而违反FAA27条，可能会承担民事损害赔偿责任	遵守内部KYC程序	搜集基本信息	作为客户的注册流程的一部分及在投资每个新目标之前，客户会与一组滑块或控件交互。移动滑块改变图上的预期投资结果，并生成一份风险适用性概况来说明通常会作出类似投资的人士的选择。一旦您看到这些说明，客户也可能会决定改变风险概况来适应其投资目标	FAA-N16第11条

① 2018年3月18日Facebook被曝出滥用5000万客户数据而接受美国国会听证，其中美国国会一名议员就隐私问题质疑Facebook糟糕的用户协议，认为其用户协议只是Facebook掩护自己（责任）的手段，而并非告知用户权利。

续表

风险	控制措施	类别	具体措施	依据
适合性风险：未能向客户提供合理建议而违反 FAA27 条，可能会承担民事损害赔偿责任	遵守内部 KYC 程序	反洗钱	通过广泛使用的第三方服务，将客户一些个人资料与各种国际数据库进行比对；申请账户填写资金来源信息	FAA–N16 第 11 条
		合格投资者确认	接受银行对账单、房产证、适当的纳税申报表、工资条（三个月）、IRAS 对账单、CPF 对账单或经纪人对账单。文件的日期应为最近三个月，或由一份最近的工资条证明的一年一度的对账单	
		动态审查	对客户档案进行定期的审查。包括确保平台拥有客户最新的有效身份证明文件，以及您保持合格投资者的身份证明文件。审查您的档案时，与客户联系，告知客户应提供的文件	FAA–N16 第 13 条
		接入 MyInfo 平台		AMLD01/2018

六、中国香港地区智能投顾的业务模式、法律规制和案例分析

（一）中国香港地区智能投顾业务模式

香港是全球手机普及率最高的地区，每人手机数量接近2.5部，全球每天有20%的人通过手机与银行连接，而在香港这一比例只有14%，意味着作为亚洲金融中心——香港的移动财富管理市场规模尚有潜力进一步扩张①。除了最早在香港布局智能投顾的8 Securities和香港本地TNG金融科技集团推出的相关移动财富管理服务外，腾讯和阿里等控股的互联网金融公司也先后在香港布局虚拟银行和移动支付

---

① http://www.scmp.com/business/banking-finance/article/2132674/sink-or-swim-hong-kong-lenders-must-get-smart-virtual-banks.

等业务。

与美国、新加坡和中国内地相比，中国香港的智能投顾并未像其他地区如雨后春笋般以数十家的量级涌现。主要的智能投顾有8 Securities在2016年10月推出的虚拟咨询服务系统Chloe和在2017年10月推出的在线股票交易平台Tradeflix，云峰金融集团推出的有鱼智能投顾，弘量研究有限公司（"弘量研究"）和香港玛格南研究有限公司联合研究开发的Aqumon智投平台，Privé Financial和花旗银行参与研发的，既服务于C端客户，也服务于B端客户的Privé Managers平台，为金融机构提供财富管理软件服务和理财服务模式解决方案的金融技术供应商Quantifeed。

表2-27　　　　　　　　　香港主流智能投顾营运者及其产品/服务

公司	类型	智能投顾相关产品或服务
8 Securities	B2C	Tradeflix/Chloe
	B2B	白标智投 / 模块化 /API/PAAS
云峰金融	B2C	有鱼股票 / 有鱼智投
	B2B	股权激励计划平台（有鱼持股）/ 企业融资等
弘量研究	B2B	白标智投
	B2C	Aqumon
Privé Financial	B2C/B	Privé Managers 平台综合财富管理，产品创建，财富规划和客户关系管理平台
Quantifeed	B2B	为网上经纪人、消费银行、私人银行、保险公司等亚洲财富管理金融机构提供数字投资解决方案

1. 云锋金融——有鱼智投

云锋金融集团有限公司（股份代号：00376，以下简称云锋金融），原名为瑞东集团有限公司，注册成立于1982年8月4日，1987年7月17日在香港联交所上市。云锋金融主要产品和服务有证券经纪、财富管理、企业融资、员工持股和投资研究五大类。2017年，云锋金融在香港推出在线交易平台——有鱼智投和有鱼股票。

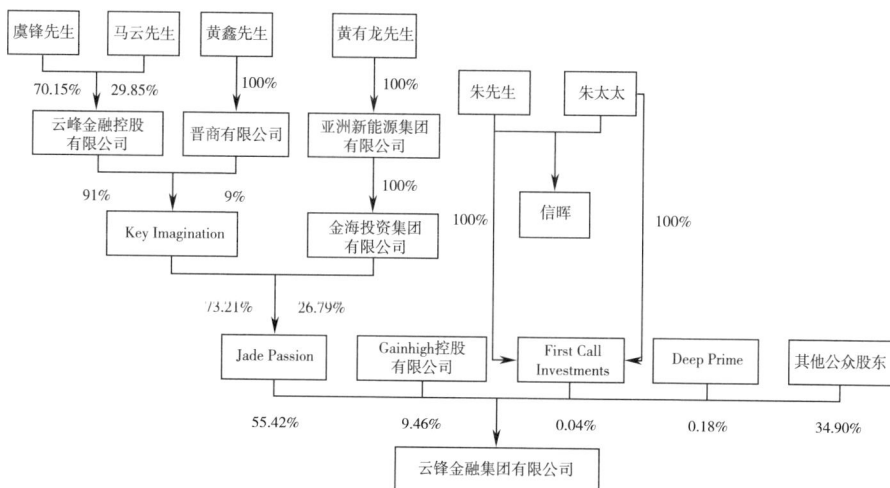

资料来源：云锋金融2017年12月21日联交所披露文件①。

图2-16 云锋金融集团股权结构

（1）有鱼智投客户、投资对象和收费

有鱼智投是全自动化型智能投顾平台，既服务于零售投资者，也服务于专业投资者。

首先，为零售投资者配置的产品主要有与包括安盛、贝莱德、东方汇理、荷宝、普信、富兰克林邓普顿和PIMCO等18家基金公司合作推出的股票型、债券型、房地产型、商品型、货币型和配置型六大类基金产品。截至2018年8月，有鱼智投平台提供基金产品共422只，其中股票型214只，占产品总数50.7%；债券型142只，占产品总数33.6%，房地产型12只，商品型18只，货币型5只，配置型31只。不同类型基金项下又有进一步细分，例如，股票型基金项下细分为中国、

---

① http://www.hkexnews.hk/listedco/listconews/SEHK/2017/1221/LTN20171221034_C.pdf.

美国、新兴、发达市场股票和行业股票；债券型基金分为综合、高收益新兴市场、通货膨胀保值和亚洲债券等。

其次，面向专业投资者的产品主要有：FOF和私募股权，其中有鱼—锦鲤美元基金1号，投资于该基金GP挑选的底层基金；有鱼—美元基金2号为FOF，投资于以欧美发达国家市场为主的全球困境债；有鱼—锦鲤美元基金3号目标投资于企业优先级贷款担保证券中的劣后级票据层。

最后，有鱼智投主要收费有：部分类别基金的认购费（非债券型1.5%、债券型1.0%、货币型基金免费）、基金转换费（转换总额的1.0%）、托管及行政费（持有基金总额0.1%）、账户逾期交收利息等。

（2）账户管理功能

第一，在线开户功能。平台客户可以在线上注册有鱼账号，提供基本身份、电话和税务等信息，回答开户问卷，阅读并签署开户协议，选择开通财富管理账户、证券账户、融资账户或者现金账户等，再通过电子签名、人脸识别和OCR身份识别技术，直接与公安系统联网，通过邮寄支票、专业人士核实或者香港银行卡入金等规定方式完成身份核实后，成功开通综合投资账户，客户可通过账户进行基金申赎。

第二，账户聚合功能。客户在有鱼智投上开通云锋证券综合投资账户后，除了可以在有鱼智投上投资全球公募基金，其还有专门的模块链接，可打开有鱼股票APP，进行港股、美股、沪港通和深港通证券交易，二者之间的账户资金可以进行内部提取或划转。

第三，资产第三方存管。星展银行是云锋金融的第三方资产保管方，可以起到保护客户资产的功能。

（3）提供特定资产组合配置服务

有鱼智投根据客户回答的风险问卷，收集客户年龄、个人资产、投资目标和承担亏损能力等信息，并根据客户定期更新的个人资料，对客户进行评估和分类，基于算法或技术就特定的公募基金投资组合向客户提供并动态调整投资建议。

（4）"有鱼额"服务——利息收入

客户可选择将资金账户的剩余余额自动存入"有余额"账户，利用云锋金融和银行间的合作，为客户闲置资金争取更高利息收入。转入的闲置资金总共有三类保留计划：保留一周，年化收益率为1%；保留1个月或者3个月，年化收益率均为1.5%。

（5）其他功能模块

为了提升客户体验，除了根据客户个人情况提供资产组合建议和账户管理等服务外，有鱼智投还开发了辅助模块，达到便于客户理解智能投顾、掌握基本投资知识、知悉相关风险等目的：经基金管理人授权发布的基金报告：投资者基础知识教育模块：主题文章和热点资讯模块等。

2. 弘量研究——Aqumon智投平台

弘量研究成立于2015年，2018年9月完成A++轮融资，由中银国际旗下附属投资机构管理的渤海兴旺有限合伙基金领头，阿里巴巴持股的香港创业者基金等投资方跟投。

（1）Aqumon智投平台投资对象、费率

第一，Aqumon投资对象是ETF，主要有两大类：第一类产品SmartGlobalMax的投资对象为在美国上市交易的ETF；第二类产品SmartGlobal投资对象是在中国香港上市的ETF。第二，Aqumon初始投资门槛5000美元，收取0.8%的投资顾问费和0.15%的ETF管理费。

表2-28 　　　　　　　　　　Aqumon智投产品基本信息

类型	SmartGlobal Max	SmartGlobal
投资门槛	5000 美元	100000 港元
投资标的	美国上市的 ETF	中国香港上市的 ETF
标的总量	2000 多只 ETF	200 多只 ETF
ETF 费率	0.18%	0.39%
覆盖资产只数	15000 以上	1400 以上
覆盖地区	50 个国家和地区以上	20 个国家和地区
组合 ETF 只数	12~14 只	8 只

（2）提供技术外包服务

Aqumon现有的 AI资产管理算法策略有三类，即阿尔法（Alpha）策略、贝塔（Beta）策略和高频策略，三类策略可以根据不同地区监管、机构内部合规以及风险控制要求，根据金融机构需求设定机制融入机构对投资市场或标的的看法，为客户提供定制的底层算法框架、IT模块设计和系统开发等技术服务[1]。

表2-29 　　　　　　　　Aqumon适用于不同投资产品的多样化算法策略[2]

算法策略名称	分类	适用对象	应用目标
Alpha 策略	SmartBeta	适用于美国股票或者中国 A 股	精确分析每只股票收益率和因子之间的关系，对股票池进行深度筛选
	SmartFactor	适用于中国 A 股构成的纯股票组合	应用机器学习技术，根据因子和股票收益率之间的联系，挑选股票

---

① https：//www.aqumon.com/zh_cn/institution.
② https：//www.aqumon.com/zh_cn/institution.

续表

算法策略名称	分类	适用对象	应用目标
Beta策略	SmartBeta	适用于美国上市的ETFs，为投资者提供全球资产配置	实时监控组合偏移量，全自动智能调仓
	SmartHongKong	适用于中国香港上市的ETFs，为投资者提供全球资产配置	实时监控组合偏移量，全自动智能调仓
	SmartXRay	适用于中国内地公募基金	为投资者提供高度分散的资产配置
高频策略	SmartCrypto	适用于虚拟货币市场	找寻套利机会
			毫秒级的数据处理，确保策略能够抓住市场微观特性
			多策略复合应用，跨交易所，多币种组合

2017年，弘量开始与华润银行签约合作，由弘量提供算法开发支持和系统开发支持。项目组经过多轮内部测试、实盘测试、完善功能之后，华润银行定制的智能投顾"Run智投"于2018年9月正式上线。

（3）基于SmartGlobal算法提供投资产品建议和智能调仓服务

SmartGlobal是Aqumo进阶到6.0版本的算法，已被注册为商标。营运者根据客户在平台输入的风险调查问卷、收集客户子女教育、退休计划、买楼储蓄等个人情况，对其进行评估，将客户分为保守型、稳健型、成长型和进取型四类，根据不同的客户类别，SmartGlobal算法就特定的ETF为客户提供资产组合配置建议、实时监控组合以及全自动智能调仓服务。

（二）中国香港地区智能投顾法律规制

1. 中国香港地区智能投顾监管背景、框架及范围

（1）智能投顾监管背景

中国香港地区金融监管机构主要由香港金融监管局（以下简称金管局）、证券及期货事务监察委员会（以下简称SFC）、香港保险业监管局（以下简称保监局）及强制性公积金计划管理局（以下简称积金局）四大监管机构和相应的行业自律协会构成，分别负责监管银行业、证券和期货业、保险业和退休计划的业务。

从宏观层面的监管环境来说，针对智能投顾这类金融科技，香港各监管机构或独立或协同设立相关机构，推出监管沙箱服务。主要包括：金管局2016年9月推出金融科技监管沙箱（FinTech Supervisory Sandbox，FSS），并对FSS进行2.0阶段的升级，截至2018年2月28日，已有包括生物识别、替代货币、分布式账技术和API等在内的29种新技术产品在FSS中进行了测试。金管局还设立金融科技促进办公室（FinTech Facilitation Office，FFO）旨在为关键利益相关者提供金融科技创新交流的平台，研究潜在的应用和解决方案，培育相关人才，以促进香港金融科技生态系统的健康发展，并推动香港成为亚洲金融科技中心。保监局设立了Insurtech Corner，旨在加速新的保险公司拥有和运营数字分销渠道的申请、成立Insurtech促进团队，并于2017年9月29日发布了Insurtech Sandbox，以便授权保险公司将创新的Insurtech应用程序试运行后再用于正式运营。SFC于2016年3月1日成立金融科技交流中心，以加强与涉及金融科技发展及应用的企业（金融科技）之间的沟通，促进金融科技对现行监管制度的理解，实现有序发展的目标。SFC在2017年9月29日也发布了进行监管沙盒测试的通知，通过豁免遵守《证券及期货条例》部分相关规定进行有条件准入测试，及时识别相关风险，确定合理的商业模式。跨部门金融科技服务。金管局、SFC

和保监局均已推出各自的沙箱，如果一家公司有意对跨部门的金融科技产品进行试点，其可以选择与其预试点业务最为相关的监管机构联系，该相关监管机构将作为主要联系人并协助与其他监管机构联系，以便公司同时进入沙箱进行试点试用。

（2）智能投顾监管框架——监管文件体系

从中观层面的监管文件框架来说，与智能投顾营运活动相关的条例、规范和指引主要有以下几个层面。

第一，原有相关条例、指引和操守准则等规范。主要包括《证券及期货条例》（*Securities and Futures Ordinance*，SFO）。根据SFO第399条发布的各类相关指引，与智能投顾相关的主要包括《证券及期货事务监察委员会持牌人或注册人的管理、监督及内部监控指引》（以下简称《内控指引》）和《监管自动化交易服务的指引》（以下简称《ATS指引》）；《适用于在互联网上宣传或销售集合投资计划的人士指引》（以下简称《互联网CIS指引》）。相关守则，如《证券及期货事务监察委员会持牌人或注册人士操守准则》（以下简称《操守准则》）等。

第二，专门针对网络分销和投资咨询平台（包含智能投顾）颁布的指引文件。2017年5月5日，SFC向公众公布《网上分销及投资咨询平台》（征求意见稿），希望咨询公众意见后制定一部适用于这类在线投资平台的操作指南，指导营运者如何在网络环境中遵守原有监管框架内的基本义务。截至2017年8月4日，SFC收到包括资产管理公司、智能投顾和金融科技公司等相关机构提出的意见书共34份，就网上分销及投资咨询平台的许可、投资产品类型、适合性要求、技术和操作等20个问题进行了讨论。2018年3月28日，SFC公布公众意见及官方回应，公布《网上分销及投资咨询平台指引》（以下简称《平台指引》）最终稿，并于2019年7月6日生效。

第三，与智能投顾从业者行为指引相关的还有基于前述条例、指引和守则的相关解释等，主要包括《网上分销及投资咨询平台指引常见问题解答》《有关触发为客户提供合理适当建议的责任问答集》《有关持牌人或注册人遵守为客户提供合理适当建议的责任问答集》以及《复杂品和非复杂品范围》和《最低限度资料及警告声明》等。

表2-30　　　　　　　　中国香港与智能投顾相关主要监管文件

类别	序号	与智能投顾相关的主要文件
法律规范	1	证券及期货条例
指引①	2	证券及期货事务监察委员会持牌人或注册人的管理、监督及内部监控指引
	3	监管自动化交易服务的指引
	4	适用于在互联网上宣传或销售集合投资计划的人士指引
	5	降低与缓减与互联网相关的黑客入侵风险指引
	6	网上分销及投资咨询平台指引（核心）
守则②	7	证券及期货事务监察委员会持牌人或注册人操守准则
常见问题③	8	有关《网上分销及投资咨询平台指引》的常见问题
	9	有关触发为客户提供合理适当建议的责任的常见问题
	10	有关持牌人或注册人遵守为客户提供合理适当建议的责任的常见问题
通函④	11	致中介人的通函——在网上与客户建立业务关系

注：①②基于SFO第399条和第169条授权制定，非法律文件，不具有实体法上的强制性效力，但是在诉讼程序中会被接纳为证据，成为法官裁判诉争的依据；
　　③④便于规范理解文件。

（3）智能投顾监管范围

《平台指引》第4.1条定义机器人投资顾问（Robo-advice，又称

digital advice 或automated advice，以下均称数字建议）是指为运用算法和其他技术，在网络环境中提供的理财建议。主要分为三类服务：第一类为全自动服务，即通过网络平台提供无人工干预的全自动化投资建议；第二类为顾问支援服务，客户可根据需求通过网络平台选择联系顾问的网上平台；第三类为指导性顾问服务，即由技术工具协助及支援的顾问提供投资建议[1]。结合《平台指引》整体的监管范围和智能投顾章节的特殊设置，香港智能投顾营运者在适用该指引时需要注意以下几点。

①《平台指引》适用主体范围

《平台指引》第1.2条规定持牌人或者注册人在进行受管制活动时，如果涉及通过网上平台提供有关投资产品的交易指示执行、分销或者投资咨询服务，适用于本指引。

第一，持牌人或者注册人身份是智能投顾营运者，并从事SFO中受管制活动，需要向SFC申请相关牌照[2]。第二，《平台指引》监管的网络分销和投资咨询平台营运者范围比现有智能投顾营运者范围更广。例如，《平台指引》规范主体还包括通过社交媒体提供投资产品建议的自然人顾问或者只分销投资产品的非智能投顾平台营运者。即提供相关服务的智能投顾营运者，同时也是网络分销或投资咨询平台营运者（以下简称网络平台营运者），但网络平台营运者并不完全是智能投顾平台营运者。第三，《平台指引》规范提供"由客户直接使用技术工具（客户接洽工具）向客户直接提供的数字建议"服务的营运者[3]。不包括为自然人顾问提供的专业工具或者提供技术支持的营运者。

---

[1]　《平台指引》第4.1条。

[2]　https：//sc.sfc.hk/gb/www.sfc.hk/web/html/TC/sfc_online_portal/online_service.html.

[3]　《平台指引》第4.1条注释。

②整体穿透营运者行为

《平台指引》规范营运者有关投资产品的交易指示执行、分销或者投资咨询三类活动。首先，网络中介平台分为两种情况：第一种是纯粹为中介人与客户之间提供沟通途径的交易指示管理系统，需要遵守哪种规范和指引视情况而定；第二种为该中介网站，独立看不构成进行管制活动（仅提供咨询），但会连接至投资顾问社交或交易执行网站，SFC将会从整体穿透角度，来判断该中介是否以香港投资者为目标进行受管制活动[①]。

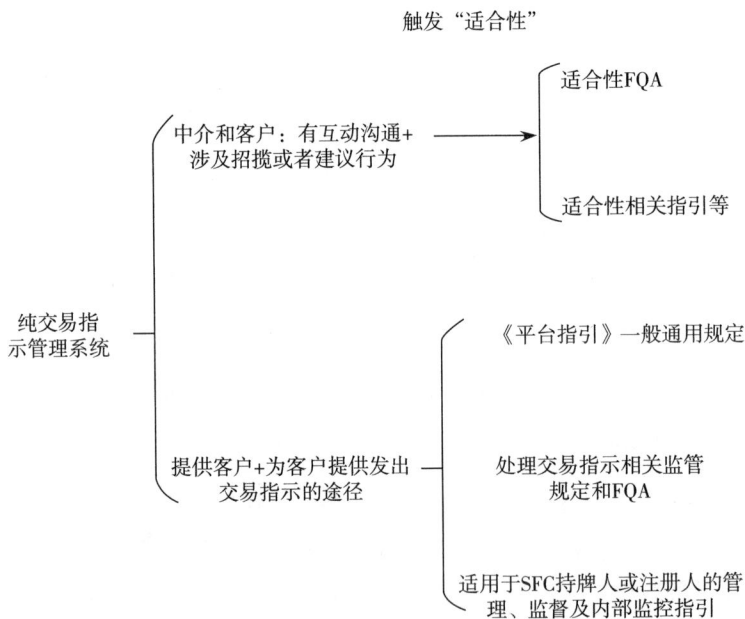

触发"适合性"

中介和客户：有互动沟通+涉及招揽或者建议行为 →
- 适合性FQA
- 适合性相关指引等

纯交易指示管理系统

提供客户+为客户提供发出交易指示的途径
- 《平台指引》一般通用规定
- 处理交易指示相关监管规定和FQA
- 适用于SFC持牌人或注册人的管理、监督及内部监控指引

图2-17 穿透平台所能提供的服务确定基本义务

———————

① 《平台指引》FAQS。

其次，网络平台营运者如果提供《证券及期货条例》界定的自动化交易服务①，则为受SFR管制的第7类活动，也要遵守SFC于2016年9月颁布的《自动化交易服务监管指引》（*Guidelines for the Regulation of Automated Trading Services*，以下简称ATS指南）。

③从投资产品角度确定客体范围

第一，《平台指引》明确指出，其适用范围是提供有关投资产品交易指示执行、分销或者投资咨询活动。香港投资产品包括股票、ETF、认股证、基金、债券、期货及期权、杠杆式外汇投资、结构性产品、人民币产品、房地产信托基金、投资相连寿险、杠杆及反向产品、投资黄金和证监会认可的投资产品名单②。不包括不涉及特定投资产品相关的退休计划计算器③、储蓄目标计算器④、个人理财分析⑤、资

---

① 《证券及期货条例》附表5"自动化交易服务"（automated trading services）指通过并非由认可交易所或认可结算所提供的电子设施而提供的服务，而借该项服务——（a）买卖任何证券或期货合约的要约经常以某种方式被提出或接受，而按照已确立的方法（包括证券市场或期货市场一般采用的方法），以该种方式提出或接受该等要约构成具约束力的交易或导致具约束力的交易产生；（b）人与人之间经常互相介绍或认识，从而洽商或完成任何证券或期货合约的买卖，或在有他们将会以某种方式洽商或完成任何证券或期货合约的买卖的合理期望的情况下经常互相介绍或认识，而按照已确立的方法（包括证券市场或期货市场一般采用的方法），以该种方式洽商或完成该等买卖构成具约束力的交易或导致具约束力的交易产生；或（c）符合以下说明的交易得以更替、结算、交收或获得担保——（i）（a）段提述的；（ii）由（b）段提述的活动而产生的；或（iii）在证券市场或期货市场或在该等市场的规则的规限下完成的，但不包括由政府或代政府营办的法团所提供的该等服务。

② 1.封闭式基金；2.交易所买卖基金；3.杠杆及反向产品；4.与投资有关的人寿保险计划（简称投资相连寿险计划）；5.强制性公积金；6.纸黄金计划；7.集资退休基金；8.房地产投资信托基金；9.结构性投资产品；10.单位信托及互惠基金；11.开放式基金型公司，https：//sc.sfc.hk/gb/www.sfc.hk/web/TC/regulatory-functions/products/。

③ https：//www.thechinfamily.hk/tools/retirement/tc/main/index.jsp.

④ https：//www.thechinfamily.hk/tools/tc/saving.html.

⑤ https：//www.thechinfamily.hk/tools/fhc/tc/main/index.jsp.

产净值计算器①和债务计算器②等理财辅助工具③。第二，仅展示产品的网站或就一般资产类别之间的资产分配提供意见而没有就特定投资产品提供意见和没有提供任何交易指示执行、分销或投资咨询服务的网站，不适用《平台指引》④。

④《平台指引》构建的智能投顾义务框架

首先，《平台指引》在原有监管规范的基础之上基于投资产品交易指示执行、分销或者投资咨询活动所处的网络环境，确立了网络平台营运者应当考虑的六大核心原则，在此基础上强调所有网络平台营运者须重点遵守的适当设计、信息披露和风险管理等一般义务。

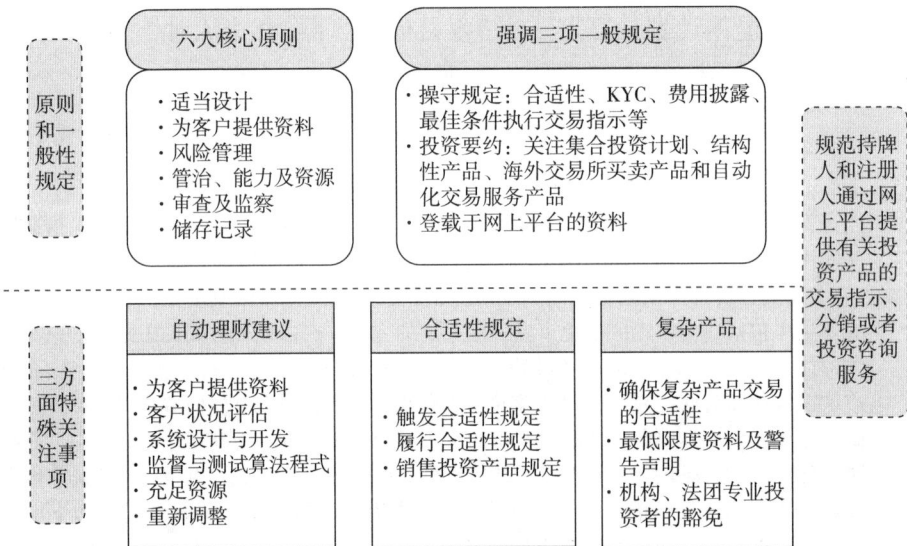

图2-18　《平台指引》对相关营运者义务要求的基本框架

---

① https：//www.thechinfamily.hk/tools/networth/tc/index.html.

② https：//www.thechinfamily.hk/tools/debt/tc/debt.html.

③ 钱家有道为香港投资者在线网络教育网站，https：//sc.thechinfamily.hk/TuniS/www.thechinfamily.hk/web/sc/tools-and-resources/calculators/index.html.

④ 《平台指引》FAQS-Q2。

其次，《平台指引》从服务、产品和合适性义务三个维度出发，考虑智能投顾服务、复杂产品和在网络环境中遵守合适性义务的特殊性（风险），专门提出了更为严格的特殊监管要求。

⑤智能投顾营运者"三重身份"的特殊考虑

第一，智能投顾营运者作为持牌人或者注册人从事受SFO管制活动，需要遵守原有监管框架中的基本义务。例如，《操守准则》或《内控指引》等文件的相关规定。第二，智能投顾营运者作为网络平台营运者，需要基于网络环境的特殊性，遵守《平台指引》中六大核心原则、一般规定、合适性规定和复杂产品相关的规定。第三，智能投顾营运者基于算法输出建议、自动重新调整投资组合等功能的特殊性，需要具备设计和开发符合算法风险管理的系统、监督与测试算法机制和充足的资源，较一般的网络平台营运者还要额外遵守《平台指引》第四章中在客户状况评估、披露义务及系统设计等方面的特殊的义务。

综上，从具体的微观操作层面来说，下文将基于智能投顾营运者"三重身份"，以时间为主轴，结合SFO、《内控指引》《操守准则》《触发适合性FAQS》《遵守适合性FAQS》等文件，将《平台指引》框架进行拆分和重新梳理，就我国香港地区智能投顾的许可、基本业务管理能力和业务行为进行深入分析。

业务管理能力和业务行为二者的逻辑关系类似于自然人权利能力与行为能力关系，只有当智商和年纪达到法定标准，才有资格和能力从事适当的行为并承担相应责任，否则其行为活动的法律效力会有瑕疵。同样，智能投顾的业务管理能力应包含风险管理（包含算法、网络平台风险管理等）能力、内部控制机制、充足资源等。业务行为是对营运者基于业务能力之上的宣传推介行为、信息披露行为、提供合理建议和重新调整行为等。

2. 中国香港地区智能投顾的准入许可

香港投资顾问适用于SFO以及证监会颁布的其他相关规范及指引。《平台指引》指出其适用主体为持牌人或者注册人根据SFO附表5受规管活动内容梳理，受SFO管制的有证券交易、提供资产管理、就证券提供意见等十类牌照（见表2-31）。智能投顾平台涉及的业务有提供投资咨询、投资产品分销和交易执行服务，需要根据服务类别持有不同牌照，主要涉及第1类（证券交易）、第4类（就证券提供意见）、第7类（提供自动化交易服务）和第9类（提供资产管理）牌照。即如果营运者提供包括全权委托服务、提供投资建议在内的较为多样化的智能投顾服务类别，则至少需持有第1类、第4类、第9类三类组合牌照。

根据SFO第114条（1）规定，任何公司在香港经营受规管活动的业务，均须获证监会发牌或注册。任何人如违反该规定，则属犯罪，一经定罪，则根据不同程度单处或并处罚款或监禁[1]。

表2-31　　　　　　　　　　　SFO受管制活动的牌照类别[2]

受《证券及期货条例》管制活动类别			
类别	名称	牌照服务范围	数量
第1类	证券交易	①为客户提供股票及股票期权的买卖 / 经纪服务； ②为客户买卖债券； ③为客户买入 / 沽出互惠基金及单位信托基金配售及包销证券	1247
第2类	期货合约交易	①为客户提供指数或商品期货的买卖； ②为客户提供指数或商品期货的经纪服务； ③为客户买入或沽出期货合约	327
第3类	杠杆式外汇交易	以开展（保证金）形式为客户进行外汇交易买卖	45

---

① SFR第114条（8）。

② http://www.sfc.hk/web/TC/files/SOM/MarketStatistics/c02.pdf.

续表

受《证券及期货条例》管制活动类别			
类别	名称	牌照服务范围	数量
第 4 类	就证券提供意见	①向客户提供有关沽出或买入证券的投资意见；②发出有关证券的研究报告或分析	1291
第 5 类	就期货合约提供意见	①向客户提供有关沽出或买入期货合约的投资意见；②发出有关期货合约的研究报告或分析	155
第 6 类	就机构融资提供意见	①为上市申请人担任首次公开招股的保荐人；②就《公司收购、合并及股份购回守则》提供意见；③就《上市规则》的合规事宜为上市公司提供意见	315
第 7 类	提供自动化交易服务	操作配对客户买卖盘的电子交易平台	24
第 8 类	提供证券保证金融资	为买入股票的客户提供融资并以客户的股票作为抵押品	3
第 9 类	提供资产管理	①以全权委托形式为客户管理证券或期货合约投资组合；②以全权委托形式管理基金	1477
第 10 类	提供信贷评级服务	就公司、债券及主权国的信用可靠性拟备报告	8
合计			4892

注：数据截至2017年12月，包括持牌法团、视作已获发牌的法团及短期持牌法团。

2018年3月28日，SFC发布的《网上分销及投资咨询平台指引常见问题解答》（以下简称《平台指引FAQ》）指出，如果境外营运者并非在香港营运，即表示其并无在香港经营受规管活动的业务。但是假如该营运者显示自己在香港经营该类业务或其积极向香港公众推广构成经营该类业务的服务（不论是由其自行或由其他实体代为在香港或从其他地方推广），可能触发发牌规定[1]。

---

① 《网上分销及投资咨询平台指引常见问题解答》Q1。

3. 智能投顾营运者基本业务能力要求

（1）智能投顾营运者的管治、能力和资源要求：基本风险管理能力

《平台指引》要求网络平台（含智能投顾）营运者以适当的技能、小心谨慎和勤勉尽责的态度营运网上平台。管治、能力和资源是《平台指引》核心原则之一[①]，主要对平台运营的初始业务能力和总体持续性运营方案进行了指引，主要包括以下几方面：第一，技术和人力资源要求。营运者应确保至少有一名负责人或者主管人员负责网上平台的整体管理及监督。第二，交易、技术及风险合规部门协同制定书面内部控制政策程序。明晰相关岗位设置和最低合规要求、相关部门共同编写内部制度和程序规范，明确重要流程汇报框架和审批权限、动态识别与管理风险的监督方案。第三，根据监管动态，完善内部政策和程序，并定期对其进行执行有效性测试，及时对新识别的风险提出缓释措施和对发现的问题进行纠正。

表2-32　　　　　　　　　　网络平台营运者基本业务能力要求之一

	基本控制目标		具体措施			依据
核心原则之二：管治、能力及资源	平台营运者应确保设有稳健的管治安排，以监察其网上平台的营运，并应备有充足的人力、技术及财政资源，以确保其网上平台的业务妥善营运	①制定内部控制制度和程序	平台营运者应就其网上平台的营运订立并实施书面内部控制政策及程序，以确保：	①岗位设置	至少有一名负责人或主管人员负责网上平台的整体管理及监督	2.5（ⅰ）
				②共同编写制度与程序	在交易、资讯、科技、风险及合规部门共同参与下制定正式的管治程序	2.5（ⅱ）
				③明晰审批权限	设有清楚界定的汇报框架，将监督和汇报职责指派予合适的职员执行	2.5（ⅲ）
				④动态监控风险	有管理监控措施及监督管制措施，用以管理与使用网上平台相关的风险	2.5（ⅳ）

---

① 本文核心原则部分同时适用于智能投顾和网络分销平台。

续表

基本控制目标		具体措施		依据
核心原则之二：管治、能力及资源	平台营运者应确保设有稳健的管治安排，以监察其网上平台的营运，并应备有充足的人力、技术及财政资源，以确保其网上平台的业务妥善的营运	②根据监管动态完善制度和程序，并定期进行有效性测试	平台营运者应进行定期检视，以确保这些内部政策及程序能配合监管发展，并从速对任何已识别的不足之处作出纠正	2.5
		平台营运者在营运其网上平台时，应确保有充分的技术资源，以保障数据的稳健性及满足当前和预测的营运需求	保护机密的客户资料	
			确保系统容量	

（2）网络及数据安全风险管理能力要求

《平台指引》主要就网络平台系统的可靠性和安全性风险提出了风险管理指引。主要包括：第一，系统的可靠性。包含平台应用前的测试、运行中的动态管理和事件后的汇报要求。第二，制订书面应变计划。该计划应在审慎识别和管理相关风险的基础上制订。包括设有后备设施、数据离线备份、定期测试、故障纠正、通知客户和有效应对SFC的检查等要求。

表2-33　　　　　　　　《平台指引》对系统可靠性和安全性的要求

风险类别	控制目标		具体控制措施	依据
核心原则之三：风险管理（网络及数据安全风险管理）	系统的可靠性	①平台动态测试	平台营运者应确保其网上平台及对网上平台的所有改动在应用前经过测试，并定期监测，以确保网上平台及其改动的可靠性	2.4（i）
		②事件汇报	平台营运者应从速向SFC汇报与其网上平台有关的任何重大的服务中断或者其他重要问题	2.4（ii）

续表

风险类别	控制目标	具体控制措施		依据
核心原则之三：风险管理（网络及数据安全风险管理）	适当的应变措施	③书面风险应变计划	平台营运者应审慎地识别及管理相关风险（包括任何预期之外的结果），并设有适当的应变安排。有关安排应包括书面应变计划，以处理与网上平台有关的紧急情况及干扰事故，应变计划至少包括：	设有适当的后备设施或其他在紧急情况下执行交易指示的安排	2.4（iii）（a）
				设立安排以确保业务记录、客户及交易数据、服务器及证明文件均在离线媒介设有备份。在办公室以外地方的储存一般须设有妥善的保安措施	2.4（iii）（b）
				制订计划，以便由经过培训的员工处理客户及监管当局的查询	2.4（iii）（c）
		④定期测试计划	应定期测试用以处理潜在紧急情况及干扰事故的应对计划，以及确保有关计划是可行及足够的		2.4（iv）
		⑤故障纠正与通知	如网上平台出现重大延误或者故障，平台营运者应及时：	确保有关重大延误或故障得以纠正	2.4（v）（a）
				通知客户重大延误或故障的原因或者潜在原因，及将会如何处理客户的交易知识	2.4（v）（b）
	系统的安全性	⑥遵守SFC技术指引	应参阅SFC不时就网络安全发出的指引	如不时修订的《降低及缓释与互联网交易相关的黑客入侵风险指引》	2.4（vi）

第三，保障系统安全性。系统安全维护具体维护措施可以参考《降低及缓释与互联网交易相关的黑客入侵风险指引》（以下简称《防黑客指引》）。该指引对互联网交易账户、基础设施的保护管理及监督和网络安全管理和监督提出了具体的风险缓释措施，其中包含对客户互联网账户的双重认证方案、密码设置方案、数据加密方案、第三方服务供应商风险控制方案和内部控制审查和审批方案等（见表2-34）。

表2-34　　　　　　　　　　　　　　《防黑客指引》要点摘要

链接	控制目标		具体控制措施
参照《平台指引》2.4条技术指引，保障平台系统安全性（非强制性规范）	保护客户的互联网交易账户	双重认证	应评估和实施双重认证方案，就客户的互联网交易账户的登录实施双重认证
		实施监察和监督机制	应实施有效监察和监督机制，以侦测未经授权接入客户账户的情况
		即时通知客户	登录系统、重设密码、执行交易、向第三方账户转移资金、更改客户和账户相关资料应通过电子邮件、短信或其他方式通知
		数据加密	交易数据等敏感资料传输加密，保护储存客户互联网交易系统的登录密码
		保护客户的登录密码	制定政策和程序，保证客户启动和重设登录密码在安全环境下发送给客户
			登录密码应随机产生，并发送给客户，途中防止被人为篡改。如并非系统随机产生，应有足够的安全措施弥补
		严格密码政策及网页超时监控	系统内设严格密码政策及网页超时检测，包括限制最短密码长度、向长期未更改密码客户发出定期提示、最低密码复杂程度、重复旧密码必改、无效登录监控、网页闲置一段时间被设定为已超时
	基础设施保护管理及监督	配置安全的基础设施	设有多重防火墙的隔离措施，来配置安全的网络基础设施，以保护互联网交易和交收等关键系统和客户数据免受网络攻击
		使用者接入标准	制定政策和程序，确保经核准和有需要的人接入使用系统，并至少每年检视互联网交易、交收系统、数据库列表，保证前述实现目标
		远程连接的安全监控措施	远程连接内部网络须经许可，且实施保护监控措施
		修补管理	监察软件提供者发布的修补程序，并在评估和测试完成一个月后执行
		端点保护	及时执行和更新防毒和抗恶意软件解决方案，以监测关键系统的恶意软件攻击
		授权安装	实施保护措施，以防硬件和软件在未经授权情况下安装
		实体安全	应制定实体安全政策，确保关键系统组件处于安全环境下，防止有人未经授权实际接触寄存在互联网系统及关键系统的组件设施
		系统及数据备份	应至少每天将其业务记录、客户交易数据库、服务器及证明文件在离线状态下进行备份
			采纳适当的恢复方法，使重大系统变更得以成功还原

续表

链接	控制目标	具体控制措施	
参照《平台指引》2.4条技术指引，保障平台系统安全性（非强制性规范）	基础设施保护管理及监督	网络保护情景的应变计划	危机管理程序尽努力涵盖可能的网络攻击情景（如分散式阻断服务攻击），及业务记录和客户数据因网络工具（例如勒索软件）而完全毁损情况
		涵盖互联网交易的第三方服务	持牌人或注册人如将任何与其互联网交易有关活动外包给第三方，应与外包供应商订立正式的《服务协议》，当中明确服务条款和供应商责任。确保外包供应商符合《行为守则》第18条和附表7要求。《服务协议》适时作出修改，以反映任何变更和符合监管要求
	网络安全管理及监督	管理层角色及责任	审查和审批网络保护风险管理政策和程序、资源的预算及开支
			安排定期就整体网络风险管理框架进行自我评估
			审查网络事故报告机制上报的重大事件
			审查内部和外部稽查及网络安全检查所识别出的重大发现；批准补救行动及监察有关工作直到行动完成为止
			监察及评估最新的网络保护威胁及攻击
			审查和批准业务延续计划、应变策略和互联网交易有关第三方服务供应商协议及合约
		网络安全事故报告	制定书面政策和程序，明确网络安全事故应以何种方式向内（如互联网交易负责或主管人员）和向外（客户/SFC/其他机构）报告
		内部系统使用者的网络安全意识培训	至少每年向所有内部系统使用者（可接入持牌人或注册人内部网络和系统的雇员等）提供足够的网络安全意识培训，课程内容应考虑其所面对的网络安全风险类别和水平
		向客户发出网络安全警示及提示	应采取合理步骤，就网络安全风险及有关使用互联网交易系统的建议预防和保护措施向客户发出提示和警示

注：根据SFC《降低及缓释与互联网交易相关的黑客入侵风险指引》制作，并非详尽和准确，具体条款详见原文。

（3）算法风险管理能力要求

算法的治理和监督能力是《平台指引》专门针对智能投顾营运者的要求。主要分为三个方面：第一，算法的初始设计与开发要求；第二，算法运行阶段的动态管理；第三，实现前述两个目标的充足资源要求。

第一，算法系统的设计与开发要求可以总结为三个词，即满足"合规、合理和记录"三大要求。"合规"要求算法设计及运作符合《操守准则》要求，例如，符合诚实、公平、勤勉尽责、遵守法规等一般性原则的标准和为客户提供资料、客户交易有限处理等具体规定。尤其是要符合《操守准则》第18条"电子交易"的相关要求，包括持牌人和注册人对交易指示的责任、管理及监督义务，保证系统充足性义务，互联网交易和直达市场安排的风险管理、客户管理要求和程序测试、买卖和风险管理等要求。还要符合附表7规定的系统充足性（监控、可靠性、安全性、容量和应变措施）、储存记录和测试等额外规定。"合理"是指算法有具备提供合理、适合建议的功能，包括有能力获取客户资料的KYC程序，客观且公正地为客户匹配适合建议的能力。"记录"指算法相关的设计、开发和修改流程应适当记录。

第二，算法运行阶段监督和测试的动态管理。这主要体现为营运公司内部算法控制管理政策和程序的制定，以及有效执行。具体来说分为以下几个步骤去实现：首先，制定算法监督和测试政策与程序。包括各类测试程序、缺陷纠正程序、定期测试"合理意见"程序、修改算法程序和第三方服务供应商选择和监督程序等；其次，设定相关岗位，让具备合适资格的人定期测试前述程序，判断算法是否修改和保证所制定政策和程序的有效执行，以确保算法可以提供合理建议，发现问题应及时采取措施应对。例如，如果检测到算法出现错误时及时采取措施纠正问题，以及制定监控措施，必要时停止提供意见和服务①。

第三，充足资源要求体现在三点，即人力资源要求、培训要求、技术资源和基础设施要求。首先，人力资源方面，除了《操守准则》附表7规定电子交易平台应至少有一名负责人员或主管人员负责电子交

---

① 《平台指引》第4.9（h）条。

易系统的整体管理及监督外，《平台指引》还要求有足够的了解算法程序、运作和风险管理专业知识的人员，参与算法设计、运作和测试等工作。其次，相关使用智能投顾工具的员工应受到足够的测试和培训，最后，应确保有充足的技术和最新的基础设施，以保证网上平台的妥善运作。

表2-35　　　　　　　《平台指引》对智能投顾营运者算法治理能力要求

算法风险管理能力	基本目标	具体措施		要求
算法的治理和监督	智能投顾营运者必须对智能投顾的算法、设计、开发、应用、运作及测试，进行有效的管理及充分的监督	系统设计与开发	确保所有的算法程序的设计及运作符合相关的操守规定,包括《操守准则》第18条(电子交易)及附表7以及任何有关指引（如适用）	4.8（a）
			确保算法可通过KYC程序取得所有关于每名客户的相关资料，并使用客观的准则得出与客户个人情况相配的、合适的投资产品的投资建议，并且以不偏不倚的方式运作。包括确保所有的算法不应被设定为会引导客户选择智能投顾及其关联人员可收取较高佣金或其他形式的酬金的个别投资产品	4.8（b）
			确保算法设计、开发和修改保留适当的文件记录，包括有关算法设计、开发及修改的依据，以及算法预期达到的效果、目标和范围	4.8（c）
		监督与测试算法程序	制订书面计划、详述对算法进行测试的范围和策略（包括测试计划的设计与落实、挑选测试个案、测试结果的处理和缺陷纠正程序）	4.9（a）
			制定保护措施，防治监测算法未经授权而使用的情况	4.9（b）
			算法在应用及其后作出任何开发或修改前，对算法进行测试以评估有关方法（包括任何所作假设）是否合适，所输入的数据能否涵盖预期出现的各种情况，及结果是否符合智能投顾的预期	4.9（c）

续表

算法风险管理能力	基本目标	具体措施		要求
算法的治理和监督	智能投顾营运者必须对智能投顾的算法、设计、开发、应用、运作及测试，进行有效的管理及充分的监督	监督与测试算法程序	制定健全的政策和程序以监察和检测算法程序及其可以给客户提供意见的合理性（例如由合适资格的人定期抽样测试，以保证所制定政策和程序的有效执行）	4.9（d）
			有适当的政策与程序让具备合适资格的人管理、监督、检讨及在合适情况下修改算法程序（例如在出现市场或监管变动时）	4.9（e）
			以适当的技能、小心谨慎和勤勉尽责的态度选择和监督包括开发、管理和白标在内的任何外包服务供应商	4.9（f）
			定期检测意见。当算法作出修改时，应安排合适资格的人进行适当测试，以确保提供意见的合理性	4.9（g）
			检测到算法出现错误时及时采取措施纠正问题，以及制定监控措施，必要时停止提供意见和服务	4.9（h）
		充足资源	应确保有足够的且对技术、运作及算法程序（包括算法背后的理论、风险及规则）有充足的专业知识和了解，以及会紧密参与算法的设计、开发和持续监督算法运作的员工	4.10
			应向所有使用智能投顾的员工，提供足够的培训或测试	4.11
			应确保有充足的技术资源和最新的基础设施，以支援网上平台的妥善运作（包括对算法进行修改而引起的任何系统要求）	4.12
		重新调整	业务行为部分详述	4.13~4.15

（4）审查和监察机制要求——风险动态识别和管理措施优化

根据规定，平台营运者对其提供的服务应有系统的审查和监察机制，主要包括以下几点：第一，审查程序的合理性。营运者应定期审查的内容包括客户端与产品端风险匹配程序设计的合理性，算法输出或者调整建议的合理性。第二，审查程序的执行情况。营运者应当有具备合适资格的人对程序的执行进行抽样检查及测试，确认是否有执行缺陷。第三，审查频率每年至少一次，且根据内部和外部环境的重大变化动态审查。第四，程序和执行缺陷整改。对程序合理性和执行缺陷的审查结果实施必要的整改和完善措施。第五，外包服务供应商管理。以适当的技能、小心审慎和勤勉尽责的态度挑选、委任及持续监督等外包服务供应商。

表2-36　　　　　　　　　《平台指引》审查和监察行为指引

	基本控制目标	具体控制措施（包括但不限于）			依据
核心原则之五：审查及监察	平台营运者应对在网上平台进行的所有活动进行适当审查，作为其持续监管及监察责任的一部分	①定期与临时审查	定期审查及在适当时（例如发生重大市场事件）进行特别审查。定期审查应至少每年进行一次		2.6
		②审查内容	有关定期审查应涵盖在网上平台进行且与网上平台的设计及营运有关的所有活动，包括：	①程序设计的合适性	任何客户状况评估、投资产品挑选和风险状况评估及合适性评估的程序及结果
				②算法输出和调整建议的合理性	由所运用的算法得出的任何建议或意见（包括任何推介的标准投资组合）及曾作出的任何重新调整的合理性
				③程序执行检查	定期审查应包括由具备合适资格的人员进行的抽样检查及测试
				④进行整改	应设有政策和程序及跟进任何审查结果及实施任何必要的改善措施
		③外包供应商的选择与监督	如果任何职能外包给外界服务供应商，平台营运者应以适当的技能、小心审慎和勤勉尽责的态度挑选、委任及持续监督等外包服务供应商，以确保被外包中的职能妥善执行		

4. 智能投顾营运者的基本业务行为要求

（1）遵守产品宣介行为规范

与ASIC和MAS最大不同之处在于，SFC对营运者网络平台分销和提供智投服务应关注的平台宣传介绍提出了具体的行为指引。网络平台信息有易获取、客户范围广、快速传播和易变化等特点。层出不穷的新技术、新模式、新界面、新词汇造就了庞大和复杂的互联网金融平台信息链，继而产生了金融服务者和零售客户间新的信息不对称。故出台专门针对网络平台信息的风险管控指引，以达到保护投资者的目的有其必要性。《平台指引》主要是通过援引原有规范来对网络平台营运者的登载广告、研究报告以及其他有关投资产品的材料等宣介和披露行为进行指引。主要须遵守的原有规范包括SFO第108条、第107条、第277条和第298条等，如果受管制主体对投资产品的广告做失实陈述可能会招致民事和刑事法律责任，披露虚假或误导性资料诱使他人进行交易，可能会构成SFO定义的失当行为，承担民事或刑事法律责任。

（2）遵守适合性义务

根据《操守准则》第5.2条规定，持牌人和注册人经考虑其所察觉的或经适当查证后理应察觉的关于客户的资料后，持牌人或注册人在作出建议或招揽行为时（即触发适合性责任），应确保其向该客户作出的建议或招揽行为，在所有情况下都是合理的[①]。持牌人和注册人就投资产品提供交易指令执行、分销或者投资咨询服务，均应遵守该规定。具体要点包括：认识你的客户；了解向客户推介的投资产品（产品尽职调查）；将每名客户的个人情况和向其推介的每项投资产品的风险回报进行匹配，从而提供合理适当的建议；向客户提供所有重要

---

① 《操守准则》第5.2条。

的相关资料并协助他们作出有根据的投资决定；聘用胜任的职员及提供适当的培训；以文件载明及保留向每名客户作出的每项投资建议的依据。具体来说有以下几个核心模块。

①智能投顾营运者应执行"认识你的客户"程序

根据《操守准则》第5.1条认识你的客户（Know You Client，KYC）要求，无论持牌人或注册人是否作出招揽行为或建议，均有责任向客户取得资料以确定其财务状况、投资经验及投资目标。

原有监管的KYC程序。《合适建议》FAQS对KYC流程做了更为细致的指引，其要求持牌人或注册人需要尽合理努力搜集客户信息，并进行动态跟踪。其中包括客户的年度收入、速动资产或资产净值，以评估客户的财务状况；客户曾投资的投资产品种类，以及投资该等产品的期间，以评估客户的投资经验；投资目的（例如赚取收入保本），以评估客户的投资目标；除了基本的KYC流程，《合适建议》FAQS还对视情况而定的进一步KYC；客户如果提供资料不完整，通知和要求客户澄清；解释缺乏完整资料的固有缺陷；资料持续更新和采取各种方式评估客户风险容忍度；客户真实身份的确认和客户分类等行为进行了指引（见表2-37）。

表2-37　　　　　　　　　　原有监管框架内的KYC流程

阶段	遵守具体措施（原有监管要求）		依据
一般 KYC 程序	① KYC 程序	1. 年度收入、速动资产或资产净值，以评估客户的财务状况	《合适建议》 FQA~Q2
		2. 客户曾投资的投资产品种类，以及投资该等产品的期间，以评估客户的投资经验	
		3. 投资目的（如赚取收入保本），以评估客户的投资目标	

续表

阶段		遵守具体措施（原有监管要求）	依据
一般KYC程序	②进一步KYC流程	4. 客户的投资知识、投资期、承受风险能力（包括亏损风险）	《合适建议》FQA~Q2
		5. 其提供定期还款和额外抵押的能力（如适用）	
	③尽合理努力搜集	6. 持牌人或注册人应尽合理努力搜集客户信息，除非他们察觉该资料不准确	
	④资料不完整的通知与澄清	7. 如果提供矛盾或不完整资料，应通知客户，并于进行适合性评估前要求客户澄清	
	⑤解释建议缺乏完整资料的固有限制	8. 根据KYC资料，评估客户风险态度和期望→客户有限披露→以至未能适当评估→应向客户解释所提供的建议因资料缺乏而出现固有限制	
	⑥动态管理	9. 每名客户资料应妥善记载（如适用）及持续更新	
	⑦采取不同方式评估客户对风险的态度	10. 与客户口头讨论，并辅以风险评分机制问卷对讨论作出补充	《合适建议》FQA~Q3
		11.持牌人应特别注意问题的设计及相关的评分机制，例如，各项问题以及每个问题可能答案的清单以及评分机制，以准确反映客户的个人情况	
		12. 不应要求客户以某种方式作答，从而得到评估得出的风险承受水平与其向客户推介的产品的风险相称	
	⑧确认客户身份	13. 应采取一切合理步骤，以确定每位客户的真实身份和全部身份。包括但不限于身份证/护照连同已经签署的客户协议；身份证明文件、香港银行账户签发的不少于1万港元的支票，并载有客户身份证明文件上的姓名、支票本人签名等	《操守准则》5.1
	⑨客户分类	14. 根据客户对衍生产品的认识将客户分类，且针对推荐的不同类别产品遵守不同行为准则	《操守准则》5.1A
	⑩KYC：衍生产品	15. 持牌人或注册人就衍生产品（包括期货合约或期权）或杠杆式交易向客户提供服务时，应确保其客户已经明白该产品的性质和风险，并有足够的净资产来承担因买卖该产品可能招致的风险和损失	《操守准则》5.3

Ⅱ.《平台指引》对智能投顾营运者KYC程序特殊要求

依据原有监管的KYC要求，基于智能投顾平台的网络环境和原有KYC监管要求，《平台指引》提出以下几点特殊要求：首先，问卷等评估工具应当拥有搜集客户足够资料和提供合适意见的功能。包括平台允许客户额外说明个人情况的流程设计。其次，如果客户提供资料存在矛盾或者不一致情况，应当有弹窗提醒流程设计和返回重新更改设计，且营运者可在后台程序中对这种不一致进行跟踪与分析。最后，注意风险问卷评估工具的问题设计和评分机制，均需要以准确反映客户个人情况而构思。

表2-38   《平台指引》对智能投顾营运者遵守KYC义务的特殊要求

KYC 阶段	《平台指引》具体措施		依据	对应原有 KYC 流程
对智能投顾平台营运者KYC流程特殊要求	运用问卷等客户状况评估工具，作为 KYC 程序的一部分应确保该评估工具的设计能够获得客户足够的资料，以便按照客户个人情况提供合适的意见	客户状况评估工具/问卷设计应容许客户有机会作出额外说明及背景资料（如适用）	4.5	①②③
	应设有妥善的机制，以便在客户提供的资料中识别不一致的情况，并寻求做出纠正	可通过弹出式视窗提醒客户该不一致的情况	4.6	④
		给予客户更改已输入资料的机会		⑥
		营运者可在内部标示出任何不完整和不一致的资料以做检讨及跟进		⑤
	如运用风险评估问卷来评估客户状况，应注意问题及背后的评分机制的设计；且该问题及评分机制为准确反映客户的个人情况而构思		4.7	⑦

②智能投顾营运者应执行产品尽职审查程序——知道你的投资产品

Ⅰ.遵守"了解投资产品"流程

《平台指引》核心原则要求平台营运者以适当的技能、小心审慎和勤勉的态度提供投资产品[1]。为客户提供合适建议另一关键流程就是对向客户推介的产品进行尽职审查。《合适建议》FAQs对资产端的评估措施做了详细的指引，尽职审查内容可以概括为"了解、评估、个性匹配、记录、动态"五个词。

表2-39　　　　　　　遵守"知道你的投资产品"流程

阶段	流程	具体措施			依据
了解向客户推介的投资产品（产品尽职调查）	了解指定的投资产品及关键指标	除了需要了解投资产品的性质和风险外，还需要根据向客户提供投资产品的性质、考虑市场及行业的风险及政治环境、监管限制以及任何可能会直接或间接影响相关投资的风险回报和投资增长前景的因素			《合理建议》FQA~Q4
	对合理获得的相关资料公平、持平、全面评估	持牌人和注册人应进行本身的产品尽职调查，并在顾及所有适合和可合理获得的相关资料进行公平和持平的评估后，对产品作出评估。由独立研究公司所发出的风险评级或由信贷评级机构所编配的信贷评级，只是进行产品尽职审查的其中一项考虑因素			
	个性匹配考虑	可根据投资产品的性质和风险程度，而采纳相对称的做法来进行产品尽职审查及文件记录尽职审查工作	子流程	非交易所产品	交易所产品	
			了解	尽职审查涉及持牌人或注册人透彻理解非交易所买卖产品，例如，投资产品的结构、运作方式、其下投资项目的性质、承受风险的程度、产品发行人、担保人（如有）及服务提供者的经验、财务状况及声誉、投资该投资产品需要的费用、投资产品的相关表现及流通性、禁售期、终止条款、估值及单位定价以及妥善保管的安排	持牌人或注册人应对推介给客户的投资产品有透彻的了解。就交易所买卖产品而言，这包括了解不同类别的交易所买卖产品的风险和特性。某些交易所买卖产品类别（如衍生权证、牛熊证以及杠杆和反向产品）可能较其他产品具有更高的风险水平	

注：表格子流程和了解行对应非交易所产品/交易所产品两列。

---

[1]　《平台指引》第2.2条。

续表

阶段	流程	具体措施				依据
了解向客户推介的投资产品（产品尽职调查）	个性匹配考虑	可根据投资产品的性质和风险程度，而采纳相对称的做法来进行产品尽职审查及文件记录尽职审查工作	评估	在适当的情况下，持牌人或注册人应就有关投资产品的固有风险，向产品发行人作出查询，借以获得详尽的解释。SFO 并不建议持牌人或注册人只依靠投资产品发行章程、发售通函或推广资料内所载的资料，并将该等资料视作为必然足以及可自行说明一切的资料	持牌人或注册人可根据不同类别的交易所买卖产品的复杂性、缺乏透明度的情况、风险及流通量，进行相对称的产品尽职审查	《合理建议》FQA~Q4
			匹配	就推介该产品匹配准则取得高级管理层的批准	匹配准则不必须要求经高管批准	
			记录	持牌人或注册人应以文件记录他们对产品所作出的核实工作及查询、挑选产品的准则、产品在哪些方面被认为适合不同风险类别的投资者	就尽职审查工作备存相符的文件记录	
	动态尽调	持牌人或注册人应就有关投资产品的性质、特性及风险，确保每隔一段合适时间进行持续的产品尽职审查				

"了解"即指持牌人或注册人需要了解向客户提供投资产品的性质和影响风险回报与投资增长前景因素的关键指标。

"评估"即指持牌人或注册人对获得的合理的相关资料进行公平、客观且全面的评估。

"个性匹配"机制和"记录"尽调流程，即面对不同风险类别的产品进行不同的了解、评估考虑与客户的匹配准则和记录等相关流程。例如，对于非交易所产品的了解需要达到透彻理解程度，即需要穿透产品本质综合评价与其风险水平相关的任何关键指标，主动获取可作为风险评估基础的一切资料，该产品与客户进行合适性匹配的准则需要经高管层批准，且必须对尽调的了解、评估和匹配考虑流程进行文件记录。对于交易所产品持牌人或注册人，应对产品复杂性、缺乏透明度的情况、风险及流通量，进行相应的产品尽职审查，了解不同类别产品风险即可，并且记录只做与尽调备存相符的文件记录即可，匹配准则并非必须经高管层批准。对于交易所和非交易所产品，整体"了解、评估和匹配"三方面的尽调要求的程度均有所不同。

"动态"尽职审查，即无论是哪一种类型的产品，前述的"了解""评估""个性匹配"机制和"记录"尽职审查流程都需要定期进行动态跟踪与持续更新。

Ⅱ．"复杂投资产品"的识别

"了解投资产品"，除了产品尽职审查流程外，还需要在此基础之上对产品进行详细分类，以更好衔接一般KYC流程第⑧点的客户分类标准，而向不同种类客户提供更加合适的建议。主要类别有复杂产品和非复杂产品、指明司法管辖区的名单下的交易所买卖产品、非交易所买卖的非认可基金和非指明司法管辖区内的交易所买卖和非交易所买卖等。

《平台指引》第6.2条规定平台营运者应以适当的技能、小心谨慎和勤勉尽责的态度来厘定某项产品可否被视为非复杂和复杂产品[①]。其中，复杂产品是指由于结构复杂，致令其条款、特点及风险在合理情况下不大可能会被零售投资者理解的投资产品（见表2-40、表2-41）。

---

① 《平台指引》6.1。

表2-40 　　　　　　　　　　　SFC复杂投资产品判定条件

用以判定某投资产品是否复杂的因素			依据
输入	判定条件	输出	
投资产品	该投资产品是否为衍生产品	定期更新复杂产品和非复杂产品清单	《平台指引》6.1
	是否有第二市场可供该投资产品按公开价格买卖		
	是否就该投资产品向零售投资者提供足够及具有透明度的资料		
	是否存在损失大于资金额的风险		
	该投资产品是否有任何特点或条款可从根本上改变投资的性质或风险或支付形式，或是否有任何特定特点或条款包含多个可变因素或复杂的计算公式以厘定有关回报。举例而言，投资产品附有让投资产品发行人将产品转换成另一项投资的权利		
	该投资产品是否有任何特点或条款，使投资失去其流动性或难以估值		

表2-41 　　　　　　　　　　　SFC复杂投资产品示例

根据判定某投资产品是否复杂的因素输出结果		
非复杂投资产品		在联交所①买卖的股份
		非复杂债券，包括不具有其他特点的可赎回债券
		SFC 根据《单位信托及互惠基金守则》认可的非衍生产品②基金
		在联交所买卖的 SFC 认可房地产投资信托基金
		SFC 可能不定期指明的任何其他投资产品
复杂投资产品	在交易所买卖的衍生产品	于期交所③买卖的期货合约
		于联交所买卖的股票衍生工具（如衍生权证、牛熊证及上市认股权）
		SFC 认可及联交所买卖的合成 ETF 及期货 ETF
		SFC 认可及联交所买卖的杠杆及反向产品
		SFC 可能不时指明的任何其他投资产品
	其他复杂产品	复杂债券。复杂债券是指具有某些特点的债券（包括但不限于），属于永续性质或后偿性质的债券，或具有浮息或延迟派付利息条款、可延迟七日，或属可转股或可交换性质或具有或然撤减或弥补亏损特点的债券，或具备非单一信贷支持提供者及结构的债券或由一项以上特点组成的债券
		SFC 根据《单位信托及互惠基金守则》认可并属于衍生产品④基金的基金

续表

根据判定某投资产品是否复杂的因素输出结果		
复杂投资产品	其他复杂产品	SFC 根据《单位信托及互惠基金守则》第 8.7 条认可的基金（即 SFC 认可的对冲基金）
		SFC 认可的非上市机构性投资产品（包括 SFC 认可股票挂钩存款、股票挂钩投资工具 / 投资等）
		其他并非在交易所买卖的结构性投资产品
		证监会可能不时指明的其他投资产品

注：①香港联交所有限公司。

②非衍生产品基金或ETF为期于衍生产品投资不超过《单位信托及互惠基金守则》就第7章基金（普通基金所定的整体上限的基金；SFC打算根据按承诺额计算方法将该上限设定为资产净值的50%。

③香港期货交易所有限公司。

④衍生产品基金为于衍生产品投资超过《单位信托及互惠基金守则》就第7章基金（普通基金所定的整体上限的基金；SFC打算根据按承诺额计算方法将该上限设定为资产净值的50%。

　　SFC使用"判定条件+举例"来指导营运者判断某一产品是否是复杂产品，但并未详尽。SFC在FAQs中进一步指引营运者如何判断产品复杂与否。

　　判断联交所以外的交易所产品的复杂性。如果其他地区交易所买卖产品同时达到两个要件，即可视为非复杂产品：①该产品与表2-41所列的非复杂产品属于同一类；②该产品是在SFC指明司法管辖区内的交易所买卖。例如，一般可以将在美国交易所买卖的股票或者ETF可被视为非复杂产品①。

　　判断未经SFC认可的基金的复杂性。未经SFC认可的公众基金符合以下要件即可视为非复杂产品：①非衍生产品基金；②在指明管辖区

---

① 《平台指引》FAQS-Q28。

内或认可或核准向公众发售，例如，未获SFC认可但获认可或核准向卢森堡零售投资者发售的普通可转让证券集体投资计划（Undertakings for Collective Investment in Transferable Securities，UCITS），则可能属于非复杂产品①。但是，衍生产品基金不论是否获取证监会的许可，一律属于复杂产品。

表2-42　　　　　　　　　SFC指明司法管辖区及产品类别名单②

指明司法管辖区的名单	交易所买卖产品	澳洲、奥地利、比利时、巴西、加拿大、丹麦、芬兰、法国、德国、印度、爱尔兰、日本、韩国、卢森堡、马来西亚、荷兰、新西兰、挪威、菲律宾、新加坡、西班牙、瑞典、瑞士、中国台湾、泰国、英国、美国
	非交易所买卖的非认可基金	澳洲、法国、德国、根西岛、爱尔兰、曼岛、泽西岛、卢森堡、中国大陆、马来西亚、瑞士、中国台湾、英国、美国

③客户端和产品端匹配：触发适合性和遵守适合性规定

匹配流程需要考虑两个问题，即是"是否需要匹配"和"如何匹配"。"是否需要匹配"则需要解决与客户的相互沟通中是否"触发了适合性"的问题，如果仅向客户搜集资料而没有对客户有进一步招揽和建议行为，则后续"遵守适合性"流程就无从说起。所以，是否需要遵守适合性，对前述已评估的①与②进行匹配，首先就需要判断持牌人和注册人行为是否"触发适合性"。触发了适合性行为后，就必然需要遵守适合性规定。

Ⅰ. 触发适合性

SFC通过几类标准的触发适合性判定条件，通过评估产品材料在网上智投/分销平台登载的整体呈现方式及其内容，以及内容设计和

---

① 《平台指引》FAQS-Q28。
② 截至2018年3月28日。

营造的整体印象，来判断营运者是否触发适合性，并根据市场的动态变化，基于标准化的判定条件（见表2-43）输出触发适合性典型行为（见表2-44）。

首先，SFC动态更新的触发适合性典型行为示例（见表2-44）拥有以下共性特征：第一，可能会影响客户购买或者出售特定投资产品通过登载、展示和对比等方式传达给客户带有倾向性信息的行为。第二，前述行为对象为特定或者特定范围（如投资产品列表）的投资产品。第三，行为发生在与特定或特定范围的客户相互沟通过程中。举例来说，如果表2-44中的①②③⑥只是平台面向所有零售客户的一般登载、展示或对比，并未向特定或特定范围的客户传达倾向性信息，未考虑的其个性情况，即无所谓"触发适合性"。

表2-43 触发适合性主要判定条件

与客户的互动沟通是否触发为客户提供合理适当建议责任				
输入		是否触发判定条件	输出	依据
产品材料在网上智投/分销平台登载的整体呈现方式及其内容，以及内容设计和营造的整体印象	总体原则	就个案总体考虑，就有关投资产品在与客户互动沟通中是否作出招揽或者建议行为	SFC 会定期动态更新触发适合性典型行为	触发 FQA-Q1
	一般指引原则	是否只限于提供关于某产品的基于事实、持平及不偏不倚的资料，如关于某市场或某行业的资料		触发 FQA-Q1-a
		是否包含涉及邀请或者有使客户作出相应行动及投资某项产品的陈述		触发 FQA-Q1-b
		已采取的一连串行动。相关沟通是否属于由多个步骤构成的招揽或建议行为的一部分，并因而触发为客户提供合理适当建议的责任		触发 FQA-Q1-c
	委托账户专项	涉及作出建议和执行建议的委托账户服务	根据客户订立的协议授权投资范围，基于客户个人情况后设定投资类别、风险和资产分配比例的方式，向客户提供委托账户服务	触发 FQA-Q2、3
			根据客户订立的协议授权投资范围以选择的预设标准投资组合方式向客户提供委托账户服务	

表2-44 　　　　SFC触发适合性典型行为示例（SFC会动态更新）

触发判定条件输出——SFC定期动态更新触发适合性典型行为	
是否触发	具体举例
会触发适合性的例子	①登载当中就个别投资产品进行交易便可获得与产品有关的奖励（例如现金回赠及费用折扣）的广告（但不包括有关属非复杂产品的中国香港特区政府及中国内地主权债券的广告）； ②登载与个别投资产品有关的研究报告，当中载有"千万不要错过！"或"立即行动"等字眼； ③持续出现与特定投资产品有关的弹出窗口或闪动效果； ④在网上平台为客户进行风险状况评估后，即时向客户展示一份具体的投资产品列表，而列表上附有"风险评级为×或以下的产品可能适合阁下或符合阁下的风险承受水平"或"这些产品可能适合您或符合您的风险承受水平"等陈述； ⑤当与客户完成认识你的客户程序或当客户通过客户状况评估工具提供资料，或当客户提供了其资料更新后，制作一个包含一系列投资产品的具体标准投资组合，或制作一份特定选择的投资产品列表，而有关投资组合或列表可能被视为基于该类由客户所提供的资料； ⑥展示将投资组合若干百分比分配至某类产品（如债券）的标准投资组合，但有关平台所提供的该类产品只有一种； ⑦在客户没有要求的情况下，将平台所提供的标准投资组合与客户在该平台持有的现有投资组合的表现对比显示出来； ⑧网上平台侧重某些投资产品多于其他产品，或在通过网上平台进行涉及招揽或建议行为的一对一互动沟通时，便会触发合适性规定
不会触发适合性例子	①提供可直接输入股份代号的设施，以便在相关交易所就交易所买卖产品的第二市场买卖发出交易指示； ②登载投资产品列表及提供途径让使用者阅览投资产品，和登载基于事实的资料（例如有上市发行人发出的公告、通函或年报等企业资料），或提供连接至联交所网站上有关资料或其他基于事实的资料（例如要约文件、致投资者的通知、年报及资料概览）的链接； ③登载采用客观标准（例如表现数据、销售数字、研究数据）而挑选的投资产品的列表； ④登载并非任何个别投资产品的有关的费用折扣（例如客户在生日月份可享受较低的认购费、限时减价优惠或长期客户的一般交易费折扣）的广告； ⑤就投资产品的自主研究提供客观的筛选功能（例如地理位置，相关资产，一年、三年、五年的表现数据或自推出以来的表现数据、风险类别，以及第三方或内部风险评级）；

续表

触发判定条件输出——SFC 定期动态更新触发适合性典型行为	
是否触发	具体举例
不会触发适合性例子	⑥登载非与个别产品有关资料，例如市场消息或更新、业界及行业趋势，以及教育材料； ⑦在新刊发的研究报告（当中可能包含对以目标价买入、持有或卖出的意见）或新提供的投资产品的名称旁边加上带简单闪动效果的"新"字标记； ⑧登载使用客观的准则（例如研究数据、表现数据、资产分配策略 / 模式）来配置的标准投资组合，而此投资组合并非由与客户提供的资料相关或根据有客户提供的资料所得出的； ⑨登载设计特定产品的客户活动有关的统计数据或趋势，而有关统计数据或趋势是根据事实及客观准则而得出及没有对客户施加继续进行交易的压力（例如列出投资列表，并加上"其他买入产品 A 的客户亦查看了这些产品"的描述； ⑩登载与个别投资产品有关的教育资料，前提是有关材料（不论是单独或结合其他通信而言）不包括就特定投资产品作出的建议

其次，未触发适合性案例有以下几点特征：第一，登载、发布、提供的是根据客观的事实、功能和标准输出的信息；第二，该信息所涉范围并非特定产品；第三，并未向特定客户提供建议，而是面向一般使用者登载、发布、提供的信息。

Ⅱ.遵守适合性规定

如果持牌人或注册人行为触发合适性，则需要基于了解你的客户与了解你的产品对"两端"评估完毕后开始进行匹配，解决如何履行适合性规定的问题。履行该规定总体来说需要做到产品端和客户端评估风险的匹配①。

---

① 与前述两端对基本信息的评估相比，此阶段主要根据基本评估的信息，从中识别风险、分析风险，处于"认识"和"匹配"工作的承上启下阶段。

表2-45　　　　　《平台指引》重点关注网络平台营运者合适性规定的适用

阶段		具体控制措施	依据
履行合适性规定："两端"的评估与匹配	①资产端与客户端风险匹配	"评估并确定客户风险承受水平和风险状况"匹配"产品尽职调查，确定其风险状况"。应注意的是，如果只是纯自动地将投资产品的风险评级与客户的风险承受水平进行配对，可能不足以履行合适性规定	5.7
	②识别产品所有相关风险且进行定性和定量的分析	平台营运者应确保适当地设计风险评估方法，借此在匹配投资产品风险状况的过程中，同时考虑定量和定性的因素和涉及的所有风险，包括信贷风险、流动性风险、对手方风险以及杠杆的使用等	
	③动态评估产品风险	平台营运者应设有适当的程序以定期复核适用于投资产品的风险状况评估方法和机制，亦应定期复核投资产品的风险状况	
	④通过KYC评估客户	在厘定客户的风险状况时，平台营运者应根据通过KYC程序取得的客户资料作出评估	
	⑤建立动态复核KYC机制	客户的个人风险状况也应在适当情况下定期予以复核及更新（可能不适用于不活跃的客户账户）	
		应设有适当的程序以定期复核适用于客户的风险状况评估的方法和机制	
	⑥注意问卷评分机制	如果使用风险评分问卷来评估客户的风险状况，平台营运者应尤其注意问题及背后的评分机制的设计，让问题及评分机制为准确反映客户的个人情况而适当的构思	
贯穿履行合适性规定的"底层规则"	①"勤勉、尽责、谨慎"评估	平台营运者在提供任何意见时以勤勉尽责及谨慎的态度行事，并确保有关建议及推荐都是经过透彻分析和考虑过其他可行途径后才作出的（例如，是否有任何类似但费用可能较低的投资产品）	5.8a
	②避免利益冲突	向客户提供投资意见时，平台营运者不得让佣金回扣或其他利益成为向客户招揽或推荐某一投资产品的主要依据	5.8b
	③评估机制的整体观	平台营运者应设立适当的机制，以通过其网上平台评估投资产品的合适性。有关机制应该是整体性的，即应顾及客户个人情况的所有相关因素（包括集中风险）	5.8c
		网上平台应设有适当的工具用来评估客户的集中风险，有关评估应以平台营运者通过认识你的客户程序取得的客户资料，以及在平台营运者所持有的任何投资组合作为根据	5.8d

具体来说有以下几个关键步骤：第一，设计适当的风险评估方法。识别产品所有相关风险（包括信贷风险、流动性风险、对手方风险等），并对其进行定性（风险的影响和可能性）和定量（量化分析每一风险的概率及其对客户造成后果）的分析；通过KYC流程评估客户风险容忍度和风险意愿来确定风险；如果通过问卷方法来评估客户风险状况，则需要注意问题及背后的评分机制的设计，让问题及评分机制为准确反映客户的个人情况而适当构思[①]。第二，动态风险评估方法和机制。无论是产品端还是客户端，平台营运者应设有适当的程序以定期复核和更新两端的风险状况，包括本身的评估风险的方法和机制也需要动态更新。第三，评估方法和机制的整体观。当不同的风险组合，可能会产生新的风险变量，所以，SFC在《平台指引》中要求平台营运者设立适当的机制，对产品进行整体性评估，设有适当的工具，考虑客户个人情况所有相关因素，以评估客户的集中风险。如整体评估向客户推荐的所有投资组合下产品的相关风险，与客户集中风险评估结果匹配。第四，在对两端进行风险评估与匹配的过程中，平台营运者勤勉、尽责、谨慎的态度和避免评估依据的利益冲突贯穿始终。

（3）向客户提供资料——遵守信息披露义务

①基于服务内容特殊性的信息披露义务

智能投顾营运者遵守信息披露义务，应当注意四方面的要求。第一，《操守准则》第8.3段对信息披露的要求，包括披露金钱和非金钱收益的规定、向客户披露佣金回扣是禁止性行为和关联方等信息。第二，《平台指引》要求网络平台营运者可通过超链接等电子披露方式，为客户提供资料。符合及时性、可理解性、解释合理性，告知客户服务和产品的局限性、收费和投诉联系方式（见表2–46）。

---

① 《平台指引》第5.7条。

表2-46 网络平台营运者信息披露义务

	业务行为	基本控制目标	具体措施		依据
核心原则之二：为客户提供资料	信息披露	明确和充分披露重要资料	平台营运者应在其网络平台清楚及充分披露有关的重要资料，包括但不限于最新要约文件或者获取资料的途径	如果是非交易所买卖投资产品，应在其网站上提供最新的要约文件	2.3（i）
				如果是交易所买卖产品，可提供该产品最新资料的超链接，或向客户发出提示信息，提示他们在作出投资决定前参阅任何有关文件	
		及时披露	在合理、切实、可行的范围内尽快向客户提供重要资料，使客户能够评估其投资的状况	例如，发生基金暂停赎回的情况，应尽快提供任何有关基金合并或终止建议或发行人提供的任何其他重要资料	2.3（ii）
				平台营运者应设立适当的安排及采取足够的措施，以便客户能够获得并知悉有关其网上平台所提供的所有非交易所买卖投资产品的最新资料	
		有效披露	以易于理解的方式传达任何资料	平台营运者应以浅白语言来作出披露及呈示资料，令客户易于阅读及理解	2.3（iii）
		解释合理性	在网上平台提供用以评估及编配投资产品的评级和将客户分类的方法资料（如有）	该方法资料还应辅以投资产品和客户的风险状况的解释	2.3（iv）
		提供产品客观信息	如果在网上平台登载经挑选的投资产品列表，应列明或以其他方式提供在挑选该等投资产品时所参照的客观准则		2.3（v）
		告知局限性	告知客户通过在网上平台提供的服务及投资产品的范围限制	例如，只提供由关联公司发行的投资产品	2.3（vi）
		披露任何收费	依据使用的守则、指引、通函及FQA，向客户披露或其他人（如产品发行人）须向平台营运者支付的任何酬金（如佣金、经济费及任何其他费用及收费）以及平台营运者已收取或应收取的其他金钱收益		2.3（vii）
		披露争议解决方式	向客户提供平台营运者的联络资料，以便处理客户查询及投诉		2.3（viii）

第三，基于智能投顾平台算法运作的特殊性，营运者应当以充分、持续、准确和易于理解的方式披露算法程序的运作、算法的局限性、投资组合重新调整机制如何运作等信息，以便客户有根据地作出采用智能投顾服务的决定。

第四，基于智能投顾特殊的重新调整功能，营运者还须额外披露智能投顾的重新调整功能、运作机制、相关成本和风险，及时通知算法更改信息，明晰与客户的授权条款。

表2-47　　　　　　　　　　　智能投顾特殊信息披露义务汇总

		基本目标	具体措施		依据
智能投顾平台营运者特殊披露义务	智能投顾服务基本披露要求	基于充分、持续、准确和易于理解的披露，让投资者是否采用智能投顾服务作出有根据的决定	①充分和持续披露	服务局限性、风险，以及主要组成部分的产生方法	例如算法程序的运作、算法的局限性、投资组合重新调整机制如何运作等	4.2
			②准确披露	智能投顾营运者应当确保准确地描述所提供的服务	4.3
			③易于理解的披露	例如利用弹出式、工具提示框或其他设计的流程关键节点显示资料	4.4
	重新调整功能相关的特殊披露要求	如果智能投顾利用算法自动重新调整预设的目标投资组合，从而在一段时间内维持某个目标资产分配，便应确保已就自动重新调整制定有效的做法，该等做法包括但不限于	①披露自动调仓功能及相关成本	一开始就应清楚通知客户投资组合每隔一段时间便会自动重新调整（如有）以维持目标资产分配，以及可能会因上述重新调整而产生的额外成本	4.13（a）
			②披露自动调仓运作机制	向客户披露投资组合重新调整机制如何运作	如智能投顾就某资产类别或某特定种类的证券采用差异门槛，就应披露有关门槛以及有关门槛为何会按资产类别或特定种类的证券而有所不同	4.13（b）（i）
					假如投资组合会按时间表重新调整，应披露有关的频率	4.13（b）（ii）
					任何与自动重新调整相关的风险（例如重新调整无论在何种市况下都能出现）	4.13（b）（iii）
			应对市场风险政策程序	制定及维持各项政策程序，以说明算法如何处理任何重大市场事件	4.13（c）

续表

	基本目标		具体措施	依据
智能投顾平台营运者特殊披露义务	重新调整功能相关的特殊披露要求	如果智能投顾利用算法自动重新调整预设的目标投资组合，从而在一段时间内维持某个目标资产分配，便应确保已就自动重新调整制定有效的做法，该等做法包括但不限于：	③披露算法更改	若对现有的算法作出可重大影响客户投资组合的更改，应清晰地即时将有关更改通知相关客户	4.13（d）
			④披露非自动调仓风险及后果	如果让客户弹性选择不自动重新调整投资组合，应告知客户选择不进行自动重新调整的潜在风险及后果	适当警告客户根据智能投顾建议而可能投资或已做投资的原有投资组合可能会因选择不进行自动重新调整而变得不再适合该客户	4.14
					适当警告客户一经选择不进行自动重新调整，该客户便须改用不同的服务	
			⑤披露并谨慎确认授权条款	客户选择不进行自动重新调整作出确认前，智能投顾应确保该客户已承认及确认其同意更改网上平台日后所提供服务的范围及条款	因更改条款后，尽管不再存在授权关系，但平台营运者应遵守其他相关规定，包括须确保复杂产品在所有情况下都适合客户的规定	4.15

② "复杂产品" 相关的特殊信息披露义务

第一，网络平台营运者在履行合适性规定的过程中，还须注意确保复杂产品交易在所有情况（包括发出或未发出招揽或建议情况）下都适合客户[1]，遵守《操守准则》中就有关交易向客户提供关于复杂产品主要性质、特点和风险最低限度资料，以及提供警告声明的特殊信息披露义务，除非另有规定[2]。

第二，一般来说如果网络平台上登载有关复杂产品的要约文件中

---

[1]　《平台指引》第6.3条。

[2]　例如客户是机构或者法团，复杂产品数在香港或者指明司法管辖区内的交易所买卖的衍生产品并在交易所执行交易。

载有SFC不时更新最低限度资料示例中的资料（见表2-48），该要约文件即符合披露要求①。

第三，网络平台上的警告声明应符合以下要求（如适用）。首先，显眼和清楚地提供；其次，在销售或作出建议之前且在合理地接近销售或作出建议的合理时间点提供②（见表2-48）。

表2-48　　　　　　　　　　复杂产品相关的信息披露要求

网上平台应提供的最低限度资料及警告声明（复杂产品）			
以易于理解的方式提供最低限度资料	1	产品的性质，例如可转换股票、期权、债券、基金、结构化产品	
	2	复杂产品的主要条款及特点	如债券（包括但不限于） 债券类别
			信贷资料
			票息及派息次数
			到期日
			特点
			如结构性产品（包括但不限于） 产品类别，例如股票挂钩投资、股票挂钩票据、信贷挂钩票据等
			到期日
			产品的条款及条件可能作出的任何调整
			投资者对抵押品的权利（如有）
	3	复杂产品是否只供专业投资者买卖	
	4	复杂产品的主要风险，例如是否存在损失大于投资金额的风险	
	5	结构性产品的最坏情况分析	
	6	潜在利益是否有上限或限制	
	7	复杂产品是否保本	
	8	是否有提早终止的特点	
	9	提早赎回的任何罚则	
	10	该复杂产品是否有第二市场	

① 《平台指引》第6.7条的注释。
② 《平台指引》第6.8条。

续表

网上平台应提供的最低限度资料及警告声明（复杂产品）		
在网上平台作出的警告声明类别（如适用）	1	一份表明该产品是复杂产品及投资者应就该产品审慎行事的警告声明
	2	一份表明投资者或会蒙受大于投资金额的损失的警告声明（如适用）
	3	就发行人提供未经证监会审阅的要约文件或资料的复杂产品而言，应作出警告声明，表明相关要约文件未经证监会审阅，及投资者应就该要约审慎行事
	4	就被形容为已获证监会认可的复杂产品而言，应作出警告声明，表明该认可不表示获得官方推介或证监会认可不等于对该产品作出推介或认许，亦不是对该产品的商业利弊或表现作出保证
	5	如提供过往业绩资料，应作出警告声明，表明往绩并非预测日后业绩表现的指标
	6	就只供专业投资者买卖的复杂产品而言，应作出警告声明，表明该产品只供专业投资者买卖

（4）遵守储存记录义务

《平台指引》强调所有网络平台营运者都应当遵守储存服务记录的义务。第一，储存记录的范围。应当包括平台风险管理措施记录、平台活动文件和交易的审计线索记录和事故报告记录等，智能投顾营运者还需要储存算法设计、开发、修改、预期效果、目标和范围等文件记录。第二，储存期限。一般情况为2年，非交易所产品应储存7年，SFC会根据服务和产品的风险不定时发布确认的更长时间的储存记录要求。

表2-49 《平台营运者》对储存记录范围和期限

主体		类别和期限	具体要求	
核心原则之六：平台营运者应就其网上平台储存妥善记录	网络平台营运者	①风险管理措施记录	有关平台设计、营运程序及风险管理监控措施（包括有关其网上平台的任何测试、检视、改动、升级或纠正）的全面记录及适用软件版本（包括程序和任何算法）的记录	
		②平台活动文件和交易的审计线索记录	应保存有关在网上平台进行的活动和交易的妥善审计线索，包括	任何客户状况评估、投资产品选择和风险状况评估及合适性评估的程序及结果所提供的产品资料、所披露的警告声明、所提供的意见及曾作出的任何重新调整
		③事故报告记录		有关网络平台上的所有重大延误或故障的事故报告
		④记录保留期限规定	非交易所买卖投资产品	交易所买卖投资产品
			审计线索和记录应保留七年	有关所有适合性评估的审计线索及记录（包括显示交易适合的审计线索及记录）应保留至少两年
			有关文件、审计线索和记录应在网上平台终止营运后予以保留不少于两年，或者《操守准则》或SFC不时发出的有关指引所规定的更长的时间	
	智能投顾营运者	⑤算法设计、开发、修改和预期效果等文件记录	确保算法设计、开发和修改保留适当的文件记录，包括有关算法设计、开发及修改的依据，以及算法预期达到的效果、目标和范围	

综上，除前文SFC对网络/智能投顾平台营运者重点关注的基本业务能力、行为规范中的信息披露义务、合适性义务以及基于服务和产品的特殊性考虑要点而提出的较为详细的行为指引外，SFC还强调了原有监管框架要求的公平处理客户订单义务、最佳条件执行交易指示和客户指示优先义务等，但并未就其他义务对智能投顾营运者提出更多的行为指引，即营运者在遵守这些基础性的规范时，关注原有监管框架（如《操守准则》）的规定即可。

5. 中国香港地区智能投顾监管借鉴

（1）灵活运用行为指引文件，平衡不对等地位

首先，与新加坡MAS希望通过修改法律和个案豁免方式规划智能投顾的合规路径相比，SFC发布较为灵活且对营运主体普遍适用的指引文件，更加有利于实现监管的公平竞争和效率目标。

其次，《平台指引》不属于法律范畴，其本身不具有强制性和可诉性，是SFC为达到监管目标而使用的具有一定灵活性的工具。违反守则和指引本身并不会招致诉讼，但是若由此对他人造成不利后果，引起其他诉争进入诉讼程序，这些守则和指引便会在法庭被接纳为证据，法官就相关问题裁判时将会予以考虑。即从第二性法律关系中（又称保护性法律关系），在诉讼程序优化举证机制对投资者进行合理的倾斜型保护，以平衡第一性法律关系中（又称调整性法律关系）的双方潜在的不公平地位，实现"矫正正义"。

（2）侧重于营运机构内部控制行为指引，关注储存审计线索

SFC明确指出营运者应当就《平台指引》监管范围内的活动内部控制要求，主要有以下几点。

第一，业务内部管理的关键风险领域制定书面政策和程序。《平台指引》第2.5条和第2.6条要求营运者应当就网上平台的营运制定内部政策和程序，包含明确的职责分配和权限划分等方面；第4.9条要求营运者专门就算法的治理制定健全的政策和程序，以监督和测试算法为客户提供合理建议。

第二，强调已制定的内部政策和程序的执行及动态优化。优化的方式包括合格资质的人定期和不定期进行抽样测试，以检查政策和程序执行情况，对发现执行缺陷进行整改，进而优化网络平台营运或者算法治理的政策和程序。

第三，关注储存审计线索（储存审计证据）。内部控制要求的缺陷在于内部人员客观、独立性可能将因自身利益或自我评价等因素对服务监督和测试结论产生重大不利影响。SFC并未提出将第三方审计作为智能投顾监管问题的解决方案之一，但对智能投顾营运者风险管理、交易活动和算法等内部控制相关的审计线索的储存提出要求，为智能投顾服务的第三方合规专项审计奠定了基础。

（三）中国香港地区智能投顾案例分析

1. 准入许可分析

从准入许可来说，有鱼智投背靠的云峰金融持有香港各类金融证券牌照，包括第1类牌照（证券交易）、第4类牌照（就证券提供意见）、第6类牌照（就机构融资提供意见）、第9类牌照（提供资产管理），此外云峰金融还是沪港通许可券商。这几类牌照，基本可涵盖智能投顾所能提供的投资建议、证券交易和重新调整投资组合服务[①]。有鱼智投与 8 Securities 和弘量等未持有第1类、第4类、第9类组合牌照的营运者相比（见表2–50），有利于提供包括全权委托业务在内的智能投顾服务，更加具有竞争力。

表2–50　　　　　　　香港主流智能投顾营运者持牌概况

公司	持牌情况
8 Securities	第1类牌照（证券交易） 第4类牌照（就证券提供意见）
云峰金融	第1类牌照（证券交易） 第4类牌照（就证券提供意见） 第6类牌照（就机构融资提供意见） 第9类牌照（提供资产管理）

---

① http://baijiahao.baidu.com/s?id=1576071063766640&wfr=spider&for=pc.

续表

公司	持牌情况
弘量研究	第 1 类（证券交易） 第 4 类（就证券提供意见） 美国证监会注册投资顾问（RIA）牌照
Privé Financial	第 1 类（证券交易）

2. 遵守信息披露义务

从产品信息披露角度来说，《平台指引》核心原则之二要求平台营运者披露重要资料要充分、及时、有效、准确、可靠和最新。

第一，服务协议交互式披露方式，但不全面。从披露的有效性上来说，交互式披露效果优于静态披露方式。有鱼智投平台交互式披露方式体现在签订平台服务协议阶段的《电子平台条款及细则》（15页）和注册开户阶段的《投资风险声明》以页面强制停留方式展现，而非隐蔽的超链接方式向客户提供关键资料。但这种披露方式不包括《风险披露声明书》（14页）和《账户协议之总条款及细则》（28页）等重要文件。就披露的易理解性和简洁语言角度来说，冗长的协议可以以更有利于客户理解的方式展现，此处可借鉴新加坡智能投顾StashAway《账户协议》披露方式。

第二，投资产品信息电子化披露——超链接方式。有鱼平台每一只基金主要披露基金公司、基本信息、交易须知、基金资料（内涵更详细信息）和投资分布及其比例等信息。以亚洲债券基金A ACC为例，其基金资料超链接中包含该基金资料表、公开说明书、概要的中文版、关键声明、景顺中期审计报告、景顺基金审计年报和增刊等资料的英文版，以PDF的形式均可下载，审计报告最后日期为2017年8月31日的最新版本[①]。

---

① 2018年3月28日获取信息。

表2-51 有鱼智投测试样本—关键流程记录（部分）①

序号	阶段	关键流程梳理	要点
1	签订平台服务协议	非超链接式显示《电子平台条款及细则》15页	交互式披露
		通过手机验证码注册，并静态再次披露《电子平台条款及细则/隐私政策及个人资料搜集证明》	
2	完成风险测评获取评估结果	非正式问题	以彩票中奖投入金额渐进式提问将客户风险厌恶水平、对确定性的追求度与平均水平相比较，并提示该提问不计入测评模型。正中间"？"点入为帮助中心，向客户讲解其提供信息的准确性会影响建议质量，且建议客户定期更新资料	风险意愿测评和向客户提供资料
		正式测评，问卷形式共8个题目	1.关于您的投资目标，您希望——五个选项；2.购买投资产品时，您认为一般持有多少年才适合；3.以下各投资组合的盈亏波动，哪个范围您比较愿意接受；4.三个月前，购买的一只基金下跌25%；5.可支配收入（工资、奖金、租金、投资收入、养老金及其他个人收入）投资比例；6.净流动资产（自用住宅、应急资金和其他财务承担除外）投资比重；7.多少年投资经验（债券、股票、基金和期权、期货等其他衍生产品）；8.过去5年投资过最高风险产品？风险由低到高，滑动选择	①净流动资产专业术语举例；②执行KYC程序；③互动式对话界面—随时返回翻看—留痕记录
		得出结果	投资者和组合类型、主观风险和客观风险落入区域	发出招揽和建议行为为已触发适合性
			配置的大类资产、比例及历史走势图，是否购买该组合配置	

① 测试样本获取时间：2018年3月29日；样本来源：输入合理预设参数，基于有鱼智投APP服务流程梳理；注意：受制于样本测试期间、营运者营销方式或网站即时变动等多重因素，本次测评结果仅供参考。

续表

序号	阶段	关键流程梳理		要点
3	注册并开户	声明	中国香港和中国内地身份证、护照等办理，不接受美国居民办理，特殊身份需联系确认再办理：持牌高管、云峰亲属等	关联交易和利益冲突识别措施
		提供证明文件	身份证牌照—信息确认—完善基础信息（国籍、地区、电话、电子邮件、职业、税务相关信息）—选择职业信息—确认信息真实准确，否则返回修改	《操守准则》KYC5.1
		开户问卷	1. 全年收入；2. 可用作投资资产净值为（港元）；3. 最高学历；4. 目前投资风格；5. 投资过的金融产品，复杂和非复杂产品多选，解释注意说明；6. 投资经验；7. 是否受相关培训；8. 配偶是否在云峰关联公司开立保证金账户；9. 是否为云峰关联公司或持有 35% 以上投票表决权	①可回头重新选择；②问题 5：执行《操守准则》KYC5.3 获取客户分类信息；③问题 7、8：关联人士识别措施
		协议	youyu capital markets （NZ）limited 账户协议之总条款及细则 28 页	静态披露；包含授权书
			风险披露声明书 14 页	
			隐私政策及个人资料收集声明 8 页；有不同意选项——本人不同意个人资料用于直接促销；疑问联系；点击不同意仍能进入下一步	
		投资风险声明	财富管理风险和证券交易风险	交互式披露
		声明及确认	9 项声明与确认条款	执行 KYC
			手动点击多选：无犯罪、非关联人士、非政治官员、非持牌或注册等相关人士等	
			客户款项常设授权及客户证券常设授权选项 3 页	是否授权重新调整
		账户选择	财富管理账户、证券账户、现金账户	未解释各类账户区、疑问、但是可以电话联系

续表

序号	阶段	关键流程梳理		要点
3	注册并开户	签名	手写签名—再次确认，并视频认证	《操守准则》KYC5.1
		开户结束	提交资料 1~2 个工作日，邮箱收取签署相关协议，交易密码	向客户提供资料

3. 遵守合适性义务

①遵守KYC程序

从遵守KYC程序来说，主要分为以下几点：第一，问卷设计。有鱼通过两份问卷共16个问题、1个附加测试、提供相关证件信息来执行《操守准则》第5条的KYC程序。有鱼智投KYC流程中的问卷可获取客户年收入、速动资产或资产净值等财政状况，与新加坡StashAway相比，其在各指标下（工资、奖金、投资收入和养老金等），还需要客户填写更加详细的数据信息，对客户财务状况把握更精准。开户问卷中的学历问题选项为三个简单的大专及以上、中学、小学或以下这三个选项，难以评估客户的相关投资知识和相关经验，新加坡KYC规定和智投营运者执行更加倾向于询问客户是否有相关资质（CFA、CPA、ACCA、基金和证券从业等），有金融、商业管理和会计等相关专业的学历背景、工作经验，有更加细致的可量化标准，这关系到产品的类别的适合性匹配。第二，确认客户身份。《操守准则》5.1要求持牌或注册人采取一切合理步骤，以确定每位客户的真实和全部身份，包括但不限于证件信息和连同签名的相关文件。有鱼通过要求客户上传其真实身份证件/护照→协议对客户提供真实信息的要求→手写签名→视频认证等多重控制来遵守该规定。第三，《操守准则》第5.1A和第5.3要求的根据客户对衍生产品的认识进行分类。有鱼通过风险测评的问题7、问题8和开户问卷的问题5、问题6和问题7来识别。第四，存入资金见证审核。有鱼以及Aqumon等智能投顾平台，客户需要证明自己向已开通的独立账户存入资金，方可使用账户进行交易。见证方式主要有三类，亲临见证、在线提供内地或香港银行卡向证券公司子账户存入资金的汇款或网银支付凭证照片或者经过律师、公证人等主体见证过的证明材料，签署确认函并邮寄给营运者进行见证。

根据与前述监管一般KYC和智能投顾平台的特殊KYC程序关键点进行映射分析，有鱼平台营运者的KYC执行做到了基本覆盖SFC的《操守准则》《平台指引》和相关FAQs等规定。

②遵守"了解产品程序"

就遵守"了解产品程序"来说，需要考虑产品信息披露和执行了解产品程序等。

第一，有鱼智投在平台中简要披露了其尽职调查流程。包括通过与在线尽调基金经理面谈/电话会议重点了解基金投资团队稳健型、风险控制稳定性等方面，对投资产品进行定性评估，并就定性的结果进行量化处理，对投资产品进行定量评估[1]。

第二，根据《合适建议》FAQS-Q4，平台营运者在执行"了解投资产品"程序时，需要了解不同类别的交易所买卖产品的风险和特征，例如衍生权证、牛熊证及杠杆和反向产品的风险特征。有鱼基金详情界面都会从业绩、波动管理、牛市追踪、超越市场和回撤管理五个维度对每只基金进行定性和定量分析（最高1分—最低5分），并向客户解释每个维度的评分规则。

---

[1] 该信息客观性较弱。

③风险匹配——"触发合适性"与"遵守合适性"结果

从触发合适性和遵守合适性角度来说，有鱼在与客户沟通过程中，明确向特定客户就特定产品发出招揽和建议，已触发合适性，则不再详细讨论。根据监管部分规定，遵守适合性需要通过KYC收集的资料评估风险意愿和风险容忍度，评估客户的集中风险并对其分类，通过识别产品端所有相关风险，并对其定性和定量的分析后分类，为客户匹配适合的投资产品，同时注重组合整体风险。有鱼平台营运者及其专业团队经过对客户集中风险评估程序后，将客户分为7类，将206只股票型、97只债券型和18只商品型六大类基金经过"了解投资产品"程序，根据识别风险及其定性定量分析，对这些基金依据评分进行排序，分为高、偏高、中和偏低四个等级，与客户风险状况进行匹配。以本文测评的进取型为例，其风险匹配结果如图2-19、图2-20和表2-52所示。

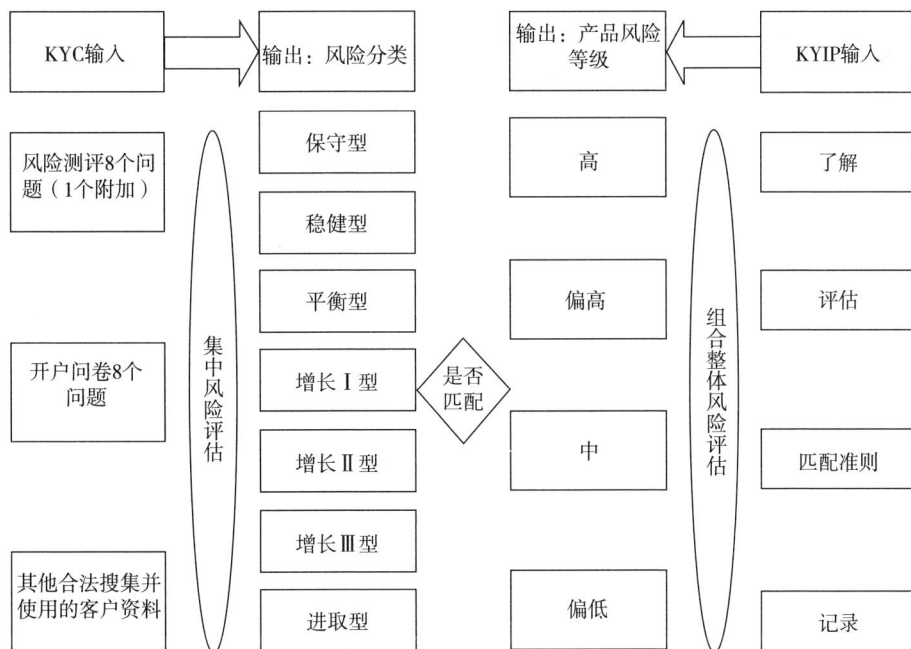

图 2-19　有鱼智投遵守合适性的客户与产品端的基本匹配结构

表2-52　　　有鱼智投平台根据预设参数输出的特定公募基金投资组合结果

KYC输出结果	产品大类配置	建议投资组合	配置比例	产品风险等级
增长Ⅰ型/近一年收益5.94%	综合债券（三选一）	PIMCO 收益基金 E USD Acc	36%	偏低
		PIMCO 环球债券基金 E Acc		
		邓普顿环球总收益基金 A（acc）USD		
	亚洲债券（三选一）	贝莱德全球基金——亚洲老虎债券基金 A2-USD	3%	中
		景顺亚洲债券基金 ACC		
		弘收亚洲高收益债券基金 2A Acc（USD）		
	高收益债券	Principal Hingh Yield A Acc USD	15%	偏高
		PIMCO 环球高挛息债券——E ACC		
		贝莱德全球基金——环球高收益债券基金 A2-USD		
	配置型基金	贝莱德全球基金——环球资产配置基金 A2-USD	10%	偏低
		骏利亨德森平衡基金 Class A$acc		
		霸菱倾亚均衡基金		
	发达市场股票（二选一）	普信环球焦点增长股票基金 A USD	19%	中
		柏瑞环球重点股票基金 A		
	中国市场股票（三选一）	荷宝中国股票 D 美元	4%	偏高
		景顺中国智选股票基金 A ACC		
		霸菱国际伞子基金——香港中国基金 -USD		
	美国市场股票（三选一）	普信美国大型成长股票型基金 A（美元）	3%	中
		骏利亨德森英达美国重点基金 Class I$acc		
		富兰克林美国机会基金 A（acc）USD		
	房地产信托投资基金（三选一）	骏利资产管理基金——骏利环球房地产基金 A $acc	10%	偏高
		荷宝环球地产股票 M USD		
		安盛环球——泛灵顿环球房地产 AC USD		

资料来源：有鱼智投APP，2018年4月22日测试。

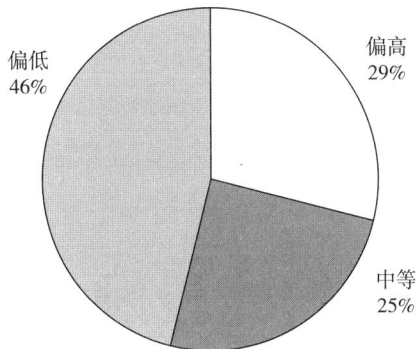

图 2-20　有鱼智投平台增长 I 型客户风险等级比例分配

4. 关键类别风险领域管理措施分析

从相关服务外包来说，根据《平台指引》第2.6条核心原则之五：审查与检查要求，平台营运者如果将任何职能外包给服务供应商，应以适当的技能，小心谨慎、勤勉尽责的态度挑选、委任及持续监督外包服务供应商，以确保外包中的职能妥善执行。以向客户提供资料的部分职能外包为例。有鱼产品主要的信息服务外包给第三方资料供应商晨星亚洲有限公司（Morningstar Asia Limited），并在隐藏的超链接中表示"未对该等信息进行独立核证"，和就第三方供应商提供不及时、不准确和不充分等资料的免责声明。未独立核证和免责声明，是否符合《平台指引》第2.6条要求的"以适当的技能、小心审慎和勤勉尽责的态度挑选、委任及持续监督等确保服务提供商，以确保外包的职能妥善执行"的要求尚须进一步确认。

就网络平台客户交易账户保护来说，根据《防黑客指引》对保护客户的互联网交易账户措施有双重认证、实施监督和监察机制、及时通知客户、数据加密、保护登录密码、网页超时监控等措施。有鱼遵守此规定的措施包括密码双重认证、账户登录码随机产生、修改密码不允许重复旧密码、定期按月更换，但密码复杂度要求稍弱（无大小写要求），对平台服务账号暂无网页超时控制（StashAway移动端有，但频繁的超时控制会影响用户体验）。

第三章　智能投顾在我国的法律界定

人工智能投资顾问，简称智能投顾。在境外，也有"机器人顾问"（robo-adviser）、"自动化顾问"（Automated adviser）、"在线顾问"（Online Adviser）、"数字化顾问"（Digital adviser）等相同或近似概念，这些概念之间有的等同，有的存在细微差别。该类业务形态已经在我国出现，且仍有不少机构摩拳擦掌、跃跃欲试，准备开展该类业务。2018年4月27日，中国人民银行、中国银行保险监督管理委员会、中国证券监督管理委员会和国家外汇管理局联合发布的《关于规范金融机构资产管理业务的指导意见》（银发〔2018〕106号）（以下简称资管新规）第二十三条也提及了该项业务，但并未直接使用"人工智能投资顾问"或"智能投资顾问"或"智能投顾"这一概念。我国该采用哪一概念？如何界定这一概念？这是规制智能投顾的基础性和前提性问题。本章拟对此加以研讨。

一、传统投顾在境外及我国的法律界定

由于智能投顾来源于传统的投资顾问，是投资顾问在大数据和人

工智能条件下的新发展，因此，考察智能投顾的概念，有必要先考察投资顾问的概念。

1. 境外对传统投资顾问的法律界定

不同国家和地区对投资顾问的法律界定存在较大的差异。为了规范证券投资顾问行为，境外市场多专门立法，如美国的《投资顾问法》（1940）、日本的《有价证券投资顾问法》（1986年制定，1998年修正）、我国台湾地区的"证券投资信托及顾问法"（2004）等，并辅以其他多层次的规范，形成以专门立法为核心的规范群[①]。美国、欧洲的投资顾问服务实际指证券市场的资产管理服务行为，涵盖共同基金、对冲基金、财富管理（账户全权委托）、投资建议及理财规划服务等领域，证券公司（财富管理和资产管理）、共同基金和对冲基金的管理人均注册为投资顾问[②]。在美国，投资顾问业务和资产管理业务其实是同一块牌照，美国的投资顾问从业人员取得相关资格后，可以代客下单或者全权代理客户的买卖。在加拿大也是同样的做法，投资顾问可以为客户提供资产配置建议，或执行客户的买卖意见，也可以接受客户的全权委托，用自己的专业服务来节省客户的时间。我国台湾地区的证券公司也可以代客下单以及接受客户全权委托操作。这对台湾地区投资顾问业务的发展起到了促进作用。

放宽代客下单和全权委托限制，可以让客户专职于本职工作，投资事务无须其事事躬亲，减少花费在证券市场的时间，减少社会资源的浪费，同时可以避免投资顾问专业的资源闲置，促进投资顾问向专业化方向发展。在中国大陆，处于风险监管的考虑，代客下单受到限

[①] 夏晓燕：《境外证券投资顾问业务的发展模式、运作机制及启示》，载《中国证券期货》，2013（5）。

[②] 孟繁永：《〈证券投资顾问业务暂行规定〉和〈发布证券研究报告暂行规定〉有关问题的说明》，载《中国证券报》，2010-11-02。

制，全权委托也尚未开展。

2. 我国对传统投资顾问的法律界定

我国的证券投资咨询是伴随着证券市场的建立而自发产生，发展初期主要表现在公众媒体和证券营业部开展的"股评"活动，随着市场的发展与该项业务的初具规模，早期的监管政策为1997年国务院证券委员会发布《证券、期货投资咨询管理暂行办法》。该办法将证券投资咨询正式纳入监管范围，并将证券投资咨询界定为：从事证券投资咨询业务的机构及其咨询人员，为证券投资人或客户提供证券投资分析、预测或者建议等直接或者间接有偿咨询服务的活动。2010年《证券投资顾问业务暂行规定》的出台和实施后，证券投资顾问业务从无序到有序，该业务的本质特征和在证券服务体系中的作用以及证券投资顾问的角色定位都得以明确。许多证券公司和证券咨询机构还将相关业务人员进行了重新梳理，如将原来从事投资顾问业务的"股评家""分析师""理财顾问""投资咨询"等人员规范为具有投资顾问资格的"投资顾问"和不具备资格的"理财经理""客户经理"等。该规定将证券投资顾问业务界定为，证券公司、证券投资咨询机构接受客户委托，按照约定，向客户提供涉及证券及证券相关产品的投资建议服务，辅助客户作出投资决策，并直接或者间接获取经济利益的经营活动。该规定第12条要求证券公司、证券投资咨询机构应当告知客户，"投资决策由客户作出，投资风险由客户承担"，"证券投资顾问不得代客户作出投资决策"。上述界定和规定从本质特征上将证券投资顾问业务与证券资产管理业务作了区分①。

---

① 参见佚名：《2011年中国证券投资咨询业务发展回顾与展望》，载《中国证券业发展报告》，2012–12。

3. 我国对传统投资顾问的法律界定之变革展望

证券投资顾问单纯依靠提供投资建议来盈利，这在商业上不是一种可以持续的盈利模式。可行的商业模式一是要为该客户量身定制个性化的投资策略和资产组合，这样的投资建议只适用于该客户；二是在客户委托授权投资的基础上，咨询机构代客户做资产管理和财富管理（"账户管理"），这就是全权委托账户管理的投资咨询。所以，投资咨询行业的可持续发展必须由单纯的提供投资建议（"动口"）向全权委托账户管理或财富管理（"动手"）升级，即实施投资咨询的两阶牌照：投资建议牌照和全权委托账户管理牌照。第一类是初级的投资咨询牌照，也就是维持目前的投资建议模式和对应的监管规则；第二类是升级后的新牌照——全权委托的账户管理牌照。咨询机构接受客户的全权委托，代客户操作账户。它主要面向那些没有时间、精力和专业能力进行证券投资的个体投资者[①]。

二、智能投顾在境外的法律界定

界定智能投顾在我国的法律概念，除了考察传统投资顾问的法律概念外，还要借鉴境外关于智能投顾的法律界定。

2015年9月24日，加拿大证券管理局（Canadian Securities Administrators，CSA）发布的《在线投资组合管理平台指导文件》（*Guidance for Portfolio Managers Regarding Online Advice*）使用了"在线顾问"（Online Advisers）的概念。该文件描述的"在线顾问"的含义如下：

---

① 沈朝晖：《证券投资咨询行业升级、两阶牌照与法制改革》，载《证券市场导报》，2017-12。

到目前为止，我们所看到的在线顾问平台都是利用在线平台提高效率的混合型服务（hybrid services），自然人注册顾问代表（registered advising representative，ARs）仍然积极参与其中。这些平台使用电子问卷进行"了解你的客户"（KYC）的信息收集，但是有一个自然人注册顾问代表负责确定已经收集到了足够的KYC信息以支持对客户来讲的投资适合性。客户的账户资金被用于投资相对简单的产品，包括没有杠杆的ETF、低成本的共同基金或其他可赎回投资基金、现金和现金等价物。尽管自然人注册顾问代表要对每个客户的投资适合性负责，但通常，标准投资组合（model portfolios）都是使用算法软件而创建的[①]。

该文件同时指出：

已获批准在加拿大开展业务的在线顾问不是那种在美国开展业务的"机器人顾问"，后者没有或很少有自然人注册顾问代表的参与。相反，加拿大的在线顾问可以被认为是混合型的服务，因为其利用在线平台提供服务效率，同时还保留了自然人注册顾问代表参与投资决策[②]。

2016年3月，美国金融业协会（Financial Industry Regulatory Authority，FINRA）发布的《数字化投资顾问报告》（*Report on Digital Investment Advice*）使用了"数字化投资顾问"和"机器人顾问"的概念。其含义如下：

数字化投资顾问工具（也被称为数字顾问工具）支持在管理投资者的投资组合的以下核心功能中的一个或多个功能：客户画

---

① https://www.osc.gov.on.ca/documents/en/Securities-Category3/csa_20150924_31-342_portfolio-managers-online-advice.pdf, last vist on May 2, 2018.

② *Ibid.*

像（customer profiling）、资产配置（asset allocation）、投资组合选择（portfolio selection）、交易执行（trade execution）、投资组合再平衡（portfolio rebalancing）、税收亏损收割（tax-loss harvesting）和投资组合分析（portfolio analysis）。这些投资顾问工具可以分为两类：金融专业人士使用的工具（"面向金融专业人士的工具"）和客户使用的工具（"面向客户的工具"）。面向客户的工具包括前六项核心功能——通过税收亏损收割而进行的客户画像——通常被称为"机器人顾问"①。

2016年8月，澳人利亚证券投资委员会发布的《向零售客户提供金融产品数字化顾问的指导文件》（*Providing digital financial product advice to retail clients*）对"数字化顾问"的定义体现了鲜明的综合经营特色：

数字化顾问，或称"机器人顾问""自动化顾问"是利用算法和技术而没有自然人顾问直接参与的、自动化地提供金融产品建议。它可以是一般化的建议也可以是个性化的建议，包括从小范围的投资组合建议到全面的金融规划（comprehensive financial plan）②。

2017年2月23日，美国证监会发布的《关于机器人顾问的投资者公告》（Invetor Bulletin：Robo-Advisers）对于机器人顾问的定义如下③：

"机器人顾问"一词通常指的是自动化数字投资顾问项目（automated digital investment advisory program）。在大多数情况下，"机器人顾问"通过要求客户完成在线调查问卷来收集有关客户的财务目标、投资期限、收入和其他资产以及风险承受能力的信息。基于

---

① http：//www.finra.org/sites/default/files/digital-investment-advice-report.pdf.

② http：//download.asic.gov.au/media/3994496/rg255-published-30-august-2016.pdf.

③ https：//www.investor.gov/additional-resources/news-alerts/alerts-bulletins/investor-bulletin-robo-advisers.

这些信息，它为客户创建和管理投资组合。"机器人顾问"较传统顾问而言，成本和费用较低，账户最低限额在通常情况下传统投资顾问更低。所提供的服务、投资方法和传统投顾的差别很大。

美国证监会于2017年2月发布的《机器人顾问监管指南》也对机器人顾问进行了描述[①]：

自动化顾问通常被称为"机器人顾问"，在投资咨询行业中代表着一种快速增长的趋势，并有可能使零售投资者（retail investors）更容易获得投资咨询服务，并改变投资咨询市场的竞争格局。虽然许多机器人顾问最初是针对千禧一代的，但它们的受欢迎程度在所有年龄段和投资者类别中都有所扩大。机器人顾问是典型的注册投资顾问（registered investment advisers），它们利用创新技术通过在线算法（online algorithmic-based programs）为客户提供全权委托资产管理服务（discretionary asset management services）。希望利用机器人顾问的客户将个人信息和其他数据输入交互式数字平台（例如，网站和/或移动应用程序）。基于这些信息，机器人顾问为客户生成一个投资组合，并随后管理客户的账户。

机器人顾问在各种各样的商业模式下运作，并提供一系列的咨询服务。例如，机器人顾问为它们的客户提供不同程度的人际互动。一些机器人顾问直接向客户提供投资建议，如果客户和投资咨询人员之间有任何直接的人际互动，那么这些建议将是有限的。对于其他的机器人顾问，建议由投资顾问提供，利用互动平台生成与客户讨论和完善的投资计划。机器人顾问也可以使用一系列的方法从它们的客户那里收集信息。例如，许多机器人顾问仅仅依靠不同长度的问卷来获取

---

① See Securities and Exchange Commission, Guidance Update: Robo-Advisers, https://www.sec.gov/investment/im-guidance-2017-02.pdf.

客户的信息。其他的机器人顾问通过直接与客户接触或允许客户提供关于他们的其他账户的信息，从而获得更多信息。

新加坡金融管理局于2017年6月7日发布的《关于数字化顾问服务的规定的咨询意见》（Consultation Paper on Provision of Digital Advisory Services）使用的是"数字化顾问"的用语，其定义如下①：

"数字化咨询服务"是指利用自动化的算法工具提供有关投资产品的建议。有两种类型的数字咨询工具：金融专业人员用以服务于客户的工具（面向金融专业人士的工具），以及客户可以直接使用的、无须人工顾问或很有限的人工顾问的工具（面向客户的工具）。"数字化顾问"（也被称为"机器人顾问"）是使用面向客户的工具提供"数字化咨询服务"。

本文列举上述概念，不是为了对其进行相互区分，因为有的概念界定也未必科学，区分没有意义，而是为了给我们提供有益的启迪和借鉴。

三、业界与学术界对于智能投顾的界定

除了关于智能投顾的官方界定之外，业界与学术界对于智能投顾的界定也有必要予以了解。然而，学术界和产业界对于智能投顾也没有一个统一的定义。

根据维基百科的定义，智能投顾是提供在线投资组合管理服务的一类理财顾问，由计算机通过现代投资组合理论等投资分析方法，自

---

① http://www.mas.gov.sg/~/media/MAS/News%20and%20Publications/Consultation%20Papers/Consultation%20Paper%20on%20Provision%20of%20Digital%20Advisory%20Services.pdf.

动计算并提供组合配置建议，把人为干涉因素降到最低[1]。

广发证券发布的《机器人投顾：财富管理的新蓝海》认为，机器人投顾又称为智能投顾，是一种新兴的在线财富管理服务，它根据个人投资者提供的风险承受水平、收益目标以及风险偏好等要求，运用一系列智能算法及投资组合优化等理论模型，为用户提供最终的投资参考，并根据市场的动态对资产配置再平衡提供建议。

还有人认为，智能投顾是指利用大数据分析、量化金融模型以及智能化算法，根据投资者的风险承受水平、预期收益目标以及投资风格偏好等要求，运用一系列智能算法，依据投资组合优化等理论模型，为用户提供投资参考，并监测市场动态，对资产配置进行自动再平衡，提高资产回报率，从让投资者实现"零基础、零成本、专家级"动态资产投资配置[2]。

资配易创始人张家林提出要区分智能投顾和机器人投顾。他认为，机器人投顾的核心是"人+机器人学习+Web服务"，而智能投顾的核心则是"人工智能（AI）+云计算"，二者是有区别的。

四、我国银行法对于理财顾问的界定

在金融业之间的界限日益模糊，越来越多的金融机构进行综合经营的背景下，在证券法领域之外，也出现了与"投资顾问服务"相类似的概念。我国在银行法领域则出现了"理财顾问服务"的概念。

《商业银行个人理财业务管理暂行办法》（中国银行业监督管理委

---

[1] 姜海燕、吴长凤：《智能投顾的发展现状及监管建议》，载《证券市场导报》，2016（12）。

[2] 第一财经：《中国智能投顾行业现状分析》，2016-09-12，http：//www.weiyangx.com/206106.html，2018-04-09。

员会令2005年第2号）第七条规定，商业银行个人理财业务按照管理运作方式不同，分为理财顾问服务和综合理财服务。第八条规定，理财顾问服务，是指商业银行向客户提供的财务分析与规划、投资建议、个人投资产品推介等专业化服务。第九条规定，综合理财服务，是指商业银行在向客户提供理财顾问服务的基础上，接受客户的委托和授权，按照与客户事先约定的投资计划和方式进行投资和资产管理的业务活动。根据上述监管规定，商业银行可获得理财投资顾问的资质。

与理财顾问服务和综合理财服务相关的是理财产品销售。《商业银行理财产品销售管理办法》（中国银行业监督管理委员会令2011年第5号）第二条规定，"本办法所称商业银行理财产品（以下简称理财产品）销售是指商业银行将本行开发设计的理财产品向个人客户和机构客户（以下统称客户）宣传推介、销售、办理申购、赎回等行为"。根据上述监管规定，商业银行可获得理财产品销售资质。

这些概念对于从更高的角度认识投资顾问服务甚有助益。

五、我国需要一个什么样的"智能投顾"法律界定

我国目前尚未对智能投顾有一个明确的法律界定，与智能投顾相关度较高的是证监会2012年印发的《关于加强对利用"荐股软件"从事证券投资咨询业务监管的暂行规定》。该暂行规定将"荐股软件"定义为具备证券投资咨询服务功能的软件产品、软件工具或终端设备，但这仅仅是一个很初步的相关概念及其定义。

我们认为，智能投顾在我国的法律定义，不是从书本上得来的，而是从实践中得来的——它未必是总结了实践中的做法，但一定是呼应了实践的需求。智能投顾在我国的法律定义也不是从国外的相关定义中综合、启发、"提取公因子"而来的，而是结合我国的实际，同时又展望产业的未来，以我们的理性赋予的。

基于此，我们认为，智能投顾在我国的法律界定应符合以下四点基本要求。

第一，要适应人工智能的发展趋势。既然是"智能"投顾，就离不开人工智能。人工智能是智能投顾的技术基础，离开了人工智能，就只能属于传统投顾。

第二，要适应我国金融业的发展趋势。脱离我国金融业的发展趋势而强行地定义智能投顾，是脱离实践的，这样的定义也是没有生命力的。当前，我国金融业的发展趋势是混业经营，金融各业之间的界限越来越模糊，因此，智能投顾的法律定义就不能仅仅局限在证券法、基金法领域（基金是证券的一种，基金法是证券法的特别法）作茧自缚，而应该打通金融各业的界限，站在金融混业的高度，下一个跨越金融各业界的法律定义。

第三，要适应普惠金融的发展趋势。金融业不仅仅是服务于富人的，穷人也有享受金融服务的权利。通过普惠金融，抑制金融的富贵化趋势①，从而使金融业向普惠化的方向发展。智能投顾的法律界定也应符合这一趋势。通过智能投顾的法律界定及相应规制，使金融投资咨询业向普惠化的方向发展。

第四，要使金融咨询顾问业具有商业上的可持续性。通过强行的法律界定，限制金融咨询顾问业的业务范围和业务能力，如果这一限制在现实中使金融咨询顾问业难以生存，商业模式不具有可持续性，也不是一个好的法律定义。

基于以上认识，我们认为，与其称为"智能投资顾问"，不如称为"智能财富顾问"。换言之，其法律称谓要从"智能投资顾问"进

---

① 参见邢会强：《金融法的二元结构》，载《法商研究》，2011（3）。

化、升级到"智能财富顾问"。唯其如此,才能使其法律定义符合以上四点基本要求。

六、从"智能投顾"到"智能财顾"

本节与其说是对"智能投资顾问"进行法律界定,不如说是对"智能财富顾问"(或"智能理财顾问",二者简称"智能财顾")进行法律界定。在法律规制上,也不再仅仅囿于证券法的领域进行探讨,而是从金融商品法的领域进行探讨①。

本文对"智能财富顾问"的法律界定解析如下。

首先是"智能"要素。"智能"要素意味着,从客户端来讲,"智能财富顾问"对客户洞察更智能,包括主观上使客户对风险的感知更智能,客观上对客户风险承受能力的测评更智能;从资产端来讲,"智能财富顾问"对投资组合的分析、配置和调整(再平衡)以及交易的执行更智能。当然,"人工智能"的基础是大数据,"智能财富顾问"离不开对数据的采集、挖掘、分析与处理。在此基础上,"智能财富顾问"主要是通过算法自动化地提供理财建议,没有或较少有自然人投资顾问的直接参与。

其次是"财富"要素。"财富"要素意味着,"智能财富顾问"的业务领域不仅仅是投资,而应涵盖财富管理的全过程。从流程上看,它不仅仅是将积累的资金用于投资这一环节,还包括投资者教育、消费与生活方式选择教育、如何积累资金、降低客户个人的负债等更为前端的环节,包括如何进行税收筹划、退休规划、遗产规划和家业传承等更为后端的环节。从投资领域上看,它不仅仅包括标准化的投资标

---

① 金融商品比证券的概念大,二者是包含与被包含的关系。金融商品法是由证券法进化、升级而来的。

的（如证券、国债、公募基金、外汇等），还包括不具有标准化的金融商品。当然，投资领域仅限于金融商品领域，如果超出了金融商品领域，如涉足房产投资等非金融商品领域，也不是金融法应规制的理财顾问。

最后是"顾问"要素。"顾问"要素意味着它不仅仅是建议、咨询，还包括代客理财等更为全面的功能。

总之，"智能财富顾问"是指没有或较少有自然人投资顾问的直接参与，而是以大数据为基础，通过算法自动化地提供投资者教育、客户洞察、投资组合分析与选择、资产配置、交易执行、投资组合再平衡、税务规划、遗产传承等一项或多项金融理财建议与执行的服务。

中国的"智能财富顾问"不一定以现代投资组合理论为基础，不一定是被动投资，不一定主要投资于ETF，因为中国资本市场上的ETF数量偏少，股票所占的投资比重较高，"智能财富顾问"的定义要符合中国特色。但"智能财富顾问"的定义在底层资产方面，应仅限于金融商品和服务的范围，而不能超出这个范围（如不能涉及房产投资、艺术品投资、实物投资等）。

上述法律界定是符合以上所提出的四点基本要求的：第一，它突出了大数据和人工智能的要素，适应了人工智能的发展趋势；第二，它跳出了证券法的领域，横跨了金融各业，适应我国金融业的综合化经营发展趋势；第三，它强调了没有或较少有自然人投资顾问的直接参与，节省了人力资源成本，降低了金融顾问的成本，并使之能为金融消费者所接受和享用，适应了普惠金融的发展趋势；第四，它不仅仅包括纯粹的咨询建议，还包括自动化的交易执行和投资组合再平衡，其意义不仅仅是能提高执行的效率，克服人类执行的弱点，更在于能使金融咨询顾问业具有商业上的可持续性，促进财富顾问业的健康发展。

七、从"智能财顾"再回到"智能投顾"

"智能财顾"的概念和理想虽然美好，但在现实中的可行性却并不大。这主要是因为，尽管中国银监会和中国保监会合并为中国银保监会，但分业监管的格局还未彻底改变，再加上国务院金融稳定发展委员会目前主要是作为协调议事机构而存在的，还不是一个金融监管机构①，因此，理想模式"智能财顾"在当下处于一种无合适机构监管的尴尬境地——除非中国银保监会和中国证监会再合并为中国金融业监督管理委员会，但在国务院机构改革刚刚完成的当下，这何其难哉！

如果提出一个理想的理论模型在当下无法得以践行，而错失时机可能会延误智能财顾产业的发展，倒不如退而求其次，以现实迁就于理想。因此，我们不得不暂时又从"智能财顾"再退回到"智能投顾"。当下，我们仍将使用"智能投顾"的概念，并力图对其扩张解释，使其尽可能涵盖"智能财顾"的内涵，同时又尊重现行的监管格局。

继续使用"智能投顾"的概念，也是有其理论和制度基础的。在美国，对智能投顾的监管是沿着对传统投资顾问的监管路径进行的。我国投资咨询业的发展及其监管也是学习和借鉴美国的投资顾问业及其监管的结果。我国对智能投顾的监管继续学习美国并无不可。因此，我们当下主张仍由中国证监会进行主监管，颁发智能投顾牌照，同时，如果所投资的资产涉及其他非证券类金融产品或业务，则需要取得相应的其他金融监管部门的业务许可②。

① 参见邢会强：《国务院金融稳定发展委员会的目标定位与职能完善——以金融法中的"三足定理"为视角》，载《法学评论》，2018（3）。
② 需要说明的是，这里所说的"证券"，是指理论上的"大证券"，而不仅仅是现行《证券法》上列举的证券种类。

八、"智能投顾"与"资产管理"

在英、美等国，投资顾问可以代客理财，接受客户的全权委托。在美国，智能投顾具有七大功能：客户档案创建与客户分析、资产配置、投资组合选择、交易执行、投资组合再平衡、税收损失收割和投资组合分析。在英国，FCA的《投资公司审慎资源手册》（the Prudential Sourcebook for Investment Firms，IFPRU）将投资公司分为三类。第一类是"豁免资本充足率要求公司"（Exempt CAD Firm），经许可仅提供以下服务：①接受与传送客户有关金融商品之订单；②提供投资顾问服务，而未提供任何其他金融服务，该金融机构为非集合型投资组织者公司（Collective Portfolio Management Investment Firms），且未持有客户资产。第二类是BIPRU公司（BIPRU Firms），此类金融机构系指经许可提供以下服务：①接受与传送客户有关金融商品之订单；②接受客户委托执行交易；③从事全权委托业务；④提供投资顾问服务。第三类是IFPRU公司（IFPRU Firms），该类公司又分为：自有资本应达5万欧元或12.5万欧元的公司，此类机构指经许可提供接受与传送客户有关金融商品之订单，接受客户委托执行交易，管理个人有关金融商品之投资组合。自有资本应达73万欧元的公司，此类金融机构指运营多边交易设施（operating a multilateral trading Facility），或非属集合投资组织者公司的其他IFPRU。

在我国，《证券法》第一百六十九条规定，投资咨询机构、财务顾问机构、资信评级机构、资产评估机构、会计师事务所从事证券服务业务，必须经国务院证券监督管理机构和有关主管部门批准。投资咨询机构、财务顾问机构、资信评级机构、资产评估机构、会计师事务所从事证券服务业务的审批管理办法，由国务院证券监督管理机构和有关主管部门制定。《证券、期货投资咨询管理暂行办法》（经国务院批准证券委发布，证委发〔1997〕96号）第二条规定，证券、期货投资咨询，是指从事证券、期货投资咨询业务的机构及其投资咨询人员以下列形式为证券、期货投资人或者客户提供证券、期货投资分析、预测或者建议等直接或者间接有偿咨询服务的活动：接受投资人或者客户委托，提供证券、期货投资咨询服务；举办有关证券、期货投资咨询的讲座、报告会、分析会等；在报刊上发表证券、期货投资咨询的文章、评论、报告，以及通过电台、电视台等公众传播媒体提供证券、期货投资咨询服务；通过电话、传真、电脑网络等电信设备系统，提供证券、期货投资咨询服务；中国证券监督管理委员会（以下简称中国证监会）认定的其他形式。第三条规定，"从事证券、期货投资咨询业务，必须依照本办法的规定，取得中国证监会的业务许可。未经中国证监会许可，任何机构和个人均不得从事本办法第二条所列各种形式证券、期货投资咨询业务。"

境外通行的智能投顾全权委托业务模式也在我国境内面临着被禁止的法律障碍。我国《证券法》第一百七十一条规定，投资咨询机构及其从业人员从事证券服务业务不得有下列行为：代理委托人从事证券投资；与委托人约定分享证券投资收益或者分担证券投资损失；买卖本咨询机构提供服务的上市公司股票；利用传播媒介或者通过其他方式提供、传播虚假或者误导投资者的信息；法律、行政法规禁止的其他行为。有前款所列行为之一，给投资者造成损失的，依法承担赔偿责任。《证券、期货投资咨询管理暂行办法》第二十四条也规定，证券、期货投资咨询机构及其投资咨询人员，不得从事下列活动：代理投资人从事证券、期货买卖；向投资人承诺证券、期货投资收益；与投资人约定分享投资收益或者分担投资损失；为自己买卖股票及具有股票性质、功能的证券以及期货；利用咨询服务与他人合谋操纵市场或者进行内幕交易；法律、法规、规章所禁止的其他证券、期货欺诈行为。也就是证券投资咨询机构只能向客户提供咨询意见，下单交易必须由客户亲自进行，投资咨询机构不能从事资产管理业务。

我国《证券法》不但禁止投资咨询机构及其从业人员代理委托人

从事证券投资——无论是全权委托还是意思表示明确、内容具体的委托，还禁止证券公司在经纪业务中接受客户的全权委托①。《中国证券监督管理委员会江苏监管局回函》（2015年5月14日）②中对此解释说，全权委托是指客户出于投资获利的愿望，在委托证券公司代其买卖证券时，对证券的买进或者卖出，或者买卖证券的种类、数量、价格不加任何限制，完全由证券公司代为决定。客户为了减少投资风险，希望全权委托具有丰富投资经验的证券公司代其买卖证券。但是由于证券市场受社会政治、经济等各个方面因素的影响很大，即使证券公司也难免失误，况且不是所有的证券公司及其从业人员都能忠实地履行诚信义务，有些甚至利用客户的授权为自己谋取私利，如利用客户的账户和资金翻炒证券，或者为证券公司牟利而损害客户利益等。全权委托后若客户没有获利，就会使客户与证券公司之间产生纠纷；证券公司借全权委托的名义去进行证券的投机和炒作，就可能严重损害投资者的利益。同时，证券公司利用全权委托来集中资金买卖证券，还会造成证券市场的价格波动。为了防止过度投机和保护中小投资者的利益，目前，法律禁止全权委托买卖证券。这道出了我国之所以禁止全权委托的根本原因——受托人的信义义务及相关制度没有建立，允许全权委托容易导致权利被滥用从而损害投资者（委托人）的利益。

接受投资者全权委托，代投资者进行投资、理财，理应是智能投资顾问服务的核心功能之一。接受投资者全权委托，代投资者进行投资、理财，属于资产管理业务。从学理上讲，资产管理，是指资产管理人根据约定的方式、条件、要求或限制，对客户资产进行投资运作，使资产保值增值并收取费用的行为。从原理上讲，资产管理可以是金融机构以自有资金、利用自身的专业能力和手段进行债券投资、

---

① 《证券法》第一百四十三条规定："证券公司办理经纪业务，不得接受客户的全权委托而决定证券买卖、选择证券种类、决定买卖数量或者买卖价格。"

② 资料来源：江苏省南京市中级人民法院民事判决书（2015）宁商终字第1193号。

股票投资、风险投资、实物资产投资及企业投资的行为，也可以是委托人将自己的资产交给受托人，由受托人根据委托人的意愿为委托人提供理财服务的行为①。2018年4月27日，央行等部门发布的资管新规将资产管理业务定义为"指银行、信托、证券、基金、期货、保险资产管理机构、金融资产投资公司等金融机构接受投资者委托，对受托的投资者财产进行投资和管理的金融服务"。该资管新规同时将资产管理业务定位于金融业务，强调其"属于特许经营行业，必须纳入金融监管。非金融机构不得发行、销售资产管理产品，国家另有规定的除外"。该资管新规还规定"运用人工智能技术开展投资顾问业务应当取得投资顾问资质"，强调"非金融机构不得借助智能投资顾问超范围经营或者变相开展资产管理业务"。资管新规的上述规定暗含着以下两层含义：其一，金融机构可以借助智能投资顾问开展资产管理业务。因为金融机构可以获得资产管理业务牌照，其借助人工智能技术开展投资顾问服务，如果该金融机构同时具有投资顾问或理财顾问牌照，并无不可与不当之处。其二，资产管理业务是智能投资顾问服务的（核心）功能之一。如果资产管理业务不属于智能投资顾问服务的功能，则不必在该资管新规中作出上述规定。

资产管理业务牌照主要分为银行理财业务牌照、保险资管业务牌照、证券资管业务牌照、基金资管业务牌照、期货资管牌照、信托资管业务牌照等，主体也分别是商业银行、保险公司（保险资产管理公司）、证券公司（证券资产管理公司）、基金管理公司、期货公司和信托公司。这几类主体的资产管理业务各自遵守各自领域内的规定。例如《商业银行个人理财业务管理暂行办法》《保险资产管理公司管理暂行规定》《证券公司客户资产管理业务管理办法》《基金管理公

① 杨征宇、卜祥瑞、郭香龙、王晓明编著：《金融机构资管业务法律纠纷解析》，北京：法律出版社，2017，第9页。

司特定客户资产管理业务试点办法》《信托公司管理办法》等各类规范性文件等。各领域内规则在牌照申请资格、业务范围、行业规范、监管要求等方面规定的都不一样。在这些业务中，金融机构（包括证券公司）都是可以接受全权委托的。

证券公司可以开展资管业务，与《证券法》第一百四十三条的规定存在一定矛盾。当然，也许有人解释说，《证券法》第一百四十三条禁止的是证券公司在经纪业务中接受客户的全权委托，而未禁止证券公司在资管业务中接受客户的全权委托；经纪业务和资管业务是两种不同类型的业务。但问题是，如果允许证券公司在经纪业务中接受客户的全权委托，经纪业务也就转变成了资管业务。但从另外一个方面，也可以解释为：证券公司不可以接受客户的全权委托，但如果获得资产管理业务资格的，则可以接受客户的全权委托。

更为重要的是，上述牌照是为商业银行、保险公司（保险资产管理公司）、证券公司（证券资产管理公司）、基金管理公司、期货公司和信托公司等金融机构专门开设的，作为非金融机构的金融科技公司根本无法申请到这些牌照。如果作为非金融机构的金融科技公司接受人数不多的投资者的全权委托，或许不需要资管牌照，但一旦作为非金融机构的金融科技公司具有了投资咨询顾问资格，其接受客户的委托代理投资，就需要资管牌照了。此外，即使不考虑投资咨询顾问资格，作为经营范围的一部分，持续接受不特定的社会公众的委托代理投资，就需要资管牌照了。但遗憾的是，在我国现行的法律框架下，还没有这样的牌照可以申请。

2015年3月16日，中国证券业协会发布《账户管理业务规则（征求意见稿）》。其中第二条规定，业务界定本规则所称账户管理业务，是指取得证券投资咨询业务资格并符合本规则条件的机构（以下简称持牌机构）接受客户委托，就证券、基金、期货及相关金融产品的投资或交易作出价值分析或投资判断，代理客户执行账户投资或交易管理。法律法规另有禁止性规定的，从其规定。如果该规则得以通过，证券投资咨询机构也就可以获得代理客户进行投资的权利。但或许是由于该规则与《证券法》第一百七十一条相冲突的缘故，该征求意见稿依然没有正式定稿和出台。值得注意的是，《证券法》（修订草案第一次审议稿，2015年4月）已经删除了现行《证券法》第一百七十一条的规定。但《证券法》（修订草案第三次审议稿，2019年4月）又基本上恢复了现行《证券法》第一百七十一条的规定。

如前所述，证券投资顾问单纯依靠提供投资建议来盈利，这在商业上不是一种可以持续的盈利模式。可行的商业模式一是要为该客户量身定制个性化的投资策略和资产组合，这样的投资建议只适用于该客户；二是在客户委托授权投资的基础上，咨询机构代客户做资产管理和财富管理（"账户管理"），这就是全权委托账户管理的投资咨询[1]。

为了落实资管新规，我们建议金融监管部门制定相应的规则，引导智能投顾的发展；通过智能投顾牌照管理，规范智能投顾行业。当然，更重要的是，通过本次《证券法》的修改，修订《证券法》第一百七十一条的规定，允许证券投资咨询公司接受客户委托，全权代客理财。

倘若如此，智能投顾就属于资产管理业务了。如果我国的证券投资顾问具有资产管理资格，则对其的自律管理有必要与私募投资基金管理人、公募投资基金管理人的自律管理统筹规划，中国证券投资基金业协会将在其中发挥一定的作用。

对私募股权投资基金的监管，法律依据主要是《证券投资基金

---

[1] 沈朝晖：《证券投资咨询行业升级、两阶牌照与法制改革》，载《证券市场导报》，2017–12。

法》。《证券投资基金法》在2012年修改之后，证监会制定了《私募投资基金监督管理暂行办法》，授权中国证券投资基金业协会对私募股权基金进行"自律监管"。中国证券投资基金业协会就出台了一系列的规定，要求基金管理人登记，基金产品备案。

智能投顾一旦具有了资产管理功能，比照中国证券投资基金业协会对私募股权基金进行"自律监管"，智能投顾也应进行管理人登记，而至于其"产品"如何备案，则有待进一步研究。

具有资产管理资格的智能投顾与公募/私募基金运用人工智能进行投资的"智能投资"的区别在于：智能投顾是个性化的，它对每一个投资者的识别和相应的资产配置是独特的，每一个投资者的投资组合也是独特的，只适合该投资者的；而智能投资则是共同的，本基金（无论公募还是私募）的所有投资者的资金共同组成一个资金池，该资金池里的资金共同投资于相应的投资组合。简而言之，智能投顾是一个投资者对应一个投资组合，没有资金池；智能投资是所有投资者对应一个资金池，资金池里的所有资金对应于一个投资组合。

第四章　智能投顾的市场准入

中国人民银行等部门联合发布的《关于规范金融机构资产管理业务的指导意见》要求"运用人工智能技术开展投资顾问业务应当取得投资顾问资质",并要求金融机构"向金融监督管理部门报备人工智能模型的主要参数以及资产配置的主要逻辑"。但投资顾问资质如何取得,准入条件为何,监管部门是金融监督管理部门(即中国人民银行、中国银行保险监督管理委员会和中国证券监督管理委员会)中的哪一家,资管新规没有规定。在理论上,对智能投顾机构实施市场准入管理的正当性需要论证。在实践中,监管主体和准入条件也需要进一步研究。

一、对智能投顾实施市场准入管理的理论证成

资管新规对运用人工智能技术开展投资顾问业务提出了市场准入管理要求,即要求智能投顾机构应当持牌经营,监管部门对其进行行政许可。这一许可是市场准入的组成部分。市场准入和持牌经营对于客户来讲,具有信息发送的功能,传递了持牌者具有胜任能力的信号。在某种程度上讲,也是政府以其信用在为持牌者背书。因此,政

府不得不慎，不得不察。

从民商法的视角看，市场准入调整属于初次干预，是法律针对自然状态作出的反应，是一种权利确认及有关权利的行使和交易的一般性制度安排。但从经济法的视角看，随着经济的发展，一般的民商事主体资格确认活动中表现出越来越多的负外部性，使民事主体的私法化在弱化，需要政府对市场进入主体进行干预[①]。市场准入制度是随着政府对市场的干预而产生，随着社会经济的发展而发展的。[②]即从经济法的视角看，行政许可作为一种干预经济的措施，应该是基于市场失灵。在规制者的话语中，日渐占支配地位的，是对市场失灵展开更为深刻的分析，这是更好规制运动的反映。[③]那么，智能投顾领域是否存在市场失灵呢？答案是肯定的。

首先是智能投顾业务所带来的负外部性问题。金融领域的负外部性问题的主要表现是系统性风险。智能投顾也会带来系统性风险。驱动智能投顾运行的是算法。当一家智能投顾机构足够大时，由于其采用的是程序化交易，在相同算法或相似理论的驱动下，智能投顾自动产生的投资组合的趋同性就会较高，有可能造成市场投资的"羊群效应"：有时候众多智能投顾机构都在买同一金融产品，有时候众多的智能投顾机构都在抛售同一金融产品。在市场动荡期间，由于机器人投顾的量化投资、高频交易的特性，机器人投顾可能集体做出相同的撤资决定，这将会增加系统性风险。特别是未来机器人投顾市场份额增加，交易量较大的时候，发生系统性风险的概率也将增加。[④]

① 戴霞：《市场准入的法学分析》，载《广东社会科学》，2006（3），第198页。
② 吴弘：《市场准入制度的理论基础》，载《经济法研究》2010（7），第351页。
③ 罗伯特·鲍德温、马丁·凯夫、马丁·洛奇：《牛津规制手册》，宋华琳、李鸻、安永康、卢超译，上海：上海三联书店，2017，第492页。
④ 宋湘燕、王韬：《机器人投顾——金融投资领域的新角色》，载《金融时报》，2016-05-09。

其次是智能投顾业务存在的信息不对称问题。信息不对称是随着技术的发展而加剧的。在简单的农业社会，信息不对称问题并不严重。但是，随着工业社会的到来，信息不对称问题日益加剧[①]。而在当今信息社会，信息不对称问题则更加突出。作为人工智能的一个应用场景，智能投顾业务的信息不对称问题比较突出。一方面是算法黑箱问题。"黑箱"是控制论中的概念。作为一种隐喻，它指的是为人所不知的那些既不能打开、又不能从外部直接观察其内部状态的系统[②]。人工智能所依赖的深度学习技术是一个"黑箱"[③]。之所以说人工智能算法进行深入学习的过程是个黑盒子，主要原因除了它的保密性外，更重要的是即使公开了法官和律师也看不懂[④]。普罗大众更是既看不懂，又没有兴趣去看。智能投顾在给投资者带来高效、便利服务的同时，也由于智能投顾运作的专业性和复杂性，使投资组合的生成以及资金流向更加不透明，从而产生营运者的操作风险。[⑤]这些操作风险主要表现为程序缺陷造成的指令执行失误、违背信义义务提供不符合投资者风格的建议等操作风险。另一方面是算法的迷惑性。算法科学的外表容易误导投资者，强化投资者的偏见，从而导致错误决策。智能金融给人中立的感觉，算法科学的外表容易误导投资者，使其作出错误的决策，导致投资者保护问题更加突出。[⑥]上述风险是信息不对称带来的，其后果既可能导致系统性风险，也有可能损害广大投资者的利益即公

---

① 参见邢会强：《走向规则的经济法原理》，北京：法律出版社，2015，第60–61页。
② 张淑玲：《破解黑箱：智媒时代的算法权力规制与透明实现机制》，载《中国出版》，2018（7）。
③ 杨光：《智能投顾的硬伤》，载《中国证券报》，2017–06–19。
④ 郑戈：《如何用法律规制算法？如何用算法强化法律？》，载《中国法律评论》，2018（2）。
⑤ 李晴：《智能投顾的风险分析及法律规制路径》，载《南方金融》，2017（4），第92页。
⑥ 参见高丝敏：《智能投资顾问模式中的主体识别和义务设定》，载《法学研究》，2018（5）。

共利益。

最后是智能投顾业务涉及广大投资者的利益即公共利益。这主要是因为，一方面，智能投顾业务的客户是不特定的投资者，尤其是"长尾用户"。他们与智能投顾机构之间存在着严重的地位不对等问题，类似于消费者与经营者之间的关系，因此，需要政府的监管。另一方面，智能投顾业务的运营需要收集、处理大量的个人信息。"个人信息权"是一种独立的权利类型，远远超出了"隐私权"的范畴[1]。在当前的大数据时代，个人信息权需要保护，包括事后的以民事责任为特色的私法保护，也包括事先的以行政责任为特色的公法保护。因此，在大数据时代，需要一个个人信息的监管与保护部门来专司个人信息权的公法保护。该部门是所有领域的个人信息监管与保护机构。但在金融领域，金融监管部门或金融消费者保护部门也负有保护个人信息权的职责。金融监管部门或金融消费者保护部门与一般的个人信息监管与保护机构的关系，是特殊与一般的关系，类似于在金融领域的竞争法执法过程中金融监管部门或金融消费者保护部门与普通的竞争执法部门（国家市场监督管理总局）之间的关系。

以上论证，仅仅证明了国家对智能投顾业务进行干预、监管的必要性。但监管不一定非得实施行政许可，不一定非得实施牌照管理。那么，为什么要在智能投顾业务领域实施牌照管理呢？这是因为，其一，金融领域不同于一般产业领域，其系统性风险较为突出，监管较为严格。而传统上的金融监管沿袭的是机构监管的路径，通过牌照便于金融监管者进行监管。其二，人工智能在目前也是一个特殊领域，至

---

[1] 参见王利明：《论个人信息权的法律保护——以个人信息权与隐私权的界分为中心》，载《现代法学》，2013（4），第62页。

少在初期，许多形式的人工智能都需要取得执照许可。[①]当被人工智能产品替代的活动本身就需要执照许可时，比如驾驶，那么此类人工智能产品适用执照许可制度是非常必要的。[②]被智能投顾业取代的是投资顾问业，投资顾问业作为金融业，各国都是实施牌照管理的，因此，对智能投顾业实施牌照管理也是顺理成章的。其三，离开了牌照管理，金融监管机构还没有找到其他更好的监管办法，不得不退而求其次，在牌照管理的基础上进行一系列监管，包括行为监管和审慎监管（含宏观审慎管理）。此外，如果离开了牌照管理，金融监管者就只能进行事后的监管，而难以实施事前监管和事中监管，而事后的监管显然是不及时的，不利于保护广大投资者的利益。因此，市场准入监管就构成了保护消费者利益、防范金融风险的第一道防线。市场准入监管通过设定适当的准入条件，可以将不具备适当条件的机构排除在市场之外，以防止不适格的申请人参与金融机构的设立和业务竞争。这种机制具有明显的事先预防的特点。[③]准入监管机制通过筛选合格条件的主体，有助于保证金融业安全稳定和发展。[④]基于此，各国普遍将智能投资顾问纳入投资咨询业务监管框架，智能投顾须获得投资咨询牌照[⑤]。

　　当然，市场准入、牌照管理也有弊端，后文将有所涉及，但这只是问题的一面，对于系统性风险严重、信息不对称严重、地位不对等严重、涉及广大投资者切实利益的智能投顾业来说，牌照管理的弊端还未超过其带来的利益。换言之，对智能投顾业进行牌照管理，利大

---

① John Frank Weaver：《机器人也是人——人工智能时代的法律》，郑志峰译，元照出版公司，2018，第98页。

② John Frank Weaver：《机器人也是人——人工智能时代的法律》，郑志峰译，元照出版公司，2018，第98页。

③ 李金泽：《跨国银行市场准入法律制度》，法律出版社，2003，第4页。

④ 李金泽：《跨国银行市场准入法律制度》，法律出版社，2003，第5页。

⑤ 李文红：《金融科技牌照管理的国际借鉴》，载《中国金融》，2017（18）。

于弊。

目前，一方面，由于资管新规宣布对智能投顾业务实施资质管理（牌照管理），而新的牌照又没有颁发，因此，合规意识较强的非金融机构尽管对即将爆发的智能投顾市场摩拳擦掌，但并未实质性地开展业务，更不敢宣称其是智能投顾。另一方面，那些没有合规意识，或者一开始就以诱使投资者上当受骗为目的的机构却打着"智能投顾"的幌子招摇撞骗。例如，有的个体网络借贷（以下简称P2P）平台专门设立了子公司开发出了所谓的"智能投顾"应用程序，以"人工智能"和高息引诱投资者去购买其发行的P2P产品。此种情形更是凸显了监管部门实施牌照管理的必要性。监管部门一方面，应尽快给合规意识较强、符合条件的机构颁发智能投顾牌照；另一方面，应对打着"智能投顾"幌子的非持牌机构进行打击，以保护广大投资者的合法权益。

二、智能投顾机构的准入监管主体之确定

（一）智能投顾还是智能财顾

在金融业混业经营的背景下，从实践操作的业务范围上看，与其说是"智能投资顾问"（以下简称"智能投顾"），不如说是"智能财富顾问"或"智能理财顾问"（以下简称"智能财顾"）。这是因为，当前，我国金融业的发展趋势是混业经营，金融各业之间的界限越来越模糊，因此，智能投顾的法律定义就不能仅仅局限在证券法、基金法领域（基金是证券的一种，基金法是证券法的特别法），而应该打通金融各业的界限。"智能财顾"的业务领域不仅仅是投资，而应涵盖财富管理的全过程。从流程上看，它不仅仅是将积累的资金用于投资这一环节，还包括投资者教育、消费与生活方式选择教育、如何积累资金、降低客户个人的负债等更为前端的环节，还包括如何进行税收筹划、退休规划、遗产规划和家业传承等更为后端的环节。从投资领域

上看，它不仅仅包括标准化的投资标的（如证券、国债、公募基金、外汇等），还包括不具有标准化的金融商品；它不仅仅包括证券，还包括银行存款、保险产品等。当然，投资领域仅限于金融商品领域，如果超出了金融商品领域，如涉足房产投资等非金融商品领域，也不是金融法应规制的理财顾问①。

（二）对智能投顾业务进行监管的路径和监管体制划分

但是，正如霍姆斯所言，"法律的生命不在于逻辑，而是经验"。②德沃金说，"作为整体的法律要求一位法官在判决案件时将自己视为普通法系列的作者"。③其实，受上位法约束的金融监管者何尝不是如此。对智能投顾业务的监管（包括准入监管），也不是在一张白纸上做画，而是在已有的图画上接着画。监管存在路径依赖的问题。现有的制度路径直接影响到新生事物出现时的制度创设④。

1. 域外对智能投顾进行监管的路径

域外对智能投顾的监管一般都是依循对传统投资顾问的监管路径。域外各管辖区对传统投资顾问及智能投顾的监管情况主要有以下四种类型：第一种类型是实行综合经营的管辖区，对传统投资顾问及智能投顾的监管往往也是统一的。如欧盟，主要在《金融工具市场指令》（MiFID）的框架内进行监管。第二种类型是实现统一监管的管辖区，对传统投资顾问及智能投顾的监管往往也是由一个监管机构

---

① 参见邢会强：《人工智能投资顾问的法律界定》，载《人工智能法学研究》，2018（1）。

② 小奥利弗·文德尔·霍姆斯：《霍姆斯读本——论文与公共演讲选集》，刘思达译，上海：上海三联书店，2009，第70页。

③ 德沃金：《法律帝国》，李常青译，北京：中国大百科全书出版社，1996，第213页。

④ 万国华、张崇胜：《互联网时代证券权利结构的嬗变与反思》，载《财经法学》，2018（4），第14页。

依据综合性的金融法律来监管的。如英国是由英国金融行为监管局
（FCA）依据英国2000年《金融服务及市场法》进行监管。第三种类型
是在实施"双峰监管模式"的管辖区，由行为监管机构对传统投资顾
问及智能投顾进行监管。例如，澳大利亚证券和投资委员会以《2001
年公司法》为核心，发布了《RG255：向零售客户提供数字金融产品
建议》指南。第四种类型是实现分业经营和分业监管的管辖区，对传
统投资顾问及智能投顾的监管，主要是证券监管机构依据证券法律及
其特别法——投资顾问法进行监管。主要例证是美国、新加坡和我国
香港地区。

美国主导了当今世界的证券法制[1]，包括证券投资顾问业领域的
证券法制。美国《1940年投资顾问法》将"投资顾问"界定为一个具
有特定内涵的法律概念，主要是指为他人有偿提供有关证券价值的意
见，或者建议他人投资、买入或卖出证券的活动，而不包括为自身提
供投资建议，或者在其他业务活动中附带为他人提供投资建议的主体
（如银行）和特定行业（如教师、律师、会计师、评级机构等）[2]。该
法对投资顾问的监管以注册为起点，并宣布未进行注册而使用邮件或
州际商业手段或工具开展投资顾问活动的为非法。该法以保护投资者
利益为宗旨，对投资顾问进行了规制，并规定了美国证监会对投资顾
问的执法权力。六七十年后，智能投顾出现，尽管其与传统投资顾问
在运营模式上存在较大的区别，尽管美国的监管者也在反思现有的监
管架构是否完全适合于智能投顾[3]，但就目前的监管实践来看，美国

---

[1] 邢会强：《新三板市场的法律适用与"新三板监管法"的制定》，载《现代法学》，
    2018（1），第100页。

[2] 参见中国证券监督管理委员会组织编译：《美国〈1940年投资顾问法〉及相关证券交
    易委员会规则和规章》，北京：法律出版社，2015，第1-2页。

[3] 例如，2015年11月9日，SEC的委员Kara M. Stein在哈佛大学法学院举办的研讨会上作
    评论时说："我们需要反思现有的法律是否完全适用于新的智能投顾。"

的智能投顾仍然受到《1940年投资顾问法》的约束，智能投顾应当在SEC进行注册并接受监管。2017年2月，美国证券交易委员会投资管理部还为智能投顾发布了《投资管理部门的更新指南》，为智能投顾更好地遵守《1940年投资顾问法》规定的信息披露、适用性和合规性义务规定提出了针对性的建议。投资者可以使用投资顾问公开信息网站（Investor.gov）上的投资顾问公开信息（IAPD）数据库来研究建议投资的任何个人或公司，包括智能投顾的背景、注册或许可证状态和奖罚记录。此外，像传统投资顾问一样，智能投顾顾问也需要提交ADV表格。

新加坡数字智能投顾文件框架由原有法律及规范性文件和新加坡金融管理局对智能投顾发布的专门准则两方面构成。具体而言，智能投顾提供投资产品建议功能，适用于2018年10月8日发布的最新修订的《财务顾问法》以及配套的2018年10月8日发布的最新修订的《财务顾问法实施条例》；2018年10月8日发布的最新修订的《关于投资产品的建议公告》《关于客户信息和产品信息披露的通知》以及反洗钱和恐怖活动、技术风险管理相关的公告。FAA、FAR及其附属规范主要适用于财务顾问及其代表、豁免财务顾问等相关主体的业务活动。智能投顾的投资组合管理（基金管理）和投资交易执行活动，适用于资本市场类下的基金管理和资本市场产品交易相关规定，主要有2018年10月29日发布最新修订的《证券和期货法》及2018年10月8日最新修订的《证券和期货（许可和商业行为）条例》和 2018年10月5日最新修订的《关于出售投资产品的公告》等。MAS发布的智能投顾方面的辅助文件主要有准入阶段的《财务顾问执照授权标准准则》《基金管理公司的许可、注册和业务行为准则》《准入：基金管理和房地产投资信托管理以外的资本市场服务许可证授予标准准则》和业务营运阶段的《公平交易准则》等。可见，新加坡关于智能投顾的规定是在《财务顾问法》及《证券和期货法》的框架内延伸而来的。财务顾问所针对的金融产品的范围是非常广的，除了股票、债券等证券产品外，还包括人身保险、外汇交易合同等。由于《财务顾问法》属于《证券和期货法》的特别法，可见，新加坡是在证券法的"路径依赖"的基础上对智能投顾进行规制的。

中国香港地区与智能投顾营运活动相关的条例、规范和指引主要有以下几个层面：第一，原有相关条例、指引和操守准则等规范。主要包括《证券及期货条例》。根据该条例第三百九十九条发布的各类相关指引，与智能投顾相关的主要包括《证券及期货事务监察委员会持牌人或注册人的管理、监督及内部监控指引》和《监管自动化交易服务的指引》；《适用于在互联网上宣传或销售集合投资计划》相关守则包括《证券及期货事务监察委员会持牌人或注册人士操守准则》等。第二，专门针对网络分销和投资咨询平台（包含智能投顾）颁布的指引文件，即2018年3月28日，证券及期货事务监察委员会（SFC）发布的《网上分销及投资咨询平台指引》。第三，与智能投顾从业者行为指引相关的还有基于前述条例、指引和守则的相关解释等，主要包括《网上分销及投资咨询平台指引》问答集、《有关触发为客户提供合理适当建议的责任》问答集、《有关持牌人或注册人遵守为客户提供合理适当建议的责任》问答集、《复杂品和非复杂品》范围和《最低限度资料及警告声明》等。可见，我国香港地区对智能投顾的规范也是依循了证券法的路径。

2. 我国境内对智能投顾进行监管的路径依赖

美国法上的"投资顾问"概念移植到我国境内则被称为"投资咨询"。1997年国务院证券委员会发布的《证券、期货投资咨询管理暂行办法》将证券投资咨询界定为：从事证券投资咨询业务的机构及其咨询人员，为证券投资人或客户提供证券投资分析、预测或者建议等直接或者间接有偿咨询服务的活动。此后，我国相继颁布了《关于加强证券期货信息传播管理的若干规定》（1997年）、《证券、期货投资咨询管理暂行办法实施细则》（1998年）、《关于规范面向公众开展的证券投资咨询业务行为若干问题的通知》（2001年）、《会员制证券投资咨询业务管理暂行规定》（2005年）等与证券期货投资咨询有关的法律法规。

随着证券市场的改革发展，证券投资咨询行业逐步形成了证券投资顾问业务和发布研究报告两种基本业务形式[①]。2010年，中国证券监督管理委员会（以下简称证监会）颁布了《证券投资顾问业务暂行规定》和《发布证券研究报告暂行规定》，正式将"证券投资咨询业务"分为"证券投资顾问业务"和"发布证券研究报告业务"。可以说，2010年的《证券投资顾问业务暂行规定》从"证券投资咨询"业务中分离出"证券投资顾问"业务之后，与美国《1940年投资顾问法》对投资顾问的规制路径又靠近了一步，尽管二者在业务范围方面还存在较大差异。

2010年的《证券投资顾问业务暂行规定》实施后，证券投资顾问业务的本质特征和在证券服务体系中的作用以及角色定位都得以明确[②]。但是不久，市场上出现了"荐股软件"。2012年，证监会印发的《关于加强对利用"荐股软件"从事证券投资咨询业务监管的暂行规定》将"荐股软件"定义为"具备证券投资咨询服务功能的软件产品、软件工具或终端设备"，并明确规定，向投资者销售或者提供"荐股软件"，并直接或者间接获取经济利益的，属于从事证券投资咨询业务，应当经证监会许可，取得证券投资咨询业务资格；未取得证券投资咨询业务资格，任何机构和个人不得利用"荐股软件"从事

① 孟繁永：《〈证券投资顾问业务暂行规定〉和〈发布证券研究报告暂行规定〉有关问题的说明》，载《中国证券报》，2010-11-02。
② 参见佚名：《2011年中国证券投资咨询业务发展回顾与展望》，载《中国证券业发展报告》，2012-12。

证券投资咨询业务。"荐股软件"与智能投顾有点接近，但还不等于智能投顾，因为其人工智能的成分还远远不够。

智能投顾在我国境内出现后，对这种新型的业务模式该如何监管呢？监管路径如何选择呢？这是摆在监管者面前一道不得不回答的问题。

2016年6月，江苏证监局发布《证券期货经营机构与互联网企业合作开展业务自查整改的通知》，强调互联网投顾平台开展投资顾问服务需取得证监会许可。该"通知"强调，提供互联网投顾平台的机构有义务对通过其平台开展投资顾问服务人员的资质进行审核；提供投顾平台需取得证监会许可，未经证监会许可开展此类业务属于非法经营证券业务的活动[①]。2016年8月，山西证监局发布《警惕"智能投顾"非法投资陷阱》指出，"智能投顾"属于证券投资咨询业务，须取得经证监会许可的"经营证券期货业务许可"[②]。2016年8月19日，证监会的新闻发布会认为从事智能投顾业务同样需要遵守《证券投资基金法》《证券投资基金销售管理办法》相关规定[③]。从证券监管部门的回应看，我国境内对智能投顾的法律监管依然沿着对传统投资顾问进行监管的路径。

3. 混业经营背景下对智能投顾的监管路径抉择与体制划分

其实，在我国当前金融业之间的界限日益模糊，越来越多的金融机构进行综合经营的背景下，在证券法领域之外，也出现了与"投资顾问服务"相类似的概念。例如，在银行法领域则出现了"理财顾问

[①] 何晓晴：《江苏证监局要求证券期货机构自查与互联网企业合作情况》，载《21世纪经济报道》，2016-06-13。

[②] 原文网址：http://www.csrc.gov.cn/pub/shanxidong/xxfw/tzzsyd/201608/t20160801_301504. htm.

[③] 环球网财经："2016年8月19日证监会新闻发布会内容汇总"，http://finance.huanqiu. com/roll/2016-08/9335164.html，2018-06-16。

服务"的概念。《商业银行个人理财业务管理暂行办法》(中国银行业监督管理委员会令2005年第2号)第七条规定,商业银行个人理财业务按照管理运作方式不同,分为理财顾问服务和综合理财服务①。商业银行可获得理财投资顾问的资质。与理财顾问服务和综合理财服务相关的是理财产品销售。根据《商业银行理财产品销售管理办法》(中国银行业监督管理委员会令2011年第5号),商业银行可获得理财产品销售资质②。在保险法领域,则有"保险经纪人"的经纪业务,它与证券投资顾问业务在业务本质上有相近之处。根据《保险经纪人监管规定》(经2018年1月17日中国保监会第6次主席办公会审议通过并公布,自2018年5月1日起实施),保险经纪业务主要包括为投保人或者被保险人拟订投保方案、办理投保手续、协助索赔的人员,或者为委托人提供防灾防损、风险评估、风险管理咨询服务、从事再保险经纪等业务。《保险经纪人监管规定》对保险经纪人的管理与投资顾问法对投资顾问的监管方式一样,也是业务许可、行为监管、执法监督的基本逻辑。

从大金融的视角以及混业经营的趋势看,如果做好顶层设计,颁发一个智能理财顾问或智能财富顾问业务的集成牌照,该牌照包括证券投资顾问业务资质、银行理财顾问服务资质、保险经纪人资质等,并无不可,甚至是最佳的选择。但在我国当前分业监管的体制下,可行性较小。退而求其次,我们赞同在分业监管的格局之下,实施分类牌照制度。但该牌照是以证券投资顾问牌照为基础的,法律规制的路

---

① 理财顾问服务是指商业银行向客户提供的财务分析与规划、投资建议、个人投资产品推介等专业化服务。综合理财服务是指商业银行在向客户提供理财顾问服务的基础上,接受客户的委托和授权,按照与客户事先约定的投资计划和方式进行投资和资产管理的业务活动。参见《商业银行个人理财业务管理暂行办法》第八条、第九条。

② 商业银行理财产品(以下简称理财产品)销售是指商业银行将本行开发设计的理财产品向个人客户和机构客户(以下统称客户)宣传推介、销售、办理申购、赎回等行为。参见《商业银行理财产品销售管理办法》第二条。

径也是以对证券投资顾问规制的路径为基础而发展开来的——尽管证监会目前对证券投资顾问的规制尚需进一步探索和改革[①]。

分业监管格局之下的分类牌照制度是指，如果智能投顾所建议或投资的资产涉及何种金融产品或业务，就需要取得相应的金融监管部门的业务许可。如果智能投顾所建议或投资的资产是证券或证券投资基金，则需要取得证监会的投资顾问资质。如果智能投顾所建议或投资的资产是保险（且该保险实质上不属于证券），则需要取得中国银行保险监管委员会（以下简称银保监会）的保险经纪人资质。如果智能投顾所建议或投资的资产是存款或银行理财产品，且智能投顾是银行业金融机构的话，则需要取得银保监会的理财顾问服务资质，这是机构监管的基本要求。但如果智能投顾的运营方不是银行业金融机构的话，即使其所建议或投资的资产是存款或银行理财产品，也不需要取得银保监会的理财顾问服务资质。这是因为，一方面，银行存款的安全性较高，风险较小，没有设置业务资质许可的必要。另一方面，理财产品大部分属于证券[②]。因此，我们认为，如果智能投顾机构不是银行业金融机构的话，如果其所建议或投资的资产涉及理财产品，则需要取得证监会的投资顾问资质许可。

三、智能投顾市场准入条件之设定

（一）智能投顾对传统市场准入条件提出的挑战

传统上，金融市场准入通常考虑资本、股东、人员、经营场所与

[①] 如果我国的证券投资顾问具有资产管理资格，则对其的自律管理有必要与私募投资基金管理人、公募投资基金管理人的自律管理统筹规划，中国证券投资基金业协会将在其中发挥一定的作用。

[②] 邢会强：《我国〈证券法〉上证券概念的扩大及其边界》，载《中国法学》，2019（1）。

业务设施、风险管理与内部控制等，甚至会考虑股东资格等。智能投顾平台，作为咨询行业的新进入者，挑战了传统规则，并将在未来打乱金融咨询服务行业的现有规定。①智能投顾在不同程度上都对传统的金融市场准入制度提出了新挑战。

　　传统的金融市场准入之所以考虑资本，是因为根据企业主体论（entity theory），公司作为法律上的人的地位得到肯定和尊重，是因为公司是具有独立意志和持续经营活动的市场主体，它对股东投入公司的资本和运营产生的利润享有法人所有权，自主经营、自负盈亏②。同时，公司具备一定的资本，意味着具有相应的资本实力，具有较强的抗风险能力。注册资本是公司运营和生存的基础，是公司承担债务的最低物质保障，注册资本多寡往往表明公司的债务承担能力的强弱，亦是衡量公司信用的主要标尺③。证券公司从事特种营业，经营风险较高，要对公众承担较重的责任④。因此，2005年修订的《证券法》提高了证券公司的最低注册资本限额，分别为5000万元、1亿元和5亿元。而《证券、期货投资咨询管理暂行办法》（1997年）规定的证券、期货投资咨询机构的最低注册资本为100万元人民币。而根据当时的《公司法》，咨询、服务性公司的注册资本最低为10万元人民币。换言之，证券、期货投资咨询机构的最低注册资本为普通咨询、服务性公司的十倍。支撑此类规定的基本法理是资本信用，甚至是被神话了的资本信用观念。在我国公司法律制度建立伊始，资本的作用被神化了，人们对资本已经形成了事实上的迷信和依赖，似乎只要公司的资本真

---

① Nicole G. Iannarone, *Computer as Confidant*: *Digital Investment Advice and the Fiduciary Standard*, Chicago-Kent Law Review, Vol 93, No.1, 2018, p.163.

② 参见洪艳蓉：《公司的信用与评价——以公司债券发行限额的存废为例》，载《证券法律评论》，2014，第225页。

③ 参见冯果主编：《证券法》，武汉大学出版社，2014，第205页；叶林：《证券法》（第四版），北京：中国人民大学出版社，2013，第296页。

④ 参见叶林：《证券法》（第四版），北京：中国人民大学出版社，2013，第289页。

实，债权人的利益就有了保障；似乎只要一个公司的注册资本数额巨大，其履约或支付的能力也就同样的巨大①。殊不知，在实践中，为了满足所谓的最低注册资本要求，找人垫资、虚假注资、抽逃资本等现象普遍存在，资本信用在很大程度上已经名存实亡。这实际上是一个非常低效的债权人保护机制②。国家也认识到了公司资本制度的僵化与弊端，我国《公司法》已将实缴资本制度改成了认缴资本制度③。商业银行的资本监管是最为严格的，甚至还有资本充足率的要求，但一项实证研究却显示，严格的资本监管对银行的发展、效率、稳定、管理及防止腐败等问题几乎没什么效应④。在此情况下，如果再为智能投顾机构颁发许可证，还有必要考虑其注册资本吗？还有必要设置较高的注册资本门槛吗？

传统的金融市场准入之所以考虑人员，是因为金融行业具有专业性和技术性的特征，是一个知识密集型行业，应该要求相关的从业人员通过一定的胜任能力考试，取得相应的从业资格。因此，在我国才有了银行从业资格、证券从业资格、基金从业资格、保险从业资格、理财规划师等资格考试。尽管不少从业资格考试是由行业协会或以行业协会的名义举办的，但有一些资格考试实际上是由监管部门主办的，如证券从业资格考试中的保荐代表人胜任能力资格考试。《证券、期货投资咨询管理暂行办法》（1997年）第12、第13条要求，从事证券、期货投资咨询业务的人员，必须通过证监会统一组织的证券、

---

① 参见赵旭东：《从资本信用到资产信用》，载《法学研究》，2003（5），第113页。

② 参见黄辉：《公司资本制度改革的正当性：基于债权人保护功能的法经济学分析》，载《中国法学》，2015（6），第165页。

③ 参见施天涛：《公司资本制度改革：解读与辨析》，载《清华法学》，2014（5），第131页；卢宁：《我国公司资本"认缴制"的法定资本制性质辨析》，载《财经法学》，2017（5），第127页。

④ 参见詹姆士·R.巴茨、杰瑞德·卡普里奥、罗斯·莱文：《反思银行监管》，北京：中国金融出版社，2008，第257页。

期货从业人员资格考试，取得证券、期货投资咨询从业资格并加入一家有从业资格的证券、期货投资咨询机构后，方可从事证券、期货投资咨询业务。传统的投资顾问的从业人员，主要是自然人。对自然人的资格管理主要是通过考试、从业经验等来作为衡量标准并颁发资格证书的。但是，在智能投顾模式下，机器人取代了自然人专业人士，如何将基于传统自然人的资格管理运用于智能投顾呢？还能为机器人颁发资格证书吗？机器人还需要考试吗？还需要"从业经验"吗？这是监管者面临的一个新问题，也是一个难点问题。

传统的金融市场准入之所以考虑经营场所和业务设施，是因为这是金融业务开展所必备的物质基础和保障。因此，《证券、期货投资咨询管理暂行办法》（1997年）第六条规定，申请证券、期货投资咨询从业资格的机构，应当有固定的业务场所和与业务相适应的通信及其他信息传递设施。但是，互联网金融出现之后，传统的金融市场准入制度受到了挑战。因为互联网金融主要依托互联网开展业务，只要有几台电脑，若干管理和服务人员，就可以跨地域经营，无远弗届，并不需要固定的经营场所（网点）。智能投顾是互联网金融的形式之一，还有必要强制要求其具备固定的经营场所吗？

传统的金融市场准入考虑风险管理与内部控制，这是因为要引导金融机构规范经营，增强自我约束能力，推动金融机构建立现代企业制度，防范和化解金融风险。金融机构的风险管理和内部控制是指金融机构为实现经营目标，根据经营环境变化，对其经营与管理过程中的风险进行识别、评价和管理的制度安排、组织体系和控制措施。完善的风险管理和内部控制制度应当符合健全、合理、制衡、独立的原则，确保风险管理和内部控制的有效性[1]。智能投顾也同样需要风险管理与内部控制，但如何设定风险管理与内部控制，也是一个全新的挑

---

① 冯果主编：《证券法》，武汉大学出版社，2014，第206页。

战，因为智能投顾与传统投顾在对信息技术（IT）的依赖方面有显著区别，在运营模式上也有很大不同。上位法中可以以"具备健全的风险管理与内部控制"一笔带过，但在实施细则和操作中，却不得不考虑什么才是智能投顾的健全的风险管理与内部控制。

金融市场准入之所以还考虑股东，除了因金融业的高风险性之外，还是因为金融业是一个高负债行业，是经营"别人的钱"的行业①。如果股东的经营状况和信誉不好，就有可能滥用其对金融企业的控制权，进行利益输送，掏空金融企业，损及广大存款人和债权人的利益。改革开放之初，我国的金融机构大都是国营或国有的，这一问题并不突出或由财政进行托底。随着改革开放的深入，民营金融机构的增多，这一问题开始凸显。因此，很多最近制定的金融法律法规中都对金融机构的股东资格进行了规定，如我国《村镇银行管理暂行规定》（2007年）规定，境内非金融机构企业法人投资入股村镇银行的，应具有有良好的社会声誉、诚信记录和纳税记录；财务状况良好，入股前上一年度盈利；年终分配后，净资产达到全部资产的10%以上（合并会计报表口径）；有较强的经营管理能力和资金实力等②。我国《证券法》（2005年修订）第一百二十四条则规定，设立证券公司，其主要股东应该具有持续盈利能力，信誉良好，最近三年无重大违法违规记录，净资产不低于人民币二亿元。但并非所有的金融机构都是负债经营的，像独立的证券、期货投资咨询机构，仅仅是靠其投资建议而获取利润，本身并不是经营资金的金融机构，如果没有全权受托执行交易的权限，并不碰触客户资金，则没有太大的必要规定股东资格。因此，《证券、期货投资咨询管理暂行办法》（1997年）并未规定股东资格。但是，如果投资顾问机构具有全权受托执行交易的权限，

---

① 布兰代斯：《别人的钱：投资银行家的贪婪真相》，胡凌斌译，北京：法律出版社，2009。

② 参见《村镇银行管理暂行规定》第23条。

即具有资产管理的权限，即使法律强制要求其进行资金托管，但其还是有接触、动用、挪用客户资金的可能，因此，是否对投资顾问机构的股东规定相应的资格条件，也是一个不得不慎重考虑的问题。

（二）制定智能投顾管理办法及新设市场准入条件的必要性

面对汹涌来袭的智能投顾，美国并没有制定新的立法，而是在《1940年投资顾问法》的立法框架下，要求智能投顾必须注册为投资顾问。换言之，美国并未为智能投顾规定新的准入条件，只是在SEC的有关公告和风险提示中针对智能投顾的特殊性规定了新的信息披露要求。2015年8月，SEC的投资者教育和宣传办公室（OIEA）和金融业监管局（FINRA）发布《自动投资工具的风险提示》，对包含智能投顾在内的自动投资工具作出风险警示，投资者应该谨慎使用这些工具，以实现更好的投资组合表现。2017年2月23日， SEC投资管理部门发布的《投资管理部门的更新指南》，为智能投顾更好地遵守《1940年投资顾问法》规定的信息披露、适用性和合规性义务规定提出了针对性的意见。2017年2月23日，SEC投资者教育和宣传办公室继上文中的风险提示公告后，发布了第二份投资者公报，进一步为个人投资者提供了考虑使用智能投顾时可能需要做出的考虑和提示。

那么我国是否有必要学习美国的经验，不修改法律或不制定新的规则，不在市场准入方面为智能投顾设立新的条件呢？我们认为，由于以下几个方面的原因，我国应全面修订投资顾问的相关规章和规则，并为智能投顾设定新的市场准入条件。

第一，我国与美国的立法例不同。我国在法律层面并没有专门的投资顾问法，而仅仅是在《证券法》第八章"证券服务机构"中有四个条文（即第一百六十七条至第一百七十二条）规定了证券投资咨询机构，但《证券法》并未详细规定证券投资咨询机构（包括证券投资顾问机构）的市场准入条件，而是在实质上授权证券监管部门做进一步细化规定。为此，证券监管部门专门制定了《证券、期货投资咨询管理暂行办法》（1997年）、《证券、期货投资咨询管理暂行办法实施细则》（1998年）、《证券投资顾问业务暂行规定》（2010年）。启动议会修法程序是比较困难的，因此，美国选择了不修改现有的立法框架——《1940年投资顾问法》，而是通过发布公告和风险提示的方式对智能投顾的信息披露作出特别规定或要求。这是一条成本较为俭省的立法路径。但我国启动修订证券监管部门的规章制度则是比较容易的，且目前正值《证券法》全面修订的时间窗口，可以全面修订投资顾问的相关规章和规则。

第二，管理方式不同。美国的金融市场准入是比较自由的。《1940年投资顾问法》并未规定投资顾问的行政许可程序，仅仅要求投资顾问到SEC进行注册，而该项注册也是比较容易的，只需要提交符合要求的表格即可，SEC仅做形式审查而不做实质审查。《1940年投资顾问法》以及SEC的规章也并未为投资顾问的注册设定条件。因此，美国在SEC注册的投资顾问高达1.1万多家，自然人投资顾问代表高达27.5万名[1]。美国对投资顾问的监管主要依靠事中监管和严厉的事后惩罚。但我国的金融市场准入一直都是比较严格的，监管方式目前还离不开行政许可。这就是我国虽然在法律法规中规定了P2P网络借贷平台和私募基金管理人需备案或登记，但在实践中已经沦为行政许可的原因。与其变相进行行政许可，还不如直接承认和沿用行政许可，后一方式也更加透明和公正。因此，我国目前还需要在行政许可的基础上进一步探索适合我国国情的监管方式。在此意义上，完善智能投顾的市场准入条件是一个比较现实的选择。

---

[1] Angel, James, *On the Regulation of Investment Advisory Services：Where Do We Go from Here?*（October 31, 2011）. p.11, https：//ssrn.com/abstract=1951991, http：//dx.doi.org/10.2139/ssrn.1951991.

　　第三，我国投资顾问牌照停发的现实国情。近年来，鉴于证券投资咨询领域乱象频发，监管部门暂时停发了证券投资咨询新牌照。由于违规机构的旧牌照被不断取消，全行业牌照数量已从2004年的108张下降到现在的80多张。证券投资咨询新牌照的停发致使市场上出现了更多的证券投资咨询牌照转让、出租的乱象。证券投资咨询牌照转让尽管是合法的，但价格不菲。2017年华安证券转让旗下咨询牌照起拍价高达1.2亿元①。证券投资咨询牌照出租却是非法的。《证监会行政处罚决定书（李德胜、丁彦森）》（证监罚字〔2014〕18号）认为，投资顾问人员出租个人业务资格的行为违背了其作为执业人员应负的诚信义务。牌照转让、出租的乱象不但加大了社会成本，对企业、监管部门、市场稳定和金融安全而言也是弊大于利②。民间资本抢夺金融业牌照的"牌照大战"，增加了竞争成本，人力资源、金钱资源、时间资源等未能真正投入智能投顾的安全性和合规性技术研发的领域。智能投顾在我国尚处于初级阶段，商业盈利模式尚未成熟，高额的牌照成本不仅使智能投顾平台无法成为社会资源优化配置的场所，还阻碍了智能投顾行业的创新发展。资管新规规定的"运用人工智能技术开展投资顾问业务应当取得投资顾问资质"意味着，新的投资顾问牌照将要重新发放。但该新的牌照发放可能仅仅是针对智能投顾的牌照，而不可能是针对传统投顾的。我们认为，接下来证监会应修改《证券投资顾问业务暂行规定》，制定出新的投资顾问管理办法，为智能投顾发放新的牌照。通过牌照管理，能更好地规范智能投顾行业，促进该行业的健康发展。

　　第四，境外通行的智能投顾全权委托业务模式在我国境内却存在

---

① 新浪财经：《证券咨询牌照再报天价　华安起拍价高达1.2亿》，2017年3月17日，http://finance.sina.com.cn/roll/2017-03-17/doc-ifycnpvh4696730.shtml，2018-06-15。
② 参见李文莉、杨玥捷：《智能投顾的法律风险及监管建议》，载《法学》，2017（8），第18页。

着法律障碍。我国《证券法》第一百七十一条规定，投资咨询机构及其从业人员从事证券服务业务不得代理委托人从事证券投资。《证券、期货投资咨询管理暂行办法》第二十四条进一步细化了该规定。投资咨询机构不能从事资产管理业务，这与境外智能投顾的通行做法以及智能投顾的本质要求是相违背的。接受投资者全权委托，代投资者进行投资、理财，理应是智能投资顾问服务的核心功能之一。2015年3月16日，中国证券业协会发布《账户管理业务规则》（征求意见稿）。其中第二条规定，账户管理业务，是指取得证券投资咨询业务资格并符合本规则条件的机构（以下简称持牌机构）接受客户委托，就证券、基金、期货及相关金融产品的投资或交易作出价值分析或投资判断，代理客户执行账户投资或交易管理。法律法规另有禁止性规定的，从其规定。如果该规则得以通过，证券投资咨询机构也就可以获得代理客户进行投资的权利。但由于该规则与《证券法》第一百七十一条相冲突的缘故，这么多年过去了，该征求意见稿依然没有正式出台。因此，有必要通过修改《证券法》第一百七十一条，解禁对投资咨询机构接受客户全权受托的限制，[①]并在此基础上，对符合条件的机构颁发可以从事全权受托业务的智能投顾牌照。中国证券投资咨询业由单纯向客户提供投资建议升级为全权委托账户管理的咨询业务，是全行业走出困境和进一步发展的必然要求[②]。

当然，尽管我们建议修改《证券法》第一百七十一条，解禁对投资咨询机构接受客户全权受托的限制，但《证券法》修改之后，该建议能否接受也未可知。此外，《证券法》短期内能否修改通过也是未知数。市场不能坐等法律的缓慢变化。为此，我们建议，证监会可利

① 值得注意的是，《证券法》（修订草案2015年4月20日审议稿）已经删除了现行《证券法》第一百七十一条的规定。

② 沈朝晖：《证券投资咨询行业升级、两阶牌照与法制改革》，载《证券市场导报》，2017-12，第4页。

用规章制定权对《证券法》的相关规定进行限缩解释和扩大解释，以避开《证券法》第一百七十一条对智能投顾的限制。具体而言，证监会可修改《证券、期货投资咨询管理暂行办法》《证券投资顾问业务暂行规定》，将"证券投资顾问"解释为两种类型、两阶牌照：投资建议牌照和全权委托账户管理牌照。将投资建议业务称为"证券投资咨询业务"（即对证券投资咨询业做限缩解释），同时将具有投资建议业务和全权委托账户管理业务的机构称为"证券投资顾问"（即对证券投资顾问做扩张解释），该"证券投资顾问"作为《证券法》第一百六十九条所述的"财务顾问"中的一种类型（即对财务顾问做扩张解释），从而使证券投资顾问能够绕开《证券法》第一百七十一条的限制，使其能够从事全权委托账户管理业务，以符合资管新规规定的"运用人工智能技术开展投资顾问业务应当取得投资顾问资质"的要求。

（三）对智能投顾市场准入条件设定的建议

面对智能投顾对传统金融市场准入制度带来的挑战，新制定的智能投顾管理办法应在以下几个方面对智能投顾的市场准入作出规定。

第一，最低注册资本以1000万元为宜，且应为实收资本。尽管我们不能迷信资本信用，但智能投顾行业毕竟不是一般的经营行业，它存在较大的外部性问题，关系到系统性风险和客户的资金安全问题，不规定实收注册资本，或实收注册资本过低，可能会引发大量的无技术实力的公司进入该市场，而其并不是真正的智能投顾。但注册资本过高，也会诱发大量的虚假注资，造成社会资源的浪费。因此认为，1000万元的最低实收注册资本是适宜的。在实践中，对于相当一大部分创业企业来讲，1000万元的最低实收注册资本不难满足，这意味着，注册资本在行政许可中的分量已大为下降。

第二，智能投顾公司还应该拥有一定数量的自然人投资顾问从业人员。这是因为，目前的人工智能水平决定了现在的智能投顾还仅仅是人类决策的辅助，是人类的一项工具，它没有独立的意志和意识，不具有独立的人格，尚不能成为民事主体①。人类法律的整个历史都是以人类作出决定为假定前提的。②在超人工智能时代未到来的当下，还是应将核心按钮掌控在人类的手中。资管新规要求"因算法同质化、编程设计错误、对数据利用深度不够等人工智能算法模型缺陷或者系统异常，导致羊群效应、影响金融市场稳定运行的，金融机构应当及时采取人工干预措施，强制调整或者终止人工智能业务"，以防范人工智能带来的系统性风险。而要进行人工干预，就必须有相应的自然人投资顾问。这在国外也有先例。例如，加拿大规定，人工顾问仍须参与投资顾问服务的全流程，并对客户准入及后续投资决策承担责任③。澳大利亚规定，智能投顾应至少有一名理解智能投顾算法理论基础、风险和规则，并会运用、定期审查由算法生成的数字的建议以确保其合乎法律规定的技术人员④。

第三，智能投顾应有固定的业务场所，或有相应的注册地址，并向监管部门如实提供其实际控制人、主要股东及他们的住所。不必强制要求智能投顾运营者有固定的业务场所，这是适应互联网时代网上经营不具有实体店铺的特点而作出的创新。

第四，智能投顾应具有经监管科技部门检测合格的人工智能系统。智能投顾的业务设施主要是人工智能系统。该人工智能系统可以自行开发，也可以委托第三方开发。智能投顾应该与大数据紧密结

① 参见高丝敏：《智能投资顾问模式中的主体识别和义务设定》，载《法学研究》，2018（5）。
② John Frank Weaver：《机器人也是人——人工智能时代的法律》，郑志峰译，元照出版公司，2018，第87页。
③ 胡章灿、傅佳伟：《智能投顾行业发展现状与监管》，载《金融纵横》，2017（12），第83页。
④ 李晴：《互联网证券智能化方向：智能投顾的法律关系、风险与监管》，载《上海金融》，2016（11），第58页。

合，以实现"千人千面"和"千时千面"的目的。"千人千面"是指每一个用户都有不同的风险偏好和预期。"千时千面"是指如果进入市场的时间不一样，即使是同一风险偏好的用户，其仓位也是不同的[①]。然而，现实中有的所谓的"智能投顾"实际上只提供了几种针对不同场景的投资组合，这种投资组合与真正的"千人千面"和"千时千面"的个性化需求还相差甚远[②]。为避免"伪人工智能"欺骗投资者，法律应要求以智能投顾开展业务的，其人工智能系统应通过监管者或监管者指定部门的检测。这就像汽车在申领机动车行驶证之前，必须检验合格一样。由于在当前的技术条件下，智能投顾的从业资格是提供这项服务的机构赋予的，人工智能机器人本身并不具备任何民事权利和权益，"智能投资顾问是运营者本身延伸出去获取信息的长臂"[③]，因此，所有的义务和责任都应由提供此项服务的机构承担。对自然人投资顾问可以通过参加考试的方式检测其是否具有相应的知识和能力。自然人参加资格考试，本质上就是对其"从业资格所需要的知识图谱"进行抽样评测。考试合格，仅仅说明他拥有的从事这项服务所必需的知识图谱是满足要求的，从而拥有开展这项业务的准入资格，但这并不决定他的服务水平的高低。同样的道理，智能投顾的人工智能系统也可以并应该参加从业资格考试。智能投顾的人工智能系统从业资格考试的核心是，评测其知识表示（或称知识图谱）是否具有投资顾问服务所要求的功能（当然也包括法律法规方面的基于规则的知识表示）。这样的"资格认证"区别于人类资格考试的答题形式，而

---

① 陶振明：《资管新规对智能投顾发展影响》，载《时代金融》，2018（9）下旬刊，第234页。

② 参见崔传刚：《智能投资——机器交易时代的崛起》，北京：机械工业出版社，2018，第122页。

③ 高丝敏：《智能投资顾问模式中的主体识别和义务设定》，载《法学研究》，2018（5），第49页。

将采取对系统的逐项功能测试的形式实现[①]。由于智能投顾的人工智能系统的专业性，监管部门内部可以设立专门的监管科技部门，肩负起开发评测体系和进行测试的职能，并对检测通过的智能投顾的人工智能系统（或机器人）颁发证书。总之，我们可以通过评测智能投顾的人工智能系统的知识图谱来判断它是否具备"从业资格"。智能投顾的人工智能系统应该是可以被评测的。这样的测试已在国外进行了探索。2016年8月，韩国金融委员会（FSC）出台了"机器人投顾测试床（Test bed）的基本运行方案"，通过三阶段的审核程序检验机器人投顾平台的实际运营情况，测试算法的稳定性、收益性和整体系统的安全性，最终审议通过的机器人投顾平台将面向广大中小投资者合法进行资产管理服务，这将成为韩国机器人投顾走向大众化的关键第一步[②]。我国应对智能投顾的人工智能系统进行测评，至于测评的具体内容为何？目前不宜由法律法规予以详细规定，而应授权给监管机构，并由其组织专家委员会予以决定。

第五，智能投顾除了应具有普通企业的风险管理与内部控制之外，还应该有相应的信息技术治理（以下简称IT治理）和个人信息保护制度（数据治理）。智能投顾是高度依赖程序软件的，但程序有时也会出错。例如，2012年美国BATS交易所的高频交易软件出现了严重的系统错误，迫使该交易所不得不取消当日的交易。这次程序错误的原因是，骑士资本的系统管理员在给一台服务器升级时，忘记了将PowerPeg模块从AMARS系统中删除干净[③]。2013年8月16日，我国证券

---

① 张家林：《人工智能投顾，需要从业资格考试吗？》，载《华夏时报》，2016-12-05（34）。

② 姜海燕、吴长凤：《机器人投顾领跑资管创新》，载《清华金融评论》，2016（12），第100页。

③ 详见邢会强：《证券期货市场高频交易的法律监管框架研究》，载《中国法学》，2016（5）。

市场上发生的"光大乌龙指"事件也是因为高频交易软件系统出现了重大错误。事后调查发现，光大证券竟然将没有测试过的软件模块注入了生产系统，最终酿成大祸[1]。程序出错的根本原因多是人祸，即这些公司缺乏IT治理。如果骑士资本在更新系统时，不是一位工程师而是两位工程师，如果骑士资本认真执行了美国证监会的有关风险防范和警示的要求，错误或许可以避免。如果光大证券具有管理公司核心业务软件开发团队的经验，具有健全的IT治理框架和制度，高度重视软件测试工作，"乌龙指"事件或许也不会发生。但是，我们的金融监管部门还缺乏管理信息技术人员（以下简称IT人员）的意识、能力和经验，也缺乏这样的部门和科技人才[2]，追究IT人员的法律责任还存在着法律空白，因此，在"光大乌龙指"事件中，IT人员并未被金融监管部门所追责。这样的现状应予改变。一方面，法律应将IT治理（如公安部计算机信息系统安全等级保护认证三级）作为智能投顾内部治理的一部分和获得资质许可的前提条件之一加以规定，并要求智能投顾建立健全和有效执行；另一方面，法律应有权追究IT负责人员的行政法律责任，就像法律有权追究内控负责人（首席合规官）的行政法律责任一样。

智能投顾高度依赖于大数据，也应具有较强的数据处理能力。因此，智能投顾在业务过程中，会产生和接触客户的大量个人信息。智能投顾应有相应的个人信息保护制度和数据治理能力来切实保护个人信息，并鼓励设置个人信息保护官。欧盟《一般数据保护条例》（GDPR）要求数据控制者和处理者在特定情况下应设置数据保护官（Data Protection Officers），首席数据保护官必须具备个人信息保护专业知识和技能，有能力独立地履行职责，直接向最高层级的管理者报

---

[1] 参见林建：《透视高频交易》，北京：机械工业出版社，2015，第47页。

[2] 大型银行大都设有科技部门，但金融监管机构却没有专门的科技部门，更缺乏科技人才。

告，与被监管的数据处理项目不具有利害关系①。中国国家标准化管理委员会发布的《信息安全技术 个人信息安全规范》（GB/T 35273—2017）第10.1条也提出了要任命个人信息保护负责人和个人信息保护工作机构。2018年5月，银保监会发布的《银行业金融机构数据治理指引》要求银行业金融机构将数据治理纳入公司治理范畴，鼓励银行业金融机构根据实际情况设立首席数据官。首席数据官是否纳入高级管理人员由银行业金融机构根据经营状况确定；纳入高级管理人员管理的，应当符合相关行政许可事项的要求。但首席数据官（Chief Data Officer，CDO）与数据保护官（Data Protection Officer，DPO）并非同一概念，前者的定位是战略管理，后者的定位是个人信息保护。有的公司没有设立首席数据官，而是设立了首席数据保护官或首席隐私官。自2000年IBM宣布任命全球首任首席隐私官后，越来越多的企业开始设立这一职位，专门负责处理个人信息保护事务。花旗集团、美国运通、美洲银行、惠普、微软、脸书（Facebook）等公司都设有首席隐私官的职位。在中国，奇虎360公司是国内首家设置首席隐私官职位的互联网公司。蚂蚁金服旗下的芝麻信用也于2017年设立了首席隐私官职位。鼓励智能投顾设置首席数据保护官，以使数据安全和数据合规由专人负责，并有相应的部门、队伍来支撑其开展工作，建立一支满足数据治理工作需要的专业队伍。

第六，智能投顾应建立健全反商业贿赂制度。智能投顾的一大道德风险是，设计者可能会通过算法诱导、引导客户故意买入某一产品。之所以如此，可能是该种产品给智能投顾公司的费率较高，也可能是该种产品暗中给智能投顾的相关人员以商业贿赂。法律的对策是，对于前者，要求智能投顾只能从客户一方收取费用，而不能从产

---

① 详见京东法律研究院：《欧盟数据宪章：〈一般数据保护条例〉GDPR评述及实务指引》，北京：法律出版社，2018，第31页。

品的发行一方收取费用；对于后者，则要求智能投顾建立健全并有效执行反商业贿赂制度，同时，适用《反不正当竞争法》的反商业贿赂条款对智能投顾的工作人员予以执法监督。这应该成为智能投顾牌照的事先准入条件。违法者可能面临吊销牌照的处罚。

第七，智能投顾的主要股东资格应有相应的要求。如果人工智能投资顾问机构具有全权受托执行交易的权限，即具有资产管理的权限，即使法律强制要求其进行资金托管，但其还是有接触、动用、挪用客户资金的可能，因此，应对人工智能投资顾问机构的主要股东规定相应的资格条件。对金融机构的主要股东资格作出规定已成金融业的惯例。例如，巴塞尔银行监管委员会的《有效银行监管核心原则》就规定了对银行股东资格的审查。该委员会认为，监管当局应当对银行的主要股东进行身份确认，确定其是否适合作为股东，并有权审查和拒绝股权转让的申请[1]。我们建议借鉴《村镇银行管理暂行规定》（2007年），分别针对境外股东与境内股东、法人股东与非法人股东作出相应的资格限制。主要境外股东的条件要高于境内股东，且根据对等原则予以放行。主要法人股东要考虑其财务状况、纳税记录、诚信记录等，主要自然人股东要考虑其违法犯罪和诚信记录。考虑到现实中可能存在股权代持的情况，还应规定"穿透监管"方法，要求被代持人及股权终极控制人也应具备这些股东条件。穿透式监管要看到原始的投资人和融资人，明确法律责任承担的主体。[2]

四、通过监管沙箱实施智能投顾的市场准入

2008年国际金融危机之后的监管改革带来了重大的金融服务业的

---

[1] 张挽虹：《关于非金融企业投资金融机构的国际监管经验比较》，载《上海金融》，2018（8），第77页。

[2] 袁达松、刘华春：《论穿透式金融监管》，载《证券法律评论》，2017年，第48页。

监管负担。监管负担造成了合规障碍，使金融科技（FinTech）初创企业难以及时测试其新创意。解决这一监管障碍的一个办法是"监管沙箱"①。监管沙箱为科技创新企业提供了一个安全的试验和观察、测试空间。在监管沙箱中，企业可以测试其创新产品、服务、商业模式和营销机制，并积累经验而不必立即遵从所有的现行严苛的监管规则。监管者对测试过程进行实时监测并进行评估，以判定是否对其正式发放牌照。因此，监管沙箱可以作为一种牌照发放前的试验机制。监管沙箱还为创新企业与监管者提供了一个对话机制，这不仅可以通过减少监管不确定性来促进创新，还可以提高监管机构对新技术的理解②。智能投顾正好契合了监管沙箱机制，因此，我们建议我国对智能投顾的市场准入先实施监管沙箱测试。

（一）域外在智能投顾领域进行监管沙箱测试的基本情况

目前，全球共约将近20个监管沙箱在运行。在这些监管沙箱中，已经开始对智能投顾进行测试的其实并不多，更多的监管沙箱则是为智能投顾预留了空间，欢迎智能投顾运营者申请测试。

2018年12月，迪拜金融服务管理局（DFSA）宣布，经过近12个月的测试，智能投顾公司Sarwa已成为第一个从监管沙箱毕业的参与者。作为迪拜国际金融中心（DIFC）内第一家获得"创新测试许可证"（ITL）的公司，Sarwa承诺"使投资更容易、更安全、更实惠"。Sarwa是一个低成本的投资咨询平台，通过数字平台提供自动化、低费

① Ingle, Laurence, *Why Build a Sandbox on a Beach? An Analysis of Fintech Regulation in New Zealand* (April 4, 2018). Victoria University of Wellington Legal Research Paper, Student/Alumni Paper No. 27/2018, https://ssrn.com/abstract=3156088, http://dx.doi.org/10.2139/ssrn.3156088.

② Ringe, Wolf-Georg and Ruof, Christopher, *A Regulatory Sandbox for Robo Advice* (May 31, 2018). European Banking Institute Working Paper Series 2018 – No. 26, https://ssrn.com/abstract=3188828, http://dx.doi.org/10.2139/ssrn.3188828.

用、投资和财富管理服务。DFSA表示，Sarwa成功完成了监管测试计划，这表明了监管沙盒在促进创新和促进既有公司和初创公司在金融服务领域创造新解决方案方面的重要性[①]。

从2016年开始，英国金融行为监管局便将监管沙箱运用于智能投顾的测试。为了降低这些智能投顾所运营的算法提供不合适建议所带来的风险、减少测试期间和测试后可能会给消费者带来的不利影响，FCA与进入沙箱测试的智能投顾机构进行了密切的合作，建立了额外的保障措施，包括额外的资本要求（extra capital requirements）、系统穿透测试（systems penetration testing）和由有资格的自然人投资顾问进行二次审查等方面。FCA总结这些经验后认为，监管沙箱测试为智能投顾提供了使其服务在真实市场中运行的机会[②]。

澳大利亚为抓住数字时代给金融业带来的机遇，同时保持消费者对金融业的信任和信心，早在2015年，ASIC就专门成立了智能投顾工作组（Robo-advice Taskforce），该工作组将重点关注智能投顾机构如何遵守最佳利益义务（best interests duty）、如何开发和测试软件算法、运行智能投顾平台的人员的培训和能力要求以及智能投顾服务提供者的补偿安排等。2017年，ASIC发布《RG257：在未持有澳大利亚金融服务或信用许可证的情况下测试FinTech产品和服务》监管指南，鼓励包括提供智能投顾服务在内的FinTech企业，通过监管沙箱有限制条件的豁免持牌以测试其商业模式，最长测试期为24个月。

2017年，新西兰金融市场管理局（Financial Markets Authority，

---

① Robo-advisory firm is first graduate of DFSA's regulatory sandbox，https：//www.arabianindustry.com/technology/news/2018/dec/2/robo-advisory-firm-is-first-graduate-of-dfsas-regulatory-sandbox-6009367/ last visited on Jan. 27，2019.

② Financial Conduct Authority，*Regulatory sandbox lessons learned report*（October 2017），https：//www.fca.org.uk/publication/research-and-data/regulatory-sandbox-lessons-learned-report.pdf，latest visit on Dec.31，2018.

FMA）提议修改《财务顾问法》（*Financial Advisers Act*，FAA），授予FMA根据其权力授予财务顾问一项豁免权，允许其在新西兰的一些投资和其他金融产品上提供完整的智能投顾服务。2018年2月，FMA向寻求通过数字工具和平台（智能投顾）向消费者提供个性化金融建议的提供者开通豁免申请通道。智能投顾提供者将获得《财务顾问法》的豁免。豁免将要求智能投顾提供者采取适当措施以保护消费者的利益，这些条件与适用于传统财务顾问的要求一致。[1]这项改革如果实施，这实际上创造了一个"监管沙箱"机制，因为FMA提议的智能投顾豁免具有监管沙箱的所有特征——降低了通常和预期的监管进入壁垒，同时对提供给金融消费者的保护机制施加了相当强的约束[2]。

（二）我国智能投顾监管沙箱的构建

智能投顾监管沙箱的申请者。我国证券监管部门制定新的市场准入条件后，并不立即颁发第一批牌照，而是由符合准入条件的传统投资顾问机构或欲进入智能投顾市场的企业，申请监管沙箱测试。经过监管沙箱测试成功后再颁发投资建议牌照和全权委托账户管理牌照。建议挑选具备足够技术实力同时又具有一定代表性的主体作为试点申请企业。

智能投顾监管沙箱"被试客户"的选择。在域外的监管沙箱中，为控制测试成本，或由于该国或地区的中小投资者人数比较少，因此，"被试客户"往往数量较少。例如，在新加坡，监管沙箱的"被试客户"被限制在50个以内。在澳大利亚，监管沙箱的"被试客户"如果

---

[1] See FMA, *FMA opens applications for personalised digital advice*, Media release MR No. 2018 – 02，22 February 2018.

[2] Simon Papa, *FMA's Robo-advice Proposal--NZ's First Regulatory Sandbox?* June 28th, 2017. https：//cygnuslaw.nz/2017/06/fmas-roboadvice-proposal-nzs-first-regulatory-sandbox/，last visited on Jan. 27，2019.

是中小投资者的话，其数量不得超过100人。我们认为，我国智能投顾沙箱测试的"被试客户"不能人为指定，而应允许自愿报名，但可以设定条件（如投资者经验和财务实力条件等）；"被试客户"的人数，应达到万人级别以上，并应呈现出较好的"离散性"，尤其是要覆盖长尾客户，因为我国的市场庞大，客户众多，只有这样才能避免测试结果的失真。

　　智能投顾监管沙箱中的金融消费者保护机制[①]。英国FCA的监管沙箱机制要求创新的产品或者服务为消费者带来可以识别出的福利，包括直接的福利和间接提高市场竞争的福利。FCA要求进入监管沙箱的企业要有足够的保护措施来保护消费者，并在必要的情况下提供相应的补偿措施。这些保护消费者的措施是基于个案的，"一企一策"。具体到智能投顾领域，FCA要求不减少任何适用于英国的现有消费者保护法律制度，包括投资顾问的门槛条件和标准；与提供智能投顾服务的受测试公司合作的消费者将继续受到金融督察服务（FOS）和金融服务补偿计划（Financial Services Compensation Scheme）的保护；FCA还要求智能投顾建立"附加保障"，要求有资格的自然人投资顾问检查由底层算法生成的自动化建议，以避免提供不符合投资者适当性的建议。而澳大利亚证券投资委员会（ASIC）除了补偿安排和披露义务外，还设定了参与测试的消费者的数量限制：零售客户不超过100人，每个客户的最大风险敞口（exposure）为10000澳元；所有客户的总风险敞口不超过500万澳元。具体到我国，结合我国的国情及资管新规的要求，我们认为，我国的智能投顾进入监管沙箱后保护金融消费者的举措包括：测试申请者建立企业内部投诉处理机制，及时受理投资者（客户）的投诉；测试申请者加入国内的具有FOS性质的金融消费者投

---

① 　金融消费者即零售投资者（retail investors）或中小投资者。它指的是除"专业投资者"（professional investors）、"合格投资者"（qualified investors）或"成熟投资者"（sophisticated investors）之外的投资者。

诉处理机制或调解机制；测试申请者要具有一定数量的有投资顾问从业资格的自然人来对算法输出结果（包括投资者风险测评结果和投资组合推荐结果）进行审核；制订避免算法同质化的方案，以及应对因算法同质化可能引发市场波动风险的预案；等等。

智能投顾监管沙箱测试的时间。监管沙箱的测试时间通常是6~12个月，也有短至3个月，长达两年的。还有的监管沙箱没有固定的测试时间的限制，全凭监管当局依职权自由设定，如瑞士。我们认为，智能投顾是一项高度依赖大数据的比较复杂的高标准的金融服务，由于我国的投资者理性程度不足，证券市场波动较大或长期低迷，因此，监管沙箱的测试时间不能太短，否则就难以达到测试目的。但也不能太长，因为市场瞬息万变，我们建议测试时间一年左右为宜。这一时间既应能保证智能投顾试点企业与监管机构进行充分沟通，监管机构又能比较充分而深刻地理解智能投顾业务，还能使牌照发放跟上日新月异的市场更新迭代步伐。

智能投顾监管沙箱的退出机制。该退出机制应有两方面的含义。第一是失败退出。在大部分国家的监管沙箱中，都是由申请企业在其申请进行沙箱测试时就提供"退出策略"的。这其实也是一种金融消费者保护措施，因为它可将对金融消费者损害的最小化降至最低。退出监管沙箱的理由主要有：不遵守规则、行为不当，或没有达到监管沙箱的目的。退出监管沙箱后，企业所享受的特权即被取消。第二是成功退出，即达到测试目的，测试证明这是一种成功的商业模式。成功的标准则应由监管机构设定。具体到智能投顾领域，我们认为，成功的标准主要包括大多数投资者对智能投顾的服务表示满意，有效防范或未发生系统性风险或大规模侵权事件或即使发生也能很好地予以解决等。对于成功退出的企业，可设立评审委员会，由其根据事先设定的参数指标，进行审慎性评审。

五、小结

对于智能投顾，我国应未雨绸缪，及时制定规则，让行业发展有规可循。即使规则不尽完善，但也胜于无规则。智能投顾的业务模式需要继续观察，但观察不等于观望，不等于放任自流、任子弹乱飞，而应尽可能地利用监管沙箱机制，在风险可控和充分保护金融消费者的前提下，对智能投顾进行试验、观测，认真听取市场的声音，充分理解其业务模式，及时发现问题，以便及时调整监管策略，从而建立一个市场友好型、金融消费者保护型、社会共治型的金融监管机制。总之，我们要通过事先设定的规则来引导市场的发展，而不能观望犹豫，甚至纵容行业乱象。

第五章　资管新规中的智能投顾

《关于规范金融机构资产管理业务的指导意见》第二十三条专门对"运用人工智能技术开展投资顾问业务"（以下简称智能投顾）做了规定。这是对国务院于2017年7月印发的《新一代人工智能发展规划》的落实。该发展规划不但提出了我国新一代人工智能发展的战略目标，还明确提出要"创新智能金融产品和服务，发展金融新业态。鼓励金融行业应用智能客服、智能监控等技术和装备"。

一、规范智能投顾的现实意义

作为人工智能的重要领域，智能投顾也蕴藏着极大的发展潜力，是各国金融业发展的最新趋势，也终将成为各国金融竞争的重要领域。有报告预测，到2020年，智能投顾将占据全球10%的财富管理市场。在未来，智能投顾的市场将越来越大。在我国，传统的金融机构和新兴的互联网公司都在为蓄势待发的智能投顾市场做准备，有的甚至推出了自己所谓的智能投顾应用端。

但是，由于相关法律规范的缺失，我国的智能投顾市场也鱼龙混杂。有的根本没有运用人工智能，仅仅是将顾问业务由线下搬到了线上，却大言不惭号称是"智能投顾"。更为严重的是，这些被包装成"智能投顾"的传统投顾，穿上了科学、中立的外衣，而其背后实质上包藏着关联交易、利益输送、不当诱导等祸心，其目的就是诱骗投资者上当受骗。如果不对这个行业进行监管和规范，而是采取观望的态度的话，就等于纵容违法，其结果很可能会重蹈P2P网贷在我国发展的覆辙：行业发展伊始违法背德行为猖獗，投资者损失惨重，国家不得不进行严厉的整顿和清理，投资者对该行业丧失信心，该行业很快会被污名化。

在此情况下，资管新规第二十二条对智能投顾进行规范，是非常必要的，也是非常及时的，它表明了金融管理部门对智能投顾行业的肯定和认可，并提出了原则性的监管框架，有助于相关部门制定细则，促进智能投顾行业的规范发展。

二、智能投顾的资质管理

资管新规第二十三条第一款首先规定了智能投顾的资质管理，运用人工智能技术开展投资顾问业务应当取得投资顾问资质，非金融机构不得借助智能投资顾问超范围经营或者变相开展资产管理业务。这里面包含以下两层含义。

第一，智能投顾的资质管理。运用人工智能技术开展投资顾问业务，必须取得投资顾问资质。投资顾问资质规定在《证券投资顾问业务暂行规定》（中国证券监督管理委员会公告〔2010〕27号）第二条之中："本规定所称证券投资顾问业务，是证券投资咨询业务的一种基本形式，指证券公司、证券投资咨询机构接受客户委托，按照约定，向客户提供涉及证券及证券相关产品的投资建议服务，辅助客户作出投资决策，并直接或者间接获取经济利益的经营活动。投资建议服务内容包括投资的品种选择、投资组合以及理财规划建议等。"但是，近年来，鉴于证券投资咨询领域乱象频发，监管部门暂时停发了证券投资咨询新牌照。

民间资本抢夺金融业牌照的"牌照大战"，增加了竞争成本、人力资源、金钱资源、时间资源等未能真正投入智能投顾的安全性和合规性技术研发的领域。智能投顾在我国尚处于初级阶段，商业盈利模式尚未成熟，高额的牌照成本或者合规成本不仅使智能投顾平台无法成为社会资源优化配置的场所，还阻碍了智能投顾行业的创新发展。资管新规规定的"运用人工智能技术开展投资顾问业务应当取得投资顾问资质"意味着，需要金融监管部门制定相应的规则来落实资管新规，引导智能投顾的发展；通过智能投顾牌照管理，规范智能投顾行业，促进其健康发展。

需要指出的是，证监会制定新的投资顾问管理办法，颁发的智能投顾牌照，如果投资对象是证券、基金、资产管理产品的话，该牌照应该不仅仅适用于证券、期货机构或非金融机构，诸如银行、保险公司、信托公司等金融机构的智能投顾也应取得由证监会颁发的投资顾问牌照，接受证监会的功能监管。

第二，非金融机构不得借助智能投资顾问开展资产管理业务。资管新规第二十三条第一款还规定，非金融机构不得借助智能投资顾问超范围经营或者变相开展资产管理业务。资管新规第二条规定了资产管理业务的定义，它是指银行、信托、证券、基金、期货、保险资产管理机构、金融资产投资公司等金融机构接受投资者委托，对受托的投资者财产进行投资和管理的金融服务。根据这一定义，资产管理业务为金融机构的专属业务。资管新规第三十条重申，资产管理业务作为金融业务，属于特许经营行业，必须纳入金融监管。非金融机构不得发行、销售资产管理产品，国家另有规定的除外。因此，非金融机构即使持有投资顾问牌照，也不得开展资产管理业务。

这样的规定是与我国《证券法》第一百七十一条的规定一脉相承的。我国《证券法》第一百七十一条规定，投资咨询机构及其从业人员从事证券服务业务不得代理委托人从事证券投资。而证券投资顾问业务是证券投资咨询业务的一种基本形式，因此，也不能接受投资者的全权委托。

但是，如果智能投资不能接受投资者的全权委托，不能自动换股调仓，还叫智能投顾吗？因为智能投顾的优势就在于投资组合的自动化管理、资产组合的交易和再平衡交易及其快速执行，智能投顾固定的阈值设置可以在投资达到止盈、止损值时自动操作，减轻了人工干预的非理性因素，帮助投资者战胜人性的弱点。

此外，这还造成了金融机构的智能投顾与非金融机构的智能投顾的差别待遇：金融机构的智能投顾因能开展资产管理业务而可以接受投资者的委托，但非金融机构的智能投顾却因非金融机构不能开展资产管理业务而不得接受投资者的委托。这不利于以BATJ（百度、阿里巴巴、腾讯、京东）为代表的具有人工智能技术实力的非金融机构开展智能投顾业务。

囿于上位法的限制，资管新规将非金融机构的智能投顾仍然局限于仅仅提供投资建议的初级阶段。

三、智能投顾的行为监管

资管新规第二十三条第二款规定了对智能投顾的行为监管，这包括以下几个方面的内容。

第一，投资者适当性。《证券期货投资者适当性管理办法》（中国证券监督管理委员会令第130号，自2017年7月1日起施行）明确提出了投资者适当性的要求，"向投资者销售证券期货产品或者提供证券期货服务的机构（以下简称经营机构）应当遵守法律、行政法规、本办法及其他有关规定，在销售产品或者提供服务的过程中，勤勉尽责，审慎履职，全面了解投资者情况，深入调查分析产品或者服务信息，科学有效评估，充分揭示风险，基于投资者的不同风险承受能力以及产品或者服务的不同风险等级等因素，提出明确的适当性匹配意见，将适当的产品或者服务销售或者提供给适合的投资者，并对违法违规行为承担法律责任"。简而言之，投资者适当性管理就是既要"了解你的客户"，又要"了解你的产品"，并"将适当的产品或者服务销售或者提供给适合的投资者"。智能投顾作为投资顾问的一种，也应遵守投资者适当性的要求，通过大数据画像，"了解你的客户"，进行客户洞察；同时，"了解你的产品"，进行资产洞察，明晰资产变化规律，为客户提出更有价值的投资建议；不得将高风险的产品推荐给低风险承受能力的投资者。

第二，投资范围。资管新规第十条规定了资管产品的投资范围：公募产品主要投资标准化债权类资产以及上市交易的股票，除法律法规和金融管理部门另有规定外，不得投资未上市企业股权。公募产品可以投资商品及金融衍生品，但应当符合法律法规以及金融管理部门的相关规定。私募产品的投资范围由合同约定，可以投资债权类资产、上市或挂牌交易的股票、未上市企业股权（含债转股）和受（收）益权以及符合法律法规规定的其他资产，并严格遵守投资者适当性管理要求。鼓励充分运用私募产品支持市场化、法治化债转股。智能投顾所推荐的投资范围应遵守上述规定，而不得突破上述规定。

第三，信息披露与风险揭示。智能投顾不得借助人工智能业务夸大宣传资产管理产品或者误导投资者。智能投顾应充分提示人工智能算法的固有缺陷和使用风险。在美国，其信息披露和风险揭示要求则更为全面。例如，2017年2月23日，美国证券交易委员会投资管理部门发布的《投资管理部门的更新指南》（*IM Guidance Update No.2017-2*）

要求，智能投顾除了提供所有注册投资顾问应该提供的所需信息外，还应当披露额外的有关其特定的业务实践和相关风险。其中包括：用于管理各个客户账户所使用的算法。描述用于管理客户账户的算法功能，例如该算法生成推荐的投资组合。账户通过算法进行投资和重新平衡的机制。描述用于管理的算法的假设和其局限性，例如，如果算法是基于现代投资组合理论的话，描述背后的假设和该理论的局限性。描述使用算法所固有的特定风险，例如，在特殊市场条件下交易或采取其他临时防御措施时，智能投顾可能会停止运行的情况。描述任何第三方参与开发、管理的用于管理客户账户的算法的所有权，包括解释这种安排可能产生的利益冲突。解释智能投顾直接向客户收取的任何费用，以及客户可能直接或间接承担的任何其他费用，例如，客户可能会就所提供的咨询服务支付费用，托管人或共同基金的开支，经纪和其他交易成本。解释人工参与监督和管理的程度，例如，管理个人客户账户的投资顾问人员监督算法，但可能不监控每个客户的账户。说明智能顾问如何使用收集的客户信息，生成推荐的投资组合和任何限制，例如，如果问卷被使用，对调查问卷的答复可能是该问题的唯一依据；如果智能顾问可以访问其他客户信息或账户，则需要进行说明以及解释如何使用这些信息来进行投资咨询。解释客户应该如何以及何时更新所拥有和变更的信息，将其及时地提供给智能投顾。我国的资管新规对智能投顾的信息披露和风险揭示的规定还非常概括，有必要通过制定新的规则进行更详细的规定。当然，美国的前述做法提供了很有价值的参考。

第四，风险隔离。资管新规第十三条规定了风险隔离要求，首先，主营业务不包括资产管理业务的金融机构应当设立具有独立法人地位的资产管理子公司开展资产管理业务，强化法人风险隔离，暂不具备条件的可以设立专门的资产管理业务经营部门开展业务。其次，金融机构不得为资产管理产品投资的非标准化债权类资产或者股权类资产提供任何直接或间接、显性或隐性的担保、回购等代为承担风险的承诺。最后，金融机构开展资产管理业务，应当确保资产管理业务与其他业务相分离，资产管理产品与其代销的金融产品相分离，资产管理产品之间相分离，资产管理业务操作与其他业务操作相分离。智能投顾也应遵守上述规定。智能投顾大致可以分为两类业务或功能：投资建议和委托执行。委托执行即资产管理。金融机构的智能投顾如取得投资顾问牌照，则既可以进行投资建议，又可以进行委托执行（资产管理），当然应遵守资管新规第十三条关于风险隔离的要求。如果《证券法》将来修改完成后并取消了关于禁止投资咨询机构（投资顾问机构）代理委托人从事证券投资的规定，则意味着非金融机构的智能投顾也可获得委托执行（资产管理）的资格，在此情况下，也应遵守资管新规第十三条关于风险隔离的要求。即使是非金融机构的智能投顾只能做投资建议，也应该有相应的风险隔离要求，避免利益冲突，禁止进行利益输送。而这，尚待证监会制定的新的投资顾问管理办法的明文规定和要求。

第五，算法逻辑的报备。资管新规要求金融机构应当向金融监督管理部门报备人工智能模型的主要参数以及资产配置的主要逻辑。就整个人工智能来讲，公开透明是确保人工智能研发、设计、应用不偏离正确轨道的关键。鉴于当前的人工智能的研发、设计仍属于一种黑箱工作模式，而发展却一日千里，以及可能拥有的超级优势和可能产生的灾难性风险，因而在研发、设计、应用过程中，应该坚持公开透明原则，置于相关的监管机构、伦理委员会以及社会公众的监控之下，以确保人工智能机器人拥有的特定超级智能处于可解释、可理解、可预测状态[1]。智能财富顾问作为人工智能的一部分，也应遵守

---

① 金东寒主编：《秩序的重构——人工智能与人类社会》，上海大学出版社，2017，第72页。

该原则，并接受监控，并始终处于可解释、可理解、可预测状态。我
国《新一代人工智能发展规划》指出，建立健全公开透明的人工智能
监管体系，实行设计问责和应用监督并重的双层监管结构，实现对人
工智能算法设计、产品开发和成果应用等的全流程监管。"资管新规
的规定与我国《新一代人工智能发展规划》是一致的。但是，算法很
复杂，很难用公式或可见的形式表达出来。算法的种类很多，一个人
工智能系统可能会涉及很多算法，且算法也在不断迭代、更新和打补
丁，就像其他软件系统不断更新一样。因此，算法没法备案，更无法
披露。可以备案和披露的是算法的逻辑和参数。资管新规第二十三条
要求，金融机构应当向金融监督管理部门报备人工智能模型的主要参
数以及资产配置的主要逻辑，即是因为如此。但是，算法逻辑和主要
参数的披露却可能引起业界的纷纷效仿，从而可能带来羊群效应。也
正因为如此，算法逻辑和主要参数的备案，需要对金融监督管理部门
及其工作人员课加严格的保密责任。

第六，为投资者单独设立智能管理账户，明晰交易流程，强化留
痕管理，严格监控智能管理账户的交易头寸、风险限额、交易种类、
价格权限等。为了避免混同操作，将人工智能投资顾问于置人类的全
面监控之下，资管新规要求智能投顾为投资者单独设立智能管理账
户，并进行留痕管理，严格监控智能管理账户。

第七，民事责任。资管新规规定，金融机构因违法违规或者管理
不当造成投资者损失的，应当依法承担损害赔偿责任。但是，这仅仅
是原则性规定，尚待人民法院在具体是审判实践中进行发展和完善。

四、智能投顾的宏观审慎管理

资管新规第二十三条第三款规定了智能投顾的宏观审慎管理。算
法的开发和设计是智能投顾的核心。智能投顾的算法的开发和设计主

要有两种方式，一是自主开发，二是委托第三方开发。如果某一第三方IT公司接受多家机构的委托去开发智能投顾系统，该第三方IT公司就有可能将同一算法或相似算法卖给不同的机构。此外，由于IT跳槽、商业秘密泄露、剽窃等，也会导致算法趋同。如果较多的完全程序化交易的智能投顾采用相似理论或算法，随着智能投顾的发展，管理资产规模的扩大，自动产生的投资组合的趋同性就会较高，有可能造成市场投资的"羊群效应"，有时候众多智能投顾都在买同一金融产品，有时候众多的智能投顾都在抛售同一金融产品，这就有可能会对市场产生助涨助跌的效果，加大市场波动，甚至会带来系统性金融风险。智能投顾的机器学习和训练所采用的是人类对市场的预期和交易，而人类对市场的预期具有顺周期的特点，当市场向好的时候，人类会越来越乐观；当市场走衰的时候，人类会越来越悲观，即具有明显的顺周期特点。人工智能的投资顾问模拟的是人类，因此，因算法同质化也会加剧投资行为的顺周期性。特别是随着未来智能投顾市场份额增加，交易量较大的时候，发生系统性风险的概率也将增加。因此，有必要对智能投顾实施宏观审慎管理。

资管新规要求，首先，要避免算法的同质化，即金融机构应当根据不同产品投资策略研发对应的人工智能算法或者程序化交易，避免算法同质化加剧投资行为的顺周期性。其次，针对顺周期性，应针对由此可能引发的市场波动风险制定应对预案。最后，特定情况下调整或终止人工智能业务，实施人工干预措施，即因算法同质化、编程设计错误、对数据利用深度不够等人工智能算法模型缺陷或者系统异常，导致羊群效应、影响金融市场稳定运行的，金融机构应当及时采取人工干预措施，强制调整或者终止人工智能业务，以防范人工智能带来的系统性风险。当然，这样的宏观审慎管理措施还非常简单和初步，有待在实践中根据智能投顾的发展状况不断予以完善。

第六章　智能投顾算法黑箱的法律规制

算法（algorithm）[1]是人工智能的基础。人工智能的应用在很大程度上取决于其背后的一套算法。[2]算法就是一系列指令，告诉计算机该做什么。[3]算法的核心就是按照设定程序运行以期获得理想结果的一套指令。[4]所有的算法都包括以下几个共同的基本特征：输入、输出、明

---

[1]　算法（algorithm）一词来源于中世纪的拉丁语"algorism"。公元9世纪，波斯的一位数学家叫Al-Khwarizmi，他写了一本关于代数的著作。中世纪的学者用拉丁语传播Al-Khwarizmi的学说时，他的名字的拉丁语音译为"algorism"。到了18世纪，algorism演变成了algorithm。这个词汇就成了任何程序化运算或自动运算方法的统称。参见克里斯托弗·斯坦纳：《算法帝国》，李筱莹译，北京：人民邮电出版社，2014，第42-43页。

[2]　王利明：《人工智能时代提出的法学新课题》，载《中国法律评论》，2018（2），第3页。

[3]　佩德罗·多明戈斯：《终极算法：机器学习和人工智能如何重塑世界》，黄芳萍译，北京：中信出版集团，2017，第3页。

[4]　克里斯托弗·斯坦纳：《算法帝国》，李筱莹译，北京：人民邮电出版社，2014，第42页。

确性、有限性、有效性[①]。算法因数学而起，但现代算法的应用范畴早已超出了数学计算的范围，已经与每个人的生活息息相关[②]。因此，我们生活在算法的时代。[③]随着人工智能时代的到来，算法越来越多地支配着我们的生活，也给现存的法律制度和法律秩序带来了冲击和挑战。人工智能算法本身的公开性、透明性和公正性问题，是人工智能时代的一个核心问题。[④]人工智能算法的不公开、不透明，简称"算法黑箱"，它是人工智能带给人类社会的重大新型问题之一。法律制度如何应对"算法黑箱"的挑战，申言之，法律如何规制算法，成了摆在我们面前的一道不可逾越的难题。

一、算法透明与否的争论

（一）"算法黑箱"问题的由来

"黑箱"是控制论中的概念。作为一种隐喻，它指的是为人所不知的那些既不能打开、又不能从外部直接观察其内部状态的系统。

计算机系统隐含的偏见和利益取向多年前就已引起广泛关注。多项研究均显示，软件产品具有隐蔽性的特征，特定的权力结构、价值观和意识形态已经事先被嵌入其中。在软件的遮蔽下，"有限性、许可、特权和障碍"等限制不易被人察觉。

[①] 徐恪、李沁：《算法统治世界——智能经济的隐形秩序》，北京：清华大学出版社，2017，第11页。

[②] 徐恪、李沁：《算法统治世界——智能经济的隐形秩序》，北京：清华大学出版社，2017，第9页。

[③] 佩德罗·多明戈斯：《终极算法：机器学习和人工智能如何重塑世界》，黄芳萍译，北京：中信出版集团，2017，第3页。

[④] 王利明：《人工智能时代提出的法学新课题》，载《中国法律评论》，2018（2），第3页。

人工智能所依赖的深度学习技术是一个"黑箱"。[1]之所以说人工智能算法进行深入学习的过程是个黑盒子，主要的原因除了它的保密性外，更重要的是即使公开了法官和律师也看不懂[2]。

与传统机器学习不同，深度学习并不遵循数据输入、特征提取、特征选择、逻辑推理、预测的过程，而是由计算机直接从事物原始特征出发，自动学习和生成高级的认知结果。在人工智能输入的数据和其输出的答案之间，存在着我们无法洞悉的"隐层"，它被称为"黑箱"（blackbox）[3]。

对透明的追求使人心理安定，"黑箱"使人恐惧。如何规制算法"黑箱"，算法是否要透明，如何透明，是法律规制遇到的首要问题。

（二）对算法透明的呼吁及其理由

主张、呼吁算法的透明的理由主要如下。

第一，算法透明是消费者知情权的组成部分。这种观点主张，因为算法的复杂性和专业性，人工智能具体应用领域中的信息不对称可能会更加严重，算法透明应是消费者知情权的组成部分。

第二，算法透明有助于缓解这种信息不对称。这种观点主张，算法的信息不对称加重不只发生在消费者与算法设计者、使用者之间，更发生在人类和机器之间，算法透明有助于缓解这种信息不对称。

---

[1] 杨光：《智能投顾的硬伤》，载《中国证券报》2017-06-19（J01）。
[2] 郑戈：《如何用法律规制算法？如何用算法强化法律？》，载《中国法律评论》，2018（2），第75页。
[3] 许可：《人工智能的算法黑箱与数据正义》，载《社会科学报》，2018-03-29（6）。

第三，算法透明有助于防止人为不当干预。这种观点主张，机器人投顾算法模型相对公开，操作执行策略由时间和事件函数共同触发，在双方约定投资策略的前提下，避免了受主观或人为控制风险，降低了金融投资道德风险，充分保证了投资人的利益，降低市场波动性，更易推动金融市场公平、公开、公正的发展[1]。

第四，算法透明有助于防止利益冲突。这种观点认为，由于算法的非公开性和复杂性，难以区分智能化建议与一般的分散投资，且平台给出的资产配置建议有可能包含与自身利益相关性高的产品，难以保证其独立性和客观性[2]。智能投顾可以通过对于推荐产品选项的特殊排列方式，把对自己最有利的产品排在最容易被选择到的位置[3]。只有算法透明，才能防止这种利益冲突。

第五，算法透明有助于防范操作风险。这种观点认为，智能投顾在给投资者带来高效、便利服务的同时，也由于智能投顾运作的专业性和复杂性，使投资组合产生以及资金流向更加不透明，从而产生营运者的操作风险。主要表现为程序缺陷造成的指令执行失误、违背信义务提供不符合投资者风格的建议等操作风险[4]。

第六，算法透明有助于防范信息茧房。这种观点认为，算法可能形成信息茧房。算法科学的外表容易误导投资者，强化投资者的偏见，从而导致错误决策。算法技术为原本和普罗众生疏离的复杂难懂的金融披上了简单易懂的面纱，金融的高风险性被成功掩盖，轻松化

---

[1] 宋湘燕、王韬：《机器人投顾——金融投资领域的新角色》，载《金融时报》，2016-05-09（11）。

[2] 伍旭川：《迎接金融科技的新风口——智能投顾》，载《清华金融评论》，2017（10）。

[3] 参见高丝敏：《论我国智能投顾模式中的主体识别和义务体系的构建》，载《法学研究》，2018（5）。

[4] 李晴：《智能投顾的风险分析及法律规制路径》，《南方金融》，2017（4）。

的人机交互界面掩盖了金融风险的残酷本质[①]。

第七，算法透明有助于打破技术中立的外衣。智能金融给人以中立的感觉，而事实上，技术的背后是人，人类会将人性弱点和道德缺陷带进算法之中，但这种缺陷却可能隐蔽于算法背后而更不易被监管者和公众发现[②]。

第八，算法透明有助于打破算法歧视。宾夕法尼亚州法学院的Tom Baker和荷兰鹿特丹伊拉斯谟大学的Benedict G. C. Dellaert教授认为，公众不能预设智能投顾机器人没有人类所具有的不纯动机。就是因为智能金融算法存在歧视和黑箱现象，所以才需要算法的透明性或解释性机制[③]。

第九，算法透明有助于打破"算法监狱"与"算法暴政"。有学者指出，私营企业和政府公共部门采用算法和大数据作出的自动决策，使数百万人无法获得保险、贷款、出租房屋等一系列服务，如同被监禁在"算法监狱"。然而，自动化决策的算法不公开、不接受质询，不提供解释、不进行救济，相对人无从知晓决策的原因，更遑论"改正"的机会，这种情况被学者称为"算法暴政"[④]。算法透明则有助于打破"算法监狱"与"算法暴政"。

第十，算法透明是提供算法可责性问题的解决工具和前提。Doshi-Velez教授等人在其文章"*Accountability of AI Under the Law：The Role*

[①] 参见高丝敏：《论我国智能投顾模式中的主体识别和义务体系的构建》，载《法学研究》，2018（5）。

[②] 参见高丝敏：《论我国智能投顾模式中的主体识别和义务体系的构建》，载《法学研究》，2018（5）。

[③] 参见刘元兴：《智能金融的"算法可解释性"问题》，载《金融科技观察》，2018（13）。

[④] 张凌寒：《商业自动化决策的算法解释权研究》，载《法律科学》，2018（3）。

of Explanation"中认为算法透明性和可解释性是解决算法可归责性的重要工具。明确算法决策的主体性、因果性或相关性，是确定和分配算法责任的前提。

第十一，算法透明有助于提高人们的参与度，确保质疑精神。这种观点认为，在卡夫卡的环境中，如果你不了解某个决定的形成过程，就难以提出反对的理由[①]。由于人们无法看清其中的规则和决定过程，人们无法提出不同的意见，也不能参与决策的过程，只能接受最终的结果。为走出这一困境，算法透明是必要的。还有人认为，质疑精神是人类前进的工具，如果没有质疑，就没有社会进步。为了保证人类的质疑，算法必须公开——除非有更强的不公开的理由，比如保护国家安全或个人隐私。

第十二，公开透明是确保人工智能研发、设计、应用不偏离正确轨道的关键。鉴于当前的人工智能的研发、设计仍属于一种黑箱工作模式，而发展却一日千里，以及可能拥有的超级优势和可能产生的灾难性风险，因而在研发、设计、应用过程中，应该坚持公开透明原则，将其置于相关的监管机构、伦理委员会以及社会公众的监控之下，以确保人工智能机器人拥有的特定超级智能处于可解释、可理解、可预测状态，确保超级智能不能私自联网、升级，结成逃避监控的自主性组织[②]。

（三）反对算法透明的声音及其理由

声音并非一边倒。反对算法透明的声音也不少，其主要理由如下。

---

① 参见卢克·多梅尔：《算法时代：新经济的引擎》，胡小锐、钟毅译，北京：中信出版集团，2016，第140页。

② 金东寒主编：《秩序的重构——人工智能与人类社会》，上海大学出版社，2017，第72页。

第一，类比征信评分系统。征信评分系统不对外公开是国际惯例，其目的是防止"炒信""刷信"，使评级结果失真。很多人工智能系统类似于信用评级系统。

第二，周边定律（Ambient Law）。周边定律是指法律无须要求律师提请我们注意身边具有法律意义的内容，而是将其直接植入我们的设备和周边环境之中，并由这些设备和环境付诸实施①。主张该观点的人宣称，人类正在步入技术对人类的理解越来越深刻，而人类却无须理解技术的时代。智能时代的设备、程序，就像我们的人体器官和中枢神经系统，我们对其知之甚少但却可以使用它们。同样，算法为自我管理、自我配置与自我优化而完成的自动计算活动，也无须用户的任何体力与智力投入②。

第三，算法不透明有助于减少麻烦。大数据预测依据的相关性，而不是因果性。如果身体上的某一标记与某种犯罪概率呈现出高度的相关性，则是否长有该标记这一指标就会纳入算法模型。只要有助于预测，算法的设计者就不应将其拒之门外，而不会耗神费力地解释其中的原因。如果披露了算法，则可能会引起社会舆论的哗然反应，从而干扰算法的设计，降低预测的准确性。大数据预测尽管准确的概率较高，但也不能做到百分之百。换言之，大数据预测也会不准，也会失误。如果将算法公之于众，人们对预测错误的赋值权重就有可能偏大，从而会阻碍技术的发展。

第四，防止算法趋同。算法披露之后，好的算法、收益率高的算法、行业领导者的算法可能会引起业界的效仿，从而会出现"羊群效

---

① 参见卢克·多梅尔：《算法时代：新经济的引擎》，胡小锐、钟毅译，北京：中信出版集团，2016，第123页。

② 参见卢克·多梅尔：《算法时代：新经济的引擎》，胡小锐、钟毅译，北京：中信出版集团，2016，第123页。

应"，加大顺周期的风险。

第五，信息过载。从用户的层面来说，算法信息的大量披露可能导致信息过载。由于不同受众群体存在差异化的信息需求，除专业人士之外的大多数受众可能难以理解这些计算公式或对之不感兴趣[①]。

第六，偏见存在于人类决策的方方面面，要求算法满足高于人类的标准是不合理的[②]。算法透明性本身并不能解决固有的偏见问题[③]。要求算法的透明性或者可解释性，将会减损已申请专利的软件的价值[④]。要求算法的透明性还为动机不良者扰乱系统和利用算法驱动的平台提供了机会，它将使动机不良者更容易操纵算法。

第七，算法披露在现实中存在操作困难。智能投顾可能涉及多个算法，还有一些"祖传算法"或"祖传代码"，披露哪个或哪些算法？算法披露到什么程度才算完整、充分？

（四）折中派的观点及其理由

有人认为，算法是一种商业秘密。如果将专有算法程序公之于众，有可能侵害自身的技术竞争优势，陷入被第三方介入操纵的被动局面。鉴于很多算法属于涉及商业利益的专有算法，受知识产权保护，因此即使是强制要求算法透明，也只能是有限度的透明。

---

① 张淑玲：《破解黑箱：智媒时代的算法权力规制与透明实现机制》，载《中国出版》，2018（7）。

② Joshua New and Daniel Castro：《算法可解释性与算法监管》，姜开锋译，大数据和人工智能法律研究院公众号，2018-07-03。

③ Joshua New and Daniel Castro：《算法可解释性与算法监管》，姜开锋译，大数据和人工智能法律研究院公众号，2018-07-03。

④ Joshua New and Daniel Castro：《算法可解释性与算法监管》，姜开锋译，大数据和人工智能法律研究院公众号，2018-07-03。

还有人认为，如何对待算法，这个问题并没有"一刀切"的答案。在某些情况下，增加透明度似乎是一个正确的做法，它有助于帮助公众了解决策是如何形成的，但是在涉及国家安全时，公开源代码的做法就不适用了，因为一旦公开了特定黑盒子的内部运行机制，某些人就可以绕开保密系统，使算法失效[①]。

（五）我们的观点——算法的不公开是原则，公开是例外

绝对的透明是不存在的，即使透明也是相对的透明。在历史上，人类社会随着复杂性的增加，不可避免地产生以组织和技术形态出现的各类"黑箱"，它们的决定影响着社会发展和大众福利，但仍然保持着某种秘密性。这一隐喻的核心问题在于信息不对称。为平衡相关当事人和社会大众的知情权、避免恐慌、保持某种预测能力，人们不断设计出某种程度的信息公开和透明化机制，如上市公司强制信息披露等[②]。但是，尽管如此，上市公司就绝对透明了吗？事实上，绝对透明是做不到的。信息披露是有成本的，投资者的知情权也是需要保障的。为了平衡这种冲突，法律发展出了信息的"重大性"标准，只有符合这一标准的信息才应予披露，而不是所有的信息才能披露[③]。那么，在算法披露领域，是否要借鉴上市公司的信息"重大性"标准呢？如果要借鉴，算法的透明就是一种有限的透明。而且，就信息的"重大性"标准而言，实践中和学术界仍有"价格敏感重大性"和"投资决策重大性"之争。算法透明如果要借鉴，该标准该如何设定呢？这也是一个难题。

---

① 参见卢克·多梅尔：《算法时代：新经济的引擎》，胡小锐、钟毅译，北京：中信出版集团，2016，第222页。

② 胡凌：《人工智能的法律想象》，载《文化纵横》，2017（2）。

③ 参见刘东辉：《谁是理性的投资者——美国证券法上重大性标准的演变》，载《证券法律评论》，2015年，第78页。

鉴于算法透明的利多于或大于弊，我们支持算法有限透明的立场。算法的完全透明是做不到的。在前人工智能时代，也有各种各样的算法，这些算法也在影响着人们的生活，但人们并未要求其完全公开。或者更严谨地说，在非政府信息公开领域，信息不公开是原则，公开是例外。如果需要公开，也需要制定法律明确哪些信息应该公开，以及如何公开。法律为信息公开立法，应有充足的理由，否则就是对私权和私人自由意志的侵犯。在人工智能时代，也可以做这样的推理：算法的不公开是原则，公开是例外。如果需要公开，也需要制定法律明确哪些算法应该公开，以及如何公开。

我们认为，具有垄断地位的算法，或国家财政资金提供支持的、目的是提供普遍公共服务的算法，人们应有权要求其公开。因为具有垄断地位的算法限制了人们的选择权，对个人施加的影响巨大，人们应有知情权。而国家财政资金提供支持的、目的是提供普遍公共服务的算法，之所以需要公开，是因为这是纳税人知情权的组成部分。此外，对于歧视某一类人、侵犯公民平等权的算法，尽管它未必需要向社会公开，但人们有权提起诉讼，让其接受法官的审查。这是因为，从理论上说，私人的商业秘密作为个人利益，在涉嫌侵犯个人的权利时，是不能对抗法官的审查的这一公权的。

尽管算法不公开是原则，但人们应有权要求公平。美国《公平信用报告法》确保消费者可以看到某个数据档案对信用评分的影响，并且有权纠正档案中包括的任何错误，而《平等信用机会法》则禁止在信用评分中纳入种族或性别歧视。这种做法值得我国借鉴，即我国法律即使不要求算法公开，但也应要求算法公平，并将其置于法官的审查之下。

二、算法透明规制的探索与实践

（一）官方层面的探索与实践

迄今为止，算法透明仅仅是学者们的建议或自律组织或单个企业的倡议，算法透明还未真正付诸实践。

最近发生于美国威斯康星州的State v. Loomis案引发了美国社会关于算法透明的争论。在该案中，该州一法院使用"再犯风险评估内容"（COMPAS）来进行量刑，被告Loomis认为法官违反了正当程序原则，他有权检查法律的算法，量刑法院应该公开算法。但该州最高法院认为，算法只是量刑的一个因素，而不是唯一因素，算法量刑没有违反正当程序原则，但法官应向被告解释其在作出量刑决定时所考量的因素并提醒法官警惕使用算法量刑可能带来的偏见[1]。总之，在该案中，该州最高法院倾向于保护算法产品厂商的商业秘密，不会要求算法产品厂商公开算法代码，也没有要求算法产品厂商用自然语言解释算法的设计原理、功能和目的[2]。

在欧盟，尽管有人主张GDPR赋予了人们算法解释权，但也有认为，这种看法很牵强，个人的可解释权并不成立。[3]

纽约州新近通过一项《算法问责法案》要求成立一个由自动化决策系统专家和相应的公民组织代表组成的工作组，专门监督自动化决策算法的公平和透明。

---

[1] 参见李本：《美国司法实践中的人工智能：问题与挑战》，载《中国法律评论》，2018（2），第56页。

[2] 郑戈：《如何用法律规制算法？如何用算法强化法律？》，载《中国法律评论》，2018（2），第75页。

[3] 参见刘元兴：《智能金融的"算法可解释性"问题》，载《金融科技观察》，2018（13）。

SEC于2017年2月23日发布的《投资管理部门的更新指南》提出的披露要求包括商业模式解释。智能投顾除了提供所有注册投资顾问应该提供的所需信息外，还应当披露额外的有关其特定的业务实践和相关风险。其中包括：用于管理各个客户账户所使用的算法。描述用于管理客户账户的算法功能，例如，该算法生成推荐的投资组合。账户通过算法进行投资和重新平衡的机制。描述用于管理的算法的假设和其局限性，例如，如果算法是基于现代投资组合理论的话，描述背后的假设和该理论的局限性。描述使用算法所固有的特定风险，例如，在特殊市场条件下交易或采取其他临时防御措施时，智能投顾可能会停止运行的情况。描述任何第三方参与开发、管理的用于管理客户账户的算法的所有权，包括解释这种安排可能产生的利益冲突。

我国《新一代人工智能发展规划》指出，建立健全公开透明的人工智能监管体系，实行设计问责和应用监督并重的双层监管结构，实现对人工智能算法设计、产品开发和成果应用等的全流程监管。

2018年3月，法国总统马克龙宣布法国将在 2022年前投入15 亿欧元开发人工智能，并着重强调将通过向私营企业施加更多压力的方式提高人工智能算法透明度，解决"算法黑箱"问题[1]。

（二）民间层面的实践

美国计算机学会公众政策委员会（ACM Public Policy Council）公布了知情原则、质询和申诉原则等6项算法治理指导细则，倡导算法透明（见表6-1）。

---

[1] 穆琳：《"剑桥分析"事件"算法黑箱"问题浅析》，载《中国信息安全》，2018（4）。

| 表6-1 | 美国计算机学会公众政策委员会算法治理指导原则 |

原则	基本内容
知情原则	算法设计者、架构师、控制方以及其他利益相关者应该披露算法设计、执行、使用过程中： ★可能存在的偏见 ★可能对个人和社会造成的潜在危害
质询和申诉原则	监管部门应该确保受到算法决策负面影响的个人或组织享有对算法进行质疑并申诉的权力
算法责任认定原则	使用算法的机构应对算法决策结果负责
解释原则	采用算法自动化决策的机构有义务解释算法运行原理以及算法具体决策结果
数据来源披露原则	算法设计者应披露： ★训练数据的采集方法 ★数据收集过程中可能存在的偏见 注：相关机构有权以保护隐私和商业秘密、避免恶性竞争等为由进行选择性披露
可追踪原则	模型、算法、数据和决策结果应有明确记录，以便必要时接受监管部门或第三方机构追踪

三、算法公开披露的替代方案

算法透明不能简单类比上市公司的透明，算法透明的具体方法除了公开披露之外，还可以有其他方法。

（一）备案或注册

备案即要求义务人向监管机构或自律组织备案其算法或算法逻辑，算法或算法逻辑不向社会公开，但监管机构或自律组织应知悉。这种观点认为，智能投顾应向监管部门备案，监管部门应对模型或算法进行大致分类，掌握智能投顾对各类模型或算法的应用程度，避免同质化，造成另一种形式的羊群效应。此外，还要明确要求智能投顾定期回顾和检测模型或算法的有效性，一旦有重要修改，应再次向监管部门备案[1]。

其实，在程序化交易、量化交易或高频交易领域，备案已是常规做法。从事程序化交易、量化交易或高频交易的机构应向监管部门报备其交易策略、交易参数的设定及其限制、核心风险控制模块构成及交易系统测试结果。欧洲证券市场监管局即要求从事量化交易的投资机构每年向其报备上述信息[2]。之所以如此，是因为提供算法一方面促使从事该项交易的投资机构更为审慎地监控其应用的算法交易系统，从而有助于维系更为稳定的市场秩序；另一方面则有益于推动监管机构本身掌握更为复杂的技术能力来理解和评估这些算法交易系统，从而改善监管机构调查违规操作的能力。[3]

算法很复杂，很难用公式或可见的形式表达出来。算法的种类很多，一个人工智能系统可能会涉及很多算法，且算法也在不断迭代、更新和打补丁，就像其他软件系统不断更新一样。因此，算法没法备案，更无法披露。可以备案和披露的是算法的逻辑和参数。资管新规第二十三条要求，金融机构应当向金融监督管理部门报备人工智能模型的主要参数以及资产配置的主要逻辑，即是因为如此。但是，算法逻辑和主要参数的披露却可能引起业界的纷纷效仿，从而可能带来羊群效应。也正因为如此，算法逻辑和主要参数的备案，需要对金融监督管理部门及其工作人员课加严格的保密责任。

除了算法逻辑的备案以外，还可以要求算法开发设计人员的注册。2017年1月，SEC批准了对NASD规则1032（f）的修正案，该修正案扩大了需要注册为证券交易者（Securities Trader）的人员范围。具体

---

[1] 姜海燕、吴长凤：《智能投顾的发展现状及监管建议》，载《证券市场导报》，2016（12）。

[2] 战雪丽、张亚东主编：《量化交易基础》，高等教育出版社，北京：2016，第113页。

[3] 战雪丽、张亚东主编：《量化交易基础》，高等教育出版社，北京：2016，第113页。

而言，自2017年1月30日起，每个主要负责设计、开发或重大修改与股票、优先股或可转换债券有关的算法交易策略的人，或在上述活动中负责日常监管或指导的人，必须通过57系列考试（Series 57 exam）并注册为证券交易者（Securities Trader）。美国自律监管组织——金融服务监管局（FINRA）的目标是确保公司识别并注册一个或多个相关人员具备交易策略（例如，套利策略）及实施该交易策略的技术实施（例如编码）的知识并对此负责，以便公司来评估相关产品的结果是否实现了其业务目标，且是否是合规的。如果智能投顾不是自行设计和开发算法，而是委托第三方设计和开发算法，则该第三方的设计开发机构中主要负责设计、开发或重大修改与股票、优先股或可转换债券有关的算法交易策略的人，也必须注册为证券交易者。这些经验值得我国借鉴。

（二）算法可解释权

一旦人工智能系统被用于作出影响人们生活的决策，人们就有必要了解人工智能是如何作出这些决策的。方法之一是提供解释说明，包括提供人工智能系统如何运行以及如何与数据进行交互的背景信息。但仅发布人工智能系统的算法很难实现有意义的透明，因为诸如深度神经网络之类的最新的人工智能技术通常是没有任何算法输出可以帮助人们了解系统所发现的细微模式[①]。基于此，一些机构正在开发建立有意义的透明的最佳实践规范，包括以更易理解的方法、算法或模型来代替那些过于复杂且难以解释的方法。我们认为，是否赋予客户以算法可解释权有待深入论证，但算法设计者有义务向公权机关解释算法的逻辑。

---

① 参见施博德、沈向洋：《未来计算》，北京大学出版社，2018，第39页。

四、算法不透明情况下保护算法公平的措施

（一）算法审查、评估与测试

在人工智能时代，算法主导着人们的生活。数据应用助推数据经济，但也有许多模型把人类的偏见、误解和偏爱编入了软件系统，而这些系统正日益在更大程度上操控着我们的生活。这些数学模型像上帝一样隐晦不明，只有该领域最高级别的牧师，即那些数学家和计算机科学家才明白该模型是如何运作的。[1]人们对模型得出的结论毫无争议，从不上诉，即使结论是错误的或是有害的。凯西·奥尼尔将其称为"数学杀伤性武器"。算法就是上帝，数学杀伤性武器的裁决就是上帝的指令。[2]然而，数学家和计算机科学家毕竟不是上帝，他们应当接受社会的审查。算法是人类的工具，而不是人类的主人。数学家和计算机科学家是人类的一员，他们应与我们普罗大众处于平等的地位，而不应凌驾于人类之上，他们不应是人类的统治者。即使是君主或总统，在现代社会也应接受法律的规范和治理、人民的监督和制约，更何况群体庞大的数学家和计算机科学家？总之，算法应该接受审查。

算法黑箱吸入数据，吐出结论，其公平性应接受人类的审查。算法的开发者、设计中也有义务确保算法的公平性。在智能投顾领域，作为智能投顾的核心要素，算法基于各种财务模型和假设将客户输入的有关数据转化为投资建议。如果一个算法的设计不正确或没有正确编码，它可能会产生有较大偏差甚至错误的结果，无法实现客户预期的投资目标，因而对算法的审查至关重要，这在国外已有实践。例如，美国对智能投顾算法的审查包括初步审查和持续审查。初步审查

---

[1] 凯西·奥尼尔：《算法霸权——数学杀伤性武器的威胁》，马青玲译，北京：中信出版社，2018，前言第V页。

[2] 凯西·奥尼尔：《算法霸权——数学杀伤性武器的威胁》，马青玲译，北京：中信出版社，2018，前言第X-XI页。

包括评估数字咨询工具使用的前提假设和相关方法是否适合特定的目标，评估系统输出是否符合公司的预期目标等；持续审查包括评估数字化建议工具使用的模型是否适用于持续变化的市场、定期对工具的输出结果进行测试和评估等。澳大利亚明确规定数字化建议算法要有设计文档，清楚地列出算法的目的、设计和决策规则；要有测试文档，说明算法测试的计划、案例、结果、缺陷及解决方法；要对算法更改进行严格管理、审查、测试和记录[①]。

目前，我国在智能投顾算法方面尚未建立起完整的监督和测试框架。有学者建议，有必要借鉴发达市场的成熟经验，尽快填补智能投顾算法的监管空白。具体内容可包括：第一，智能投顾平台应理解算法使用的假设、投资者偏好、数理模型以及算法的局限性和不足；第二，为算法的系统设计、开发、运用建立必要的文档，载明算法的目的、范围、设计和决策规则，必要时可使用图表进行生动阐释，便于监管部门和客户对算法进行理解和监督；第三，对算法是否适合特定投资目标、是否符合客户预期进行测试和评估，建立文档并记录算法测试的全部流程和结果；第四，在适合的时机更新算法，并对算法的更改进行严格管理和记录[②]。这些建议具有一定道理。

评估也是算法透明的替代措施之一。在智能投顾发展初期和市场大幅波动期间，需要审慎合理评估其对市场的影响，紧密观察并加大智能投顾的一贯性、系统性、中立性、合法性和安全性等方面的监管力度，及时跟踪市场情绪和市场热度，防范市场系统性风险[③]。建议金

---

① 李苗苗、王亮：《智能投顾：优势、障碍与破解对策》，载《南方金融》，2017（12）。

② 李苗苗、王亮：《智能投顾：优势、障碍与破解对策》，载《南方金融》，2017（12）。

③ 姜海燕、吴长凤：《智能投顾的发展现状及监管建议》，载《证券市场导报》，2016（12）。

融监督管理部门内部设立专家委员会，对算法的逻辑和主要参数进行评估。

监测对于防范算法风险必不可少。对智能投顾造成系统性风险的可能行为，可以采取宏观审慎的一些原则来监测，比如观察是否存在大规模一致性行为、大规模协同行为等①。充分运用专业技术对算法的执行进行持续监测。如果发现算法存在错误，应及时中止服务，并采取有效措施纠正错误算法带来的影响②。

测试。由于人工智能艾真体不具备民事责任，因此，它不可能成为任何一项民事义务和责任的当事人。因此，它的从业资格是提供这项服务的机构赋予的，它本身并不具备任何民事权利和权益，所有的义务和责任毫无疑问穿透到提供此项服务的机构。人类投资顾问去参加资格考试，本质上就是对其"从业资格所需要的知识图谱"进行抽样评测。考试合格，仅仅说明他拥有从事这项服务所必需的知识图谱是满足要求的，从而拥有开展这项业务的准入资格。但这并不决定他的服务水平就一定高，或者低。人工智能投顾可以，也应该需要"从业资格"考试。人工智能投顾从业资格考试的核心是，评测其知识表示（或称知识图谱）是否具有投资顾问服务所要求的功能（当然也包括法律法规方面的基于规则的知识表示）。这样的"资格认证"区别于人类资格考试的答题形式，而将采取对系统的逐项功能测试的形式实现。由于持牌机构是最终的民事责任主体，因此这样的"从业资格"考试，可以先由持牌机构通过"内测"的方式先进行。通过持牌机构内测的系统，就可以由持牌机构自主决定是否向客户提供。等到

---

① 张家林：《人工智能投顾：21世纪的技术对应21世纪的监管》，载《证券日报》，2017-01-21（A03）。
② 李苗苗、王亮：《智能投顾：优势、障碍与破解对策》，载《南方金融》，2017（12）。

行业逐步摸索出标准化的评测体系后，由监管部门或指定第三方进行统一的"资格认证"考试。总之，我们可以通过评测人工智能投顾系统的知识图谱来判断它是否具备"从业资格"。人工智能投顾应该是可以被评测的[①]。

2016年8月，韩国金融委员会（FSC）出台了"机器人投顾测试床的基本运行方案"，通过三阶段的审核程序检验机器人投顾平台的实际运营情况，测试算法的稳定性、收益性和整体系统的安全性，最终审议通过的机器人投顾平台将面向广大中小投资者合法进行资产管理服务，这将成为韩国机器人投顾走向大众化的关键第一步[②]。

反馈。人工智能系统应建立强大的反馈机制，以便用户轻松报告遇到的性能问题[③]。任何系统都需要不断迭代和优化，只有建立反馈机制，才能更好地不断改进该系统。

（二）算法治理

应强化对智能投顾算法的组织管理和治理，这包括两个方面的内容。

一是智能投顾的运营者应加强对算法的管理，将算法治理纳入公司治理之中。欧盟金融工具市场指令（EU MiFID II）要求，一家投资公司应该确保其负责算法交易风险和合规的员工具有：（a）充足的算法交易和交易策略知识；（b）跟踪自动警报所提供信息的能力；（c）算法交易造成交易环境紊乱或有疑似市场滥用时，有足够的权

---

① 张家林：《人工智能投顾，需要从业资格考试吗》，载《华夏时报》，2016-12-05（34）。

② 姜海燕、吴长凤：《机器人投顾领跑资管创新》，载《清华金融评论》，2016（12）。

③ 施博德、沈向洋：《未来计算》，北京大学出版社，2018，第34页。

力去质疑负责算法交易的员工①。在澳大利亚，2016年8月正式发布《RG255：向零售客户提供数字金融产品建议》指南要求，智能投顾被许可人应确保业务人员中至少有一位了解用于提供数字建议技术和算法基本原理、风险和规则的人，至少有一位有能力检查数字建议的人，定期检查算法生成的数字建议"质量"②。

质疑精神是人类社会前进的基本动力，必须将算法置于人类的质疑和掌控之下。人工智能的开发者和运营者应有能力理解和控制人工智能系统，而不能单纯地一味依赖第三方软件开发者。

二是加强第三方算法监管力量。为了保证对算法权力的全方位监督，应建立值得信赖的算法伦理委员会等第三方独立组织，支持学术性组织、非营利机构或自媒体的适当介入，加强第三方监管力量。目前在德国已经出现了由技术专家和资深媒体人挑头成立的名为"监控算法"（Algorithm Watch）的非营利组织，宗旨是评估并监控影响公共生活的算法决策过程。具体的监管手段包括审核访问协议的严密性、商定数字管理的道德准则、任命专人监管信息、在线跟踪个人信息再次使用的情况，允许用户不提供个人数据、为数据访问设置时间轴、未经同意不得将数据转卖给第三方等③。这种做法值得我国借鉴。

为了让人工智能算法去除偏私，在设计算法时，对相关主题具有专业知识的人（例如，对信用评分人工智能系统具有消费者信用专业知识的人员）应该参与人工智能的设计过程和决策部署④。当人工智能系统被用于作出与人相关的决定时，应让相关领域的专家参与设计和

---

① 参见网页http://ec.europa.eu/finance/securities/docs/isd/mifid/rts/160719-rts-6_en.pdf.

② RG255.64。

③ 张淑玲：《破解黑箱：智媒时代的算法权力规制与透明实现机制》，载《中国出版》，2018（7）。

④ 施博德、沈向洋：《未来计算》，北京大学出版社，2018，第29页。

运行[①]。

（三）算法素养教育

智能算法在社会公众眼中往往带有科学、客观的外在光环和神秘性。要实现对算法权力的问责和充分监督，应在全社会范围内加强"算法素养"（algorithm literacy）教育。算法设计者和利益相关者应树立兼顾效率和公共利益的理念，设计和使用算法时遵循相应的伦理规范。社会公众应多学习和了解必要的算法常识，既不过于依赖算法，也应清醒认识到算法的负外部性问题，对算法的系统性影响给予审慎的评价和认知，不仅要以争取合理知情权的方式破除算法"黑箱"，还应理性地生产和保护个人信息，防范算法可能带来的风险与消极后果[②]。在人工智能即将到来的今天，我国加强算法素养教育刻不容缓。

五、小结

算法所承载的客观性是虚无缥缈的。科技史学家梅尔文·克兰兹伯格的科技第一定律是技术既无好坏，亦非中立[③]。算法都是人类编写的，人类可以将其所有的偏见和观点植入其中[④]。人类社会要走向一个可理解的社会（Intelligible Society），黑箱社会已经变得危险、不稳定、不公平和无生产力。无论是纽约的宽客，还是加州的工程师，都不可能建设出健全的经济和安全的社会。这些是我们每一个公民的任

---

① 施博德、沈向洋：《未来计算》，北京大学出版社，2018，第34页。
② 张淑玲：《破解黑箱：智媒时代的算法权力规制与透明实现机制》，载《中国出版》，2018（7）。
③ 参见卢克·多梅尔：《算法时代：新经济的引擎》，胡小锐、钟毅译，北京：中信出版集团，2016，第138页。
④ 参见卢克·多梅尔：《算法时代：新经济的引擎》，胡小锐、钟毅译，北京：中信出版集团，2016，第138页。

务，只有在理解利害关系的基础上，我们才能履行好自己的职责。[①]

算法彻底透明目前还缺乏足够的理论基础，但算法有限透明却是非常必要的。在算法有限透明的基础上，再附之其他防范风险和保护客户的措施，才能使国家放开智能投顾，客户信赖智能投顾，最终获得国家、企业和客户的共赢，迎来智能投顾行业的发展。至于哪些替代和防范风险和保护客户的措施需要引进，我们认为，备案、测试、审查、评估、监测、反馈、算法治理、算法素养教育等，都是必要的。总之，应将算法置于社会治理之下，而不是纵容其凌驾于社会之上。

对算法的规制和治理，除了公权机关的监管、自律组织的管理之外，私人主体的诉讼监督也是必不可少的。私人主体是否可以以及如何对算法歧视提起民事诉讼？法官可否以及如何对算法进行审查，救济如何作出？这也是需要继续研究的课题。

---

① Frank Pasquale, THE BLACK BOX SOCETY, Harvard University Press（2015），218.

第七章　智能投顾的信息披露

相较于传统投资顾问，人工智能投资顾问（以下简称智能投顾）是以算法为基础、通过机器学习来实现投资顾问服务。根据机器学习结果的不同运用，智能投顾可以分为两个阶段：一是将机器学习结果作为投资依据的阶段，简称智能投顾1.0阶段；二是机器学习后直接进行投资和账户管理的阶段，简称智能投顾2.0阶段。不同阶段的投资顾问服务具有不同的模式，所借助的工具也有所不同。

关于智能投顾的性质，主要有欧、美等的"投资顾问说"和日、韩等国的"资产管理说"。各国立法之所以在规制"智能投顾"时采用不同路径，源于其在"智能投顾"上的不同立法思路。欧美投资顾问包含了资产管理，从事财富管理和资产管理的证券公司及共同基金和对冲基金管理人等均注册为投资顾问，可以从事智能投顾业务。亚洲诸国采用狭义上的投资顾问，凡是符合一般经营者标准的机构，均可以提供投资建议服务，但只有符合较高标准并拥有资产管理牌照的经营者，才可以从事客户账户的全权委托业务。也就是说，所谓的"投资顾问说"实质上也包含了资产管理[①]。本文对"投资顾问行业"

---

① 参见吴烨、叶林：《"智能投顾"的本质及规制路径》，载《法学杂志》，2018（5），第16—18页。

也做广义理解，因为从事客户账户的全权委托业务是智能投顾的必然要求，也是智能投顾的优势所在。

智能投顾需要进行相应的信息披露。由于智能投顾是从传统投资顾问发展而来的，因此，其信息披露制度的构建一方面应符合证券投资顾问行业的一般要求，另一方面也应符合智能投顾具有的新特征。

一、智能投顾信息披露制度的必要性

（一）智能投顾信息披露制度是市场公开原则的内在要求

在证券法的"三公"原则中，公开是首要的核心原则，是证券法律制度的精髓所在。信息披露制度是公开原则的规则化体现，监管者能够通过信息披露机制来更好实现对投资者合法权益的保护，树立并维护公众对证券市场的信心[①]。信息披露制度是保证证券市场健康、有序发展的基础制度[②]。信息公开原则是各国证券立法的核心原则，是保护投资者利益的基本途径，是实现证券市场效率的基本条件。一部证券法的发展史，就是信息披露制度的发展史，是信息披露不断扩张的历史。[③]表现之一是信息披露的义务主体的扩张。最初的信息披露义务主体是上市公司，后来又扩展到大股东、实际控制人，如今又扩张到了金融机构。投资顾问机构是金融机构的种类之一，也需要向其客户披露有关信息。智能投顾是升级版的投资顾问活动，也需要遵循投资顾问行业的一般规定，通过信息披露向投资者说明投资相关的基本信息，使处于信息劣势方的投资者能够根据必要信息的披露作出最终的

---

① 王从宁、李宁：《法学视角下的证券市场信息披露制度若干问题的分析》，载《金融研究》2009（3）。

② 中国证券法学研究会课题组：《中国证券市场信息披露案例研究与评估年度报告（2014年度）》，载《金融服务法评论》，2015（7），第258页。

③ 邢会强：《金融法上信息披露制度的缺陷及其改革——行为经济学视角的反思》，载《证券市场导报》，2018（3）。

投资决定。

（二）智能投顾信息披露制度有利于提高市场效率

信息与价值的关系是现代金融领域内核心问题之一，信息论奠基人沙农（Shannon）将信息定义为"用来消除随机不确定性的东西"，信息通过影响市场中投资者的决策行为，进而决定了价格的变动、收益率的差异化以及市场整体的波动情况[1]。市场经济活动以市场信息交流为前提条件，市场信息是市场参与者决策的主要依据，其显示、传递的程度、方式和范围直接影响着市场机制的作用。因此，适当的信息披露能够保障交易成功率的上升，促使接受服务方在足够理性的情况下作出投资决定，能够提高市场效率并有利于维护市场秩序的稳定。这在投资顾问业务领域也是适用的。投资者作为智能投顾的客户，需要在知情的基础上进行委托，将其资金交由智能投顾打理。

（三）智能投顾信息披露制度是减少信用风险的重要途径

传统的证券投资顾问业务是证券公司、证券投资咨询机构接受客户委托，按照约定，向客户提供涉及证券及证券相关产品的投资建议服务，辅助客户作出投资决策，并直接或者间接获取经济利益的经营活动[2]。在传统的投资顾问业务活动中，涉及三方主体，即客户、证券投资顾问（自然人）以及证券公司/证券投资咨询机构（法人）。开展一项投资顾问业务，应由证券公司/证券投资咨询机构与客户签订证券投资顾问服务协议；证券投资顾问应当具有证券投资咨询执业资格，并在中国证券业协会注册登记为证券投资顾问，且只能以公司名义、公司账户向客户收取证券投资顾问服务费用。在这个关系当中，客户与证券投资顾问是直接接触关系，证券公司/证券投资咨询机构向客户

---

[1] 金博：《基于信息披露的市场效率研究》，吉林大学2017年博士学位论文，第28页。
[2] 参见《证券投资顾问业务暂行规定》第二条。

提供服务是通过证券投资顾问来实现的。证券投资顾问必须遵守相关义务，如不得代客户作出投资决策，遵守诚实信用原则，勤勉、审慎地为客户提供证券投资顾问服务。通常来说，证券投资顾问与客户会进行直接的、面对面的沟通交流，有特定的服务场所，向客户提供包括口头的和书面的信息介绍。

但在智能投顾业务模式下，不再需要自然人证券投资顾问，提供证券投资顾问服务的也不仅仅限于证券公司、证券投资咨询机构[1]。用户只需要填写相关问卷，机器人顾问便能够根据客户需求和掌握的数据用算法分析出适合投资者的投资理财组合，通常不需要特定场所，不需要人工证券投资顾问的参与。在这种没有直接人工交流的情况下，一般客户很难对机器产生信任。而智能投顾面对的又是更广泛的中低净值人群，服务对象范围更大，要实现个体化的服务体验难度很大，这将会是一个长期的过程。因此，如何构建客户与机器人顾问之间的信任关系是维护智能投顾稳定运行的重要基础。而信息披露则成为客户了解投顾机器的最直接途径，因此智能投顾的信息披露是使客户信任投顾机器的重要链条。

（四）智能投顾信息披露制度是保护投资者合法权益的重要措施

随着人工智能热潮的掀起，金融理财领域众多机构也纷纷涉足智能投顾，传统金融机构、IT公司、创业公司以及各互联网金融平台都想赶上这一趟"快车"。从正面效益而言，这可以促进行业的快速发

---

[1] 目前布局智能投顾主要有三类机构。第一类是国内金融IT公司以及创业公司，如理财魔方、盈米财富、蛋卷基金（投资于国内公募基金）、弥财（主投海外ETF）；第二类是互联网金融公司或大型财富公司，如京东金融"智投"；第三类是传统金融机构提供的智能投顾服务，如招商银行摩羯智投、广发证券贝塔牛、工银AI投。http://fund.jrj.com.cn/2017/12/04152523737337.shtml。

展，实现强劲的市场竞争，但与此同时，也容易产生鱼龙混杂、良莠不齐的混乱局面。由于道德风险和逆向选择的存在，倘若没有强制性的信息披露要求，则平台很容易利用智能投顾的特殊性来隐藏其背后真实业务模式，或者为了追求自身利益最大化而通过算法设置提供牺牲客户利益的智能投顾建议。

信义义务对传统证券投资顾问的规制主要就是对"人性之恶"的规制，而机器比人更加忠诚，所以现阶段而言（不考虑机器深度学习可能带来的负面影响），智能投顾会出现问题更多是因为其背后的"人"出了问题，主要会存在这样一些操作：①利益勾结。为了节约技术成本，智能投顾平台可能会与科技类公司达成合作，由精通算法架构的公司为智能投顾平台公司提供智能投顾的核心算法，那么负责提供算法的公司很可能受其他第三方或智能投顾平台公司的利益蛊惑，专门设计使某只股票、某个金融产品被优先推荐的算法。②自我交易。在智能投顾进入高级阶段时，则会开展全权委托业务交易，此时智能投顾公司很容易进行自我交易，即将自家产品优先推荐给客户。③滥用用户信息。智能投顾提供服务的前提是了解客户，因此智能投顾平台能够收集到客户大量个人信息。在大数据时代，信息的价值非常高，很难排除智能投顾平台不会利用客户信息去谋取非正当利益。④挪用用户资金。在全权委托模式的智能投顾服务中，客户的账户交由智能委托管理，投资的资金处于一个流动变化的状态（尤其是短期投资），中间可能出现投资空档期，在复杂的技术黑箱里，客户很难明确了解自己的资金究竟处于何种状态，智能投顾平台很可能利用这种优势而挪用客户资金。

要防止智能投顾平台利用投顾机器为自己谋取不正当利益，一个非常重要且有效的方法就是通过信息披露使智能投顾平台置于监管者和投资者的监督之下，以促使智能投顾平台规范化运作，减少平台利用信息优势方地位做出违法违规行为。

二、目前我国智能投顾信息披露制度的不足

迈向2.0时代的智能投顾市场亟需信息披露制度的支持。就当前我国市场上的智能投顾APP来看[①]，在其整个业务模式中，人工参与度较高，仍处于初级发展的阶段。人工参与的主要方面包括：①金融工程人员和研究人员联合开发完成带有倾向性的资产配置体系，这一过程是有业务的倾向。②资产配置模型（尤其是在中国市场上的资产配置模型）必然会涉及对各类资产的趋势判断的问题，这其中大部分工作是由系统完成，但是最后会有人工审核。③在购买完成后仍然有专属的投资顾问，为客户解决投资问题，帮助账户管理，普及智能组合知识。

在智能投顾发展的初级阶段模式下，智能投顾平台更多是被作为一种辅助建议性的投资工具，从法律地位来说其属于法律客体。其交易步骤主要分三步：第一步，通过填写调查问卷的方式对投资者进行风险测试[②]。第二步，即在做完风险测试后，可直接进入产品购买界面，智能投顾平台便会根据客户的风险等级向客户推荐投资组合。第三步，客户确认并购买投资组合。因而可见，智能投顾平台主要是依赖于客户的风险等级而作出的投资建议，这种建议并非是根据客户个性化的信息、特别的需求或相关反馈而作出的。这种模式实质上仍未脱离"同质化"推荐的做法。在此模式下，用户对智能投顾信息披露的要求确实偏低，一是客户所提供的个人信息不多，对应的个性化算法较为缺乏；二是智能投顾平台所给出的仅为投资建议，而非全权委托业务模式，最终的投资决定仍需要客户重新考虑；三是人工投资顾问与客户直接沟通较多，客户对于书面规范化的信息披露关注度不高。

[①] 各商业银行陆续推出了智能投顾服务：包括招商银行的摩羯智投、浦发银行财智机器人、兴业银行兴业智投、平安银行智能投顾、江苏银行阿尔法智投、广发智投、工商银行"AI投"等。金融科技公司也积极投入智能投顾行业，出现了京东智投、理财魔方、宜信投米RA等智能投顾产品。

[②] 实践中，在某些智能投顾平台上甚至可选择跳过风险测试并默认投资者风险等级为5。

然而，当智能投顾发展进入2.0时代时，人工参与度将非常有限甚至近乎为零，所以构建客户与智能投顾的直接信任关系必将成为智能投顾顺利发展的关键因素，而信息披露制度能够起到至关重要的作用。

我国既有的智能投顾信息披露规则缺乏可操作性。《关于规范金融机构资产管理业务的指导意见》第二十三条针对智能投顾作出了专门规范，金融机构运用人工智能技术开展资产管理业务应当严格遵守本意见有关投资者适当性、投资范围、信息披露、风险隔离等一般性规定，不得借助人工智能业务夸大宣传资产管理产品或者误导投资者，以及充分提示智能投顾算法的固有缺陷和使用风险，这是智能投顾首次出现在监管文件中。但是对于应该披露什么、如何披露没有细致规范，因此在实践中缺乏披露的参照规则和强制性要求，使智能投顾平台"难"披露，监管者"难"监管，投资者"难"监督。

三、构建我国智能投顾信息披露制度的对策建议

智能投顾是从传统投资顾问发展而来的，其信息披露制度的构建一方面应符合证券投资顾问行业的一般要求，另一方面也应符合智能投顾具有的新的特征。

（一）智能投顾信息披露应遵循的基本原则

1. 真实性、客观性及完整性原则

智能投顾信息披露制度应当遵循真实性、客观性及完整性的原则。信息披露是为了更好地实现智能投顾市场的发展，提高监管效率，维护投资者的合法权益。首先，智能投顾的信息披露应当是真实的，以构建起客户与智能投顾之间真实有效沟通；其次，智能投顾的信息披露必须是客观的，不能以智能投顾方的主观利益作为出发点做信息披露，应当从客观出发，准确披露投资者或监管者需要知晓的信

息；最后，智能投顾的信息披露还应当是尽可能完整的，不能刻意回避某些对于智能投顾方可能带来不利的信息，需要严格按照监管要求进行信息披露。

2. 上位法一般性规范与特殊规范相结合

美国是智能投顾的起源地，其智能投顾行业的发展和监管走在世界前列。美国对于传统投资顾问行业的监管主要有两部一般性的法律，一是《1940年美国投资顾问法》，二是《1940年美国投资公司法》。前者主要是规范注册投资顾问（自然人）的行为，也就是投资顾问在为客户提供顾问服务活动中所应当遵循的行为规范。后者主要是规范投顾公司（法人）的组织结构、内部操作或具体投资行为。针对智能投顾，美国证券交易委员会在2017年2月发布了专门性的指导意见，称为《智能投顾升级指导意见》（Investment Management's Guidance Updates），要求智能投顾在履行《1940年美国投资顾问法》规定的法律义务时，应牢记某些独特的考虑。这就要求智能投顾既要遵循投资顾问一般性的法律规范，受到《1940年美国投资顾问法》的实质和法定业务的约束，也要遵循根据智能投顾特点所制定的某些更为特殊的规范[1]。

我国智能投顾信息披露也需要遵循《证券投资顾问业务暂行规定》《关于规范金融机构资产管理业务的指导意见》等法律法规中关于证券投资顾问服务信息披露的一般性要求。例如，《证券投资顾问业务暂行规定》第十二条规定的证券公司、证券投资咨询机构向客户提供证券投资顾问服务应当告知客户的基本信息；第二十七条规定，以软件工具、终端设备等为载体，向客户提供投资建议或者类似功能

---

[1] See Securities and Exchange Commission, Guidance update: Robo-Advisers, SEC website, https: //www.sec.gov/investment/im- guidance-2017-02.pdf.

服务的应当向客户客观说明软件工具、终端设备的功能，揭示软件工具、终端设备的固有缺陷和使用风险，说明软件工具、终端设备所使用的数据信息来源，表示软件工具、终端设备具有选择证券投资品种或者提示买卖时机功能的，说明其方法和局限等内容。在此基础上，针对智能投顾特点对其信息披露规则进行细致化的设计。

（二）智能投顾信息披露的特殊性内容

1. 算法说明的披露

智能投顾是AI时代在金融领域改革创新的一种重要产物，其能够实现优质投资顾问服务的核心在于算法。具体而言，智能投顾服务是通过算法在数据库大量噪声信息中快速且准确找到与客户基本信息相匹配的部分，利用机器学习、自然语言处理和知识图谱等技术进行信息处理，然后基于各种内嵌的金融模型和相关假设予以分析，预测出符合用户预期的最优投资结果[1]。算法的运作方式需要有很大的透明度，才能评估算法的政治、绩效、公平性和治理关系[2]。在智能投顾中对算法的有效监管能够保障该行业的积极发展，但由于算法专业性很强，并涉及商业秘密等问题，对算法的披露争议较大。

美国《智能投顾升级指导意见》规定的与算法相关的披露内容包括：管理客户账户所使用的算法的说明；算法功能的介绍（如通过算法能对客户个人账户进行投资和重新调整）；算法的假设和限制（如该算法是基于现代投资组合理论，说明背后的假设和该理论的局限性）；对使用算法管理客户账户所固有的特定风险的描述（例如，该

---

[1] 李文莉、杨玥捷：《智能投顾的法律风险及监管建议》，载《法学》，2017（8），第21页。

[2] Brauneis R，Goodman E P. *Algorithmic Transparency for the Smart City*，Social Science Electronic Publishing，2018.

算法可能不考虑市场条件而重新调整客户账户，或者进行比客户预期更频繁的调整以及算法可能无应对市场条件的长期变化）；任何可能导致用于管理客户账户的智能投顾算法重写的状况描述（如智能投顾可能在紧张的市场状况下停止交易或采取其他临时性防御措施）；关于第三方参与管理客户账户的算法的开发、管理或所有权的说明，包括对这种安排可能产生的任何冲突利益的解释（例如，如果第三方以打折的方式向智能投顾方提供算法，那么此算法同样可能会将客户引导到一种能使第三方获利的产品上）。新加坡金融管理局则希望数字顾问可以书面向客户披露算法相关信息：首先，算法的假设、限制和风险；其次，明确数字顾问可以推翻算法或者暂停数字顾问的情形；最后，披露对算法的任何重大调整。总之，该指导意见要求披露的是对算法的说明而不是算法本身。

总体而言，披露算法说明的目的是使监管者能够发现其中的问题，投资者明白可能会造成的投资损失。但是由于算法是智能投顾的核心，如果过多披露则会引发商业秘密泄露等问题，另外由于专业性较强普通投资者很难读懂，因此算法披露必须考虑成本问题。据此建议以不同对象为划分标准，将算法的披露分为两份，一份"深度披露"以机密形式送交监管机构，另一份"浅显披露"通过公共途径向投资者公布，以自然语言或结构化流程图这样通俗易懂的形式向投资者呈现。

2. 利益冲突的披露

在智能投顾产业中，存在着与传统投顾业务有所不同的利益冲突，其所提供的服务背后可能涉及多方主体。正因如此，应当让投资者了解到提供智能投顾服务背后的主体有哪些，并由自己选择是否接受这样的服务。首先，存在第三方利益介入的情况须明确披露。由于智能投顾需要专业技术支撑，为了节省成本提高效率，许多智能投顾平台可能会选择将技术研发、算法设计外包给科技公司，因此应当披露第三方参与管理客户账户的算法的开发、管理或所有权的说明，包括对这种安排可能产生的任何冲突利益的解释（例如科技公司可能与第三方存在利益勾结）以及为避免这种冲突采取了什么样的隔离措施。例如，美国马萨诸塞州出台《智能投顾外包服务商监管政策声明》，要求智能投顾平台必须使客户了解到提供的投资咨询服务可以从外包的算法服务商来获得，必须披露外包的算法服务商的背景信息，必须详细披露每个算法服务商提供的服务的内容以及不能提供给客户的服务，必须向客户提示外包算法服务商可能限制客户可用的投资产品等[①]。

此外，许多投入智能投顾的公司本身属于金融行业（传统金融行业、互联网金融行业等），有自己的金融产品，例如，招商摩羯智投、浦发财智机器人等资金池中有招商基金、浦发银行的理财产品，平安智能投顾资金池中有非标准化P2P产品，而平安集团旗下拥有互联网金融平台陆金所[②]。在这种利益关联中，投资者无法知晓智能投顾在进行智能推荐时，是否存在主观性设置，将自家产品优先推荐给客户。为了发挥智能投顾自动化客观推荐投资组合的本质特性，有必要向投资者说明智能投顾平台的实际控制人、关联公司以及可能存在的风险，涉及关联产品时应详细说明推荐理由，并以显著的方式提示投资者注意。

3. 资产和费用的披露

客户投资的目的就是实现资产的增值，资金去向是客户重点关注

[①] 郭雳、赵继尧：《智能投顾发展的法律挑战及其应对》，载《证券市场导报》，2018（6），第75页。

[②] 姚崇慧：《两方面起底智能投顾潜在的合规风险》，https://www.iyiou.com/p/74158，最后访问时间：2018年10月5日。

的问题，智能投顾可以直接帮助客户打理投资资产，但是也需要向客户披露其资金的去向。在非全权委托模式下，应向客户披露其资金的具体投资分布，并由客户作出最终是否的投资决定。在全权委托模式下，投资空档期资金如何保管、是否使用应向客户明确说明。应当按照《证券公司客户资产管理业务管理办法》《关于规范金融机构资产管理业务的指导意见》的规定，根据智能投顾合同约定的方式、条件、要求及限制，对客户资产进行经营操作，将客户资产与公司资产分账分类管理，实行资产隔离。

在提供智能投顾服务前，还应当事先向投资者明确披露是否收取管理费、服务费等费用，如果收取必须明确费用比率和扣缴日期及办法。国外的智能投顾服务一般都会收取管理费，必须在其网站或应用程序上明确披露收费标准和费用明细。我国的智能投顾大多数没有明确管理费、服务费，实质上多是通过基金组合销售的方式来推荐投资理财组合，而这其中会涉及基金销售费用，但平台很少会向投资者清晰呈现或明确提示这样的收费事项，有必要在费用披露中进行说明。再者，智能投顾是在线化的投资顾问服务，通常会与投资者的银行卡、移动支付工具等在线支付方式进行绑定，如果有代缴代扣费用的项目，也应当向投资者明确披露并获得投资者的授权。

4. 收集和使用信息的披露

建立投资者适当性制度是有利于保护投资者的最佳选择[1]。投资者适当性管理制度要求金融中介机构将适当的产品提供给适当的投资者[2]。智能投顾服务是在对客户进行画像的基础上进行的，画像越准

---

[1] 郭锋：《新一轮证券法修订的理念与若干基本性制度研究》，载《证券法律评论》，2017年，第15页。

[2] 李东方、冯睿：《投资者适当性管理制度的经济和法律分析》，载《财经法学》，2018（4），第18页。

确，推荐的投资组合产品会越适当。但是画像准确意味着对客户的了解越多，收集到的客户信息和相关数据也可能越多。在对客户进行画像的过程中，除了客户通过平台在线调查问卷等方式填写的信息外，也可能会使用到用户在其他平台的信息。例如，广发"贝塔牛"的用户持仓诊断功能便是利用大数据技术，以用户画像系统为依托，汇总客户在集团内各项资产账户，如期货子公司账户、香港子公司账户、基金公司账户等，并利用大数据技术深入分析客户的历史收益率、夏普比率、最大回撤等指标，然后根据客户的风险等级和投资偏好生成相应的智能投资计划，并以历史数据对该计划进行回测，从而对比分析客户的投资能力[①]。这些信息的获取应当获得用户的授权，仅限用于某一次的智能投顾活动，并且应向客户披露接触信息的主体、对保密义务的遵守、限制性要求等内容。在数字经济时代，信息和数据的价值巨大，不排除智能投顾平台将收集到的信息和数据用于其他活动，尤其是与关联方共享等，或者通过客户的信息、数据谋取私利。通过披露的方式能够使用户更好地监督个人信息的收集使用情况，督促接触信息人员自觉遵守保密义务。

5. 服务内容的披露

智能投顾应考虑其提供的投资咨询服务的说明是否明确，并尽到合理的谨慎义务，以避免可能发生的因服务范围含义说明错误，而导致客户产生重大误解的情形。例如，智能顾问不能暗示机器人顾问正在提供全面的财务计划而事实上并未执行，税务亏损收获服务还能提供全面的税务咨询，在产生投资建议时会考虑除调查问卷收集的信息

---

① 《广发证券"贝塔牛"智能投顾技术解构》，http://mt.sohu.com/20170109/n478160324.shtml，2018-10-05。

以外的其他信息①。需要明确向投资者说明服务的资金门槛、主要的投资工具、投资逻辑、投资的种类等，增强智能投顾服务的透明度。如发展较为成熟的智能投顾公司Wealthfront就在其网站上做了较为全面的披露，包括投资策略、投资风险、服务流程、绩效披露等内容②。在美国金融监管局（FINRA）调研的面向零售客户的智能投顾工具中，绝大多数具备自动化账户再平衡（rebalancing）功能，智能投顾平台需向客户确认是否接受此类功能（是否接受全权委托），并明确披露自动再平衡工具的运作原理，包括触发条件等③。

6. 重大变化的披露

投资是一项具有风险性的活动，在投资前应当让投资者明确了解投资可能产生的风险，这是传统投资顾问也需要披露的重要内容。智能投顾是一种在线投资顾问，在全权委托模式下人力参与的程度更加微少，投资策略的调整和变动可能更频繁、更快速，应当运用与之匹配的实时监测技术向客户推送投资策略的调整变动，使投资者随时了解投资状况，以有充足的空间作出投资决策和承受风险。美国《智能投顾升级指导意见》中要求，可能对投资组合产生重大影响的算法代码变更时应当向客户披露。算法是智能投顾的基础，因而算法代码变更影响到投资组合时也应及时向客户披露，以便客户能够及时作出决策调整。

调仓频率对于智能投顾投资组合的收益也可能产生重要影响。例如，智能投顾调整的仓位如果涉及股票型基金，按照智能投顾不提供

---

① 李燕："数字化投顾在中国：兴起、发展阻碍与规制探讨"，http：//www.sohu.com/a/225078898_467315，2018-10-05。

② 参见智能投顾公司Wealthfront网站信息披露内容，https：//www.wealthfront.com/legal/disclosure，2018-10-05。

③ 巴洁如："智能投顾面临的法律合规问题及国际监管经验"，http：//www.sohu.com/a/158381216_455313，2018-10-05。

基金销售费率折扣的做法，投资者将支付高达1.5%的申购费，但智能投顾服务方却能够获得更多的基金销售费，因此调仓频率将会影响到投资者的基本投资收益，应当将调仓频率作出标准化的规范，明确披露调仓的条件，使调仓制度更加透明化，防止智能投顾服务方通过滥用调仓手段获取不正当利益。

此外，在以网络为支撑的智能投顾服务中，网络环境也可能发生动荡，如网站停更、系统维护、受黑客攻击等，在可能发生的重大变化或者市场情况的变化对投资会产生重大影响时，应当向客户进行披露。总体而言，在发生的变化可能引起投资者资产发生异动或面临较大风险时应当向投资者作出披露。

7. 合规审查的披露

智能投顾具有特殊的商业模式，其对算法的依赖、与客户的人机交互以及在互联网上提供咨询服务的有限性，都可能会产生或加重智能投顾的风险。为了保证投资业务的连续性，跟踪机器的深度学习，降低因技术原因、操作原因等带来的风险，智能投顾平台应当定期对硬软件设备实施进行检查，对投资策略、投资逻辑进行合规性检查，定期监测算法代码是否合规，有无算法偏见、"算法黑箱"等违法违规情况，以及智能投顾所进行的投资活动是否合规等。应当明确披露筛查监测的时间、程序、方式和监测人员等信息，向监管层进行报送。

（三）智能投顾信息披露的形式要求

如果投资者或用户无法理解智能投顾所披露的相关内容，那么作出再完善的披露规定也无济于事，只能局限于符合披露要求而无法真正达成披露意图，智能投顾平台若只是为了披露而披露将徒增合规成本。因此，以怎样的形式来进行披露，使投资者能够真正获得和了解披露的内容至关重要。如通过一定的技术手段强制用户阅读并了解信息披露内容就是一种方式[①]。

美国《智能投顾升级指导意见》对于披露的形式作出相应规定，要求注意披露是否具体明确，并尽到了合理谨慎义务，以避免对服务范围产生错误的含义或意义而导致对客户重大的误导。智能投顾平台应仔细考虑其书面设计是否为有效设计（不是隐晦或难以理解的）。具体而言，需要考虑是否在客户注册之前已经向客户披露了关键信息，这些信息能够成为客户决定使用智能投顾作出投资决定的重要依据，以及这些关键信息是否被特别强调。例如，通过弹窗这样的方式来提醒客户阅读披露内容，以及需要注意是否有必要的细节补充，所呈现的内容和格式是否适用于移动平台等。

在无纸化和去人工化的模式下，信息披露的形式在很大程度上决定了客户是否能够成功关注到所披露的信息和是否能够对与自身密切相关的信息引起足够重视。因此，在设计智能投顾信息披露的形式时，必须从用户角度考虑信息的获取度。例如，在用户注册前，不能默认用户同意注册协议，使用智能投顾必须做调查问卷，并且尽可能丰富问卷的内容。在用户决定使用智能投顾前，可以通过弹窗形式、电子邮件、智能语音提示等方式向用户披露应当披露的内容。同时也需要进一步完善智能客服的建设，实现实时支持，以提高向客户披露信息、解答问题的效率。

四、小结

人工智能的运用能够大大提高社会运作效率，改善人们的生活方式，智能投顾在投资领域的运用亦是如此。相比于传统投资顾问，它具有更好满足投资者个性化需求、投资门槛低费用少、客观理性等优

① See Nicole G.Iannarone，Computer as Confidant：Digital Investment Advice and the Fiduciary Standard，93 Chi.-Kent L. Rev. 141，162（2018）.

势，能够改善我国资本市场的投资环境，使广大的中小投资者能够实现更有效的投资收益。但是，任何事物都有利弊，智能投顾的出现也会带来许多新的风险，而监管机构的目的就是应当尽可能使智能投顾的利大于弊，而不是一味去抑制新生事物的发展，否则容易将其扼杀于摇篮之中。而信息披露制度的建设就是一个很好的监管工具，如果智能投顾的信息披露工作是有效的，智能投顾其他方面的漏洞就会更小。在一个有效的信息披露环境下，智能投顾平台能够更加自觉运营，投资者能够更加理性选择，那么就可以更放心地让市场进行自我管理。只有投资者拥有更加广泛的投资选择空间和更安全有效的投资环境时，才能真正实现智能投顾为人们所带来的便利。

第八章　智能投顾的信义义务

信义义务是投资顾问管理人承担的一项基本义务，这是一种法定义务，不能因合同的约定而克减。智能投顾作为投资顾问之一种，虽然在业务模式上有别于传统的投资顾问，但也应该承担信义义务。智能投顾毕竟不同于传统投资顾问，其信义义务应具有一定的特殊性。本章拟对此加以研究，并提出相关的立法建议。

一、信义义务的起源及其在金融法领域的扩张

（一）信义义务的含义

信义义务最初源自财产法中的信托义务和罗马法中的善良家父义务。用英美法系学者的观点来说，信托法中受托人的义务是一种为了受益人最大利益行为的义务。而大陆法系中的善良家父义务是指家父对家子的监护义务。随着近代社会对家父权的废除，善良家父义务也发展成为善良管理人义务。所谓的善良管理人义务是指像对待自己事务一样处理他人事务。这是一种最谨慎的注意义务[1]。

---

[1]　范世乾：《信义义务的概念》，载《湖北大学学报（哲学社会科学版）》，2012（1）。

受信人负有信义义务。信义义务包括两大方面的内容：忠实义务和注意义务。这是一种最大忠诚的义务。

信义义务是亚里士多德"矫正正义"的具体体现。在判例中运用信义义务，弥补了僵硬法律条文的漏洞，体现了对实质正义的追求。

（二）信义义务的适用范围

为了说明信义义务的本质，学者们形成了财产理论、信赖理论、不平等理论、合同理论、脆弱性理论、权力和自由裁量理论、重要资源理论等诸多的观点[①]。最经常使用的是信赖理论（reliance theory）。这一理论认为，如果一方当事人对另一方当事人给予信任和信赖，则该项关系是信义关系。

20 世纪，信义义务前所未有的扩张和发展。到如今，信义关系从最初的信托关系发展到涵盖代理关系、高级管理者/董事和公司之间、监护人父母和非监护人父母之间的关系、律师和客户之间的关系、联邦政府和印第安部落之间的关系、医生和病人之间的关系、父母和子女之间的关系、金融顾问和客户之间的关系等[②]。

根据信义关系发生的不同基础，可以分为法律上的信义关系（status-based fiduciary relationship）和事实上的信义关系（fact-based fiduciary relationship）。法律上的信义关系，就是法律规定当事人之间的关系必须适用衡平法上的信义关系。事实上的信义关系即推定信托，是指在无法律明文规定情况下，一方当事人基于对另一方当事人的信赖而将自己置于易受伤害的地位时，法官根据衡平法"公平正

---

① 范世乾：《信义义务的概念》，载《湖北大学学报（哲学社会科学版）》，2012（1）。

② 范世乾：《信义义务的概念》，载《湖北大学学报（哲学社会科学版）》，2012（1）。

义"理念，通过拟制、推定技术，寻找掩盖在形形色色现实关系面纱下的信义本质，裁决双方当事人之间存在信义关系，受信人负有信义义务[①]。

英美国家的监管模式是对银行强加单方面的带有强制性质的信义义务，或者事后由法官施加信义义务，不管合同各方的意愿，以此来规制金融机构事前的机会主义行为或处理事后既成事实[②]。例如，美国《1940年投资顾问法》规定，提供投资顾问服务并就投资建议收费的投资顾问应当负有信义义务，该法第206条是投资顾问信义义务的法源依据。《多德—弗兰克华尔街改革与消费者保护法案》对于市政顾问（Municipal Advisors）规定了信义义务，并授权相关监管机构决定是否规定经纪商的信义义务。

司法上，英美作为判例法国家，对于金融机构及其工作人员是否应负信义义务往往借助于司法判例来明确相关标准。实践中，法官通常认为可以通过考察争议者之间是否有信义关系来判断金融从业者的行为是否违反了信义义务从而课予法律责任。例如，在Capital Ganins v. SEC 一案中，美国联邦最高法院认为，投资顾问当其提供投资建议时应负有信义义务[③]。

根据英美的制定法和判例法，银行与顾客的关系在下列情况下，存在信义关系：为交易担任金融顾问；银行劝导客户进行金融交易，尤其是客户为非专业人士并完全信赖银行作为专家，并且银行对其实行了不当影响时；银行对客户资产有自由裁量控制权；银行劝诱人们

---

① 汪其昌：《信义义务在英美金融监管中的运用》，载《金融法学家》（第二辑），第575页。
② 张哲敏：《商业银行信义义务问题研究》，中央财经大学硕士学位论文，2014-06。
③ D.Gordon Smith, The Critical Resources. Theory of Fiduciary Duty, 55 Vand. L. Rev. 1399（2002）.

进行交易，而银行又不能确保作为他们的独立顾问，从而使其在交易中处于不利地位时。在金融交易中，下列人员总是占据受信人职位，天然存在信义关系：养老基金的受托人、单位信托的受托人和投资计划经理等。此外，金融顾问处理与顾客有关的信赖事务时，对顾客负有信义义务[①]。总之，英美法系下金融机构负担信义义务的情形多种多样，不一而足，难以穷尽列举。

（三）信义义务在大陆法系的扩张

信义义务原为英美法系的制度，但却为不少大陆法系国家和地区所引进。例如，日本早在1950年便成功引进了英美法信义义务中的忠诚义务，而后在2006年的《金融商品交易法》中，忠实义务和善管义务成为日本对金融业者最具普遍性的规制要求，此法中不少规定就是两大基本义务的具体化。

在我国台湾地区，"金融消费者保护法"第7条规定，金融服务业提供金融商品或服务，应尽善良管理人之注意义务。在某客户与中国信托桃园分行及其理财专员乙纠纷案中[②]，二审法院认为，该客户委托中国信托投资购买境外金融商品，并要求"须保本"。中国信托公司及其理财专员应掌握上诉人甲没有域外投资金融商品的经验及资金实力以及无法承担重大损失风险等背景资料，为投资者提供适当的投资服务，包括完整逐条说明系争"连动债"契约的条款内容，并明确告知风险属性，以谋求委托人之最大利益，不能使其有任何疑问或被误导之情形；且还应于投资期间，随时注意投资者所购买的金融商品风险变化情况，适时通知投资者，提供规避风险的相关信息，如此才可认

---

① 汪其昌：《信义义务：英美金融消费者保护的一个独特制度》，载《南方金融》，2011（2）。

② 台湾地区《桃园地方法院民事判决97年度诉字第2093号》，台湾地区高等法院民事判决89年度上易字第299号。感谢王志诚教授提供的信息线索。

为其已尽受托人的善良管理人注意义务。

对于跨越普通法系与大陆法系的欧盟，《金融工具市场指令》规定了投资公司按有利于客户的条件执行指令的义务，即"最佳执行"义务：投资公司应采取所有合理的步骤，在执行指令时考虑价格、成本、速度、执行和结算可能性、规模、性质或任何其他与指令执行相关的因素，以获得对客户最佳的结果。然而，在客户给出特定指示时，投资公司应按特定指示执行指令。投资公司应设立和实施有效安排，特别是指令执行政策，以获得对客户指令的最佳结果①。

（四）我国境内金融法中的信义义务

我国在公司法中引入了董事、监事和高级管理人员的信义义务。《证券投资基金法》第九条规定，基金管理人、基金托管人管理、运用基金财产，基金服务机构从事基金服务活动，应当恪尽职守，履行诚实信用、谨慎勤勉的义务。这是信义义务在我国金融法中的首次引入②。

二、传统投资顾问的信义义务

基金是一个因信用而生的行业，投资者将身家财产的处置权托付于管理人，这是一种高度的信任。信义义务是基金行业的灵魂和根本。所谓信义义务，是指将投资者的利益置于自身利益之上的一种积极尽责义务，就像"希波克拉底誓言"要求医生对待生命一样，认真对待受托资产，履行对投资人的受托义务③。

---

① 蔺捷：《论欧盟投资者适当性制度》，载《法学评论》，2013（1）。
② 邢会强：《金融机构的信义义务与适合性原则》，载《人大法律评论》，2016（3）。
③ 洪磊：《落实行业信义义务 保护投资者合法权益》，载《中国证券报》，2018-09-26。

信义义务对受托人主要有以下两方面的要求。

一是"忠实义务"。要求受托人只能为受益人的利益而行事，不能从中为自己或其他人谋取利益，不能将自己的私利置于与受益人利益相冲突的位置。按照基金的流程，管理人的忠实义务可分为募集阶段的"公平对待义务"、投资与退出阶段的"公平交易义务"以及管理阶段的"竞业禁止义务"①。

二是"勤勉义务"。要求受托人尽心尽力、专业审慎，始终将投资者的利益最大化作为其受托活动的行为准则。因此，信义义务的行为标准比合同义务和市场道德的要求更为严格，也更有利于对投资者合法权益的保护。依基金流程，管理人勤勉义务可主要分为募集阶段的"了解投资人义务"、投资与退出阶段的"谨慎投资义务"以及管理阶段的"亲自管理义务"。"了解投资人义务"源自"投资人适当性原则"。"谨慎投资义务"是"过程导向型"（process oriented）的，管理人的谨慎投资义务应摒弃风险收益的管理技术标准以及投资回报表现评价，以聚焦在如下形式要件上：①管理人是否制定和完善科学合理的投资策略和风险管理内部细则，有效防范和控制风险；②管理人是否分别管理投资人资产和自有资产；③管理人是否具备与投资行为相适应的能力和法定资格；④管理人在作出决策前是否采取多种方法进行资料搜集与分析，是否寻求律师、会计师和评估师的专业意见，是否慎重考量该决策对于基金在金融资产、关联企业的利益、收入和资本增值、流动性等多方面的影响。总之，管理人应在了解所有可合理取得的重要信息后投资，才符合谨慎投资的要求②。

---

① 许可：《私募基金管理人义务统合论》，载《北方法学》，2016（2）。
② 许可：《私募基金管理人义务统合论》，载《北方法学》，2016（2）。

（一）美国投资顾问的信义义务

在美国，对基金管理人进行规范的《1940年投资顾问法》对投资顾问应当遵循的行为准则和构成欺诈的情形作出规定，并用信义义务这一核心要求来对投资行为进行规范。作为受信人，投资顾问应当避免与客户发生利益冲突，禁止对客户实施诈骗或滥用信任。受信人对客户不仅要诚实守信，还必须对可能使投资者遭受财产损失的投资建议保持高度敏感，因此，一个受信人要坚守比市场道德更高的行为准则。同时，美国对信义原则的适用更多地体现在司法判例中，通过判例将投资顾问和投资者的关系确认为信义关系，并通过个案积累的方式，逐渐丰富信义义务的具体规则[①]。

美国《1940年投资顾问法》第206条规定了投资顾问的信义义务：（1）任何投资顾问不得实施任何计划、计谋或伎俩以欺骗客户（含预期客户，下同）；（2）任何投资顾问不得从事任何构成对客户进行欺骗或欺诈的交易、做法或业务过程；（3）任何投资顾问不得从事欺骗、欺诈或操纵性行为、做法或业务过程。美国联邦最高法院认为，依据《1940年投资顾问法》第206条，投资顾问对客户负有最善意、诚信及完全且充分公开所有重要事实，以及避免误导客户之义务[②]。

同时，依据受信制度的原理，在受信义务人不明确、不公平地披露利益而为自己的账户与投资者进行交易的情形下，投资者可以在任何时间不经证明实际存在滥用或损害而撤销交易。同样，在司法裁判中，法院不仅要求专业人员对利益冲突披露和征得同意，还要求在交易中必须按客户利益优先的严格标准行事[③]。

---

① 洪磊：《落实行业信义义务 保护投资者合法权益》，载《中国证券报》，2018-09-26。
② 郭锋、陈夏等著：《证券投资基金法导论》，法律出版社，2008，第163页。
③ 甘培忠、周淳：《证券投资顾问受信义务研究》，载《法律适用》，2012（10）。

（二）欧盟基金管理人的信义义务

欧盟对于基金管理人的信义义务较为具体、明确和系统。欧盟对私募股权基金的监管主要体现在2011年6月8日欧盟通过的《另类投资基金管理人指令》（*Directive 2011/61/EU on Alternative Investment Fund Managers*，AIFMD）中。该指令要求，成员国的监管机构应确保另类投资基金管理人：①忠实（honestly）、专业（due skill）、勤勉（care and diligence）、公平（fairly）地行事；②以另类投资基金或另类投资基金的投资者以及市场整体（integrity of the market）的最大利益行事；③拥有或有效利用对于正确地执行其业务活动而必要的资源和程序（resources and procedures）；④采取合理的措施避免利益冲突，如不可避免，则应采取合理的措施识别、管理、监控、披露（如适用）该等利益冲突，以避免对另类投资基金及其投资者的利益产生不利影响，并确保另类投资基金被公平对待；⑤促使其遵守规范其经营活动的所有监管法规，以促进另类投资基金或另类投资基金的投资者以及市场整体（integrity of the market）的最大利益；⑥公平对待另类投资基金的所有投资者，另类投资基金的任一投资者都不能获得优惠待遇（preferential treatment），除非这些优惠待遇在另类投资基金的相应规则和成立文件中公开披露①。

AIFMD规定，成员国应要求另类投资基金管理人采取合理的措施去识别以下利益冲突：①另类投资基金与其管理人（包括其经理、雇员或者其他直接或间接控制另类投资基金管理人的任何人，以及其管理的其他基金或基金的投资者）之间的利益冲突；②另类投资基金或其投资者，与其他另类投资基金或其投资者之间的利益冲突；③另类投资基金或其投资者，与管理人的其他客户之间的利益冲突；④另类

---

① Article 12 of AIFMD.

投资基金或其投资者，与管理人管理的"可转换证券集合投资计划"（undertakings for collective investment in transferable securities，UCITS）或其投资者之间的利益冲突；⑤管理人的两个客户之间的利益冲突。

另类投资基金管理人应采取适当的措施识别、防范、管理、监控利益冲突，以免对另类投资基金及其投资者的利益产生不利影响。如组织性安排不能确保有效地识别、防范、管理、监控利益冲突对投资者产生的不利影响，则应在从事业务活动之前向投资者披露利益冲突的来源、性质，并采取适当的政策和程序。

另类投资基金管理人应在其内部操作环境中对可能产生系统利益冲突的职责和责任进行合理区分。另类投资基金管理人应评估其操作环境是否对利益冲突产生实质影响，并将其披露给另类投资基金的投资者。

建立"防火墙"制度。另类投资基金管理人应在功能和组织结构方面有效隔离风险管理职能部门和业务操作部门（包括投资管理部门）。

监管部门应根据比例原则（principle of proportionality）对另类投资基金管理人的"防火墙"制度进行审查，以确保风险管理部门独立履行其职责，风险管理程序适合防范利益冲突的需要并持续有效。

另类投资基金管理人应实施足够的风险管理制度，以适当识别、测量、管理和监控与每一项基金投资策略相关的以及每一基金已经暴露或可能暴露的所有风险。另类投资基金管理人应对所有的风险管理制度至少每年审查一次，必要时还应随时审查。

另类投资基金管理人应：①当代表另类投资基金进行投资时，根据该基金的投资策略、目标和风险组合（risk profile）实施适当的（appropriate）、有稽可查的（documented）、定期更新（regularly updated）的勤勉尽职程序（due diligence process）；②确保与基金的每一投资头寸（investment position）以及总体投资组合相关的风险能够被持续地、适当地识别、测量、管理和监控，包括通过适当的压力测试程序（stress testing procedures）；③确保另类投资基金的风险组合与其规模、投资结构和确定的投资策略、投资目标相匹配。

另类投资基金管理人为每一只基金设定杠杆融资的最大限额。以Pre-IPO为投资策略的基金或许无须杠杆融资，但并购基金（Buy-out）通常是需要杠杆融资①。

（三）我国资产管理人的信义义务

我国《证券投资基金法》第九条第一款规定，基金管理人、基金托管人管理、运用基金财产，基金服务机构从事基金服务活动，应当恪尽职守，履行诚实信用、谨慎勤勉的义务。这是对基金管理人信义义务中的勤勉义务的原则性规定，比较抽象。

但《证券投资基金法》第十八条、第二十条和第二十一条则详细规定了公募基金从业人员的忠实义务。第十八条由三个规则组成："不相容职责相互分离规则""竞业禁止规则"，公开募集基金的基金管理人的董事、监事、高级管理人员和其他从业人员，不得担任其他基金管理人的任何职务；"防止利益冲突规则"，公开募集基金的基金管理人的董事、监事、高级管理人员和其他从业人员，不得从事损害基金财产和基金份额持有人利益的证券交易及其他活动②。第二十条还规定，公开募集基金的基金管理人及其董事、监事、高级管理人员和

---

① 邢会强编著：《抢滩资本4——私募股权投资（PE）的国际惯例与中国操作指引》，中国法制出版社，2012，第98–108页。

② 参见李飞主编：《中华人民共和国证券投资基金法释义》，法律出版社，2013，第45–46页。

其他从业人员不得有下列行为：①将其固有财产或者他人财产混同于基金财产从事证券投资；②不公平地对待其管理的不同基金财产；③利用基金财产或者职务之便为基金份额持有人以外的人牟取利益；④侵占、挪用基金财产；⑤泄露因职务便利获取的未公开信息、利用该信息从事或者明示、暗示他人从事相关的交易活动；⑥玩忽职守，不按照规定履行职责等。第二十一条还规定，公开募集基金的基金管理人的股东、董事、监事和高级管理人员在行使权利或者履行职责时，应当遵循基金份额持有人利益优先的原则。

在私募基金方面，《私募投资基金监督管理暂行办法》（中国证券监督管理委员会令第105号）不但重申和扩张了《证券投资基金法》第九条第一款的原则性规定①，还在第二十二条、第二十三条和第二十四条详细规定了私募基金管理人的忠实义务。①同一私募基金管理人管理不同类别私募基金的，应当坚持专业化管理原则；管理可能导致利益输送或者利益冲突的不同私募基金的，应当建立防范利益输送和利益冲突的机制。②私募基金管理人、私募基金托管人、私募基金销售机构及其他私募服务机构及其从业人员从事私募基金业务，不得有以下行为：将其固有财产或者他人财产混同于基金财产从事投资活动；不公平地对待其管理的不同基金财产；利用基金财产或者职务之便，为本人或者投资者以外的人牟取利益，进行利益输送；侵占、挪用基金财产；泄露因职务便利获取的未公开信息，利用该信息从事或者明示、暗示他人从事相关的交易活动；从事损害基金财产和投资者利益的投资活动；玩忽职守，不按照规定履行职责；从事内幕交易、操纵交易价格及其他不正当交易活动；法律、行政法规和中国证监会规定

① 《私募投资基金监督管理暂行办法》第四条规定："私募基金管理人和从事私募基金托管业务的机构（以下简称私募基金托管人）管理、运用私募基金财产，从事私募基金销售业务的机构（以下简称私募基金销售机构）及其他私募服务机构从事私募基金服务活动，应当恪尽职守，履行诚实信用、谨慎勤勉的义务。"

禁止的其他行为。③私募基金管理人、私募基金托管人应当按照合同约定，如实向投资者披露基金投资、资产负债、投资收益分配、基金承担的费用和业绩报酬、可能存在的利益冲突情况以及可能影响投资者合法权益的其他重大信息，不得隐瞒或者提供虚假信息。

三、人工智能投资顾问的信义义务的特殊性

智能投顾尽管在业务模式上有别于传统的投资顾问，但仍属于投资顾问之一种，因此，应适用传统投资顾问的相关规定，包括信义义务方面的规定。

例如，在美国，2017年2月23日，美国证券交易委员会投资管理部门为智能投顾发布的《投资管理部门的更新指南》明确指出，作为注册投资顾问，智能投顾必须遵守《1940年投资顾问法》第206条的规定。考虑到这些智能投顾所带来的独特挑战和机遇，美国证券交易委员会确定了三个不同的合规领域，并就智能顾问如何解决这些问题提出了建议：向客户披露智能投顾及其所提供投资顾问服务的实质内容及呈现方式；有义务通过获得客户资料的方式，以支持智能投顾完成其职责并提供适当的建议；采用和实施有效的合规计划、合理设计，以解决和提供与自动化建议有关的特定问题。

但是，从全球范围来看，针对智能投顾特殊性的信义义务的构建尚未完成，系统化的信义义务标准尚未确立。我们在此仅就智能投顾信义义务的特殊性提出管见。我们认为，智能投顾信义义务的特殊性主要体现在两个方面，一是受信主体的扩张；二是受信内容要考虑到智能投顾的特殊性，尤其是算法设计要兼容信义义务的标准。

（一）受信主体的扩张

受信主体的扩张主要体现在两个方面：一是人工智能机器人是否是

受信义务的主体，二是算法设计和开发的技术人员是否负信义务。

关于机器人的法律地位，相关探讨甚多。但在当前弱人工智能时代，机器人尚不具有独立的法律地位，机器人仅仅是人类的工具和辅助，因此，人工智能机器人还不是受信义务的主体。

关于算法设计和开发的技术人员是否负信义务的问题，我们认为，信义义务应延伸到公司内部的算法设计和开发的技术负责人身上。要改变传统的单轨义务、责任制，建立双规义务、责任制，即不仅仅对平台课加义务，追究相应的责任，还应对技术的设计者和开发者课加义务，追究相应的责任[1]。

由于人工智能系统是由人类设计的，训练时所使用的数据，反映的也是我们置身其中的不完美的世界，因此，如不进行严谨的规划，人工智能的运行可能失于公平。为了确保使用此项新技术的解决方案的公平性，开发人员必须了解各种偏见可能以何种方式被引入人工智能系统，以及这些偏见可能对基于人工智能提出的建议造成什么影响[2]。人工智能系统的设计者应反映我们所生活的世界的多样性[3]。

在人工智能时代，程序员们被赋予了过多的决策权，而且不会受到任何审查[4]。在人工智能时代，真正掌控政策的不再是领导，不再是人民，不再是人民的代表，而是信息技术人员。与其他技术和产品一样，设计和部署人工智能系统的人员必须对其系统的运行负责[5]。科

---

[1] 参见张凌寒：《风险防范下算法的监管路径研究》，载《交大法学》，2018（4），第56页。

[2] 施博德、沈向洋：《未来计算》，北京大学出版社，2018，第27页。

[3] 施博德、沈向洋：《未来计算》，北京大学出版社，2018，第29页。

[4] 卢克·多梅尔：《算法时代：新经济的引擎》，胡小锐、钟毅译，北京：中信出版集团，2016，第141页。

[5] 施博德、沈向洋：《未来计算》，北京大学出版社，2018，第40页。

技工作者在过去往往是处在人类知识限度之边缘的评价和决策者，迈进智能时代，他们的所作所为往往决定着智能机器的道德观和道德表现，更是肩负着神圣的、不可推卸的道义责任[①]。但仅仅是道义责任还是不够的，应将道义责任升级为法律责任。

算法的设计和开发者所设计的人工智能系统对我们的生活的影响越来越大，我们每个人的生活都受其掌控，他们是人工智能社会的新国王。如果不对其进行监管，社会民众就会感到恐惧，不敢使用人工智能产品。对算法的设计和开发负责人，也应课加信义义务。因为他们符合应负信义义务的基本条件：人们将资产交给了算法，算法获得了宽泛的授权，资产的命运受制于算法。

算法是不断迭代升级的，算法不是一个人完成的，算法是集体的智慧，对每一个算法的设计者和开发者都施加信义义务并不可行，但可以对其负责人施加信义义务。每一个人工智能系统应指定一个人作为算法设计与开发的负责人，该人要对整个算法负责。

（二）信义义务内容的特殊性

智能投顾的信义义务在内容方面的特殊性也主要体现为对算法的规制方面。

在勤勉义务方面，法律上有必要要求智能投资顾问所提供的服务相当于谨慎的自然人投资顾问所提供的服务。智能投资顾问业务中的受托人负有保证算法能够执行预期任务的谨慎义务，确保不会产生超出合理范围的偏差而导致投资者利益受损[②]。此外，适合性义务也是勤

[①]　参见金东寒主编：《秩序的重构——人工智能与人类社会》，上海大学出版社，2017，第73页。

[②]　高丝敏：《我国智能投资顾问模式中的主体识别制度和义务体系的构建》，载《法学研究》，2018（5）。

勉义务的重要内容，智能投资顾问应履行对客户的适合性义务。美国证监会于2017年2月23日发布的《投资管理部门的更新指南》在适合性方面要求，如依靠问卷收集客户信息，智能投顾对于问卷的设计考虑诸如以下因素：问题是否能够提供足够的信息，让智能投顾能够根据财务状况得出的结论，并适合该客户投资目标；问卷中的问题是否足够清晰，必要时通过使用设计特征、工具提示或弹出窗口，为客户提供额外的说明或示例。是否采取了措施来解决不一致的客户反应，例如，纳入问卷设计功能，当回答内部不一致时以提醒客户，并建议客户可能需要重新考虑这种回答。许多智能投顾会给客户机会选择和调整投资组合，但是一些机器人顾问不会给客户机会去咨询投资咨询人员，这可能会导致客户选择一个组合，然而智能投顾认为该组合不适合客户的投资目标和风险状况，智能投顾应当尽到符合其为履行其客户的最佳利益而行事的义务，尽到应尽的提醒义务，例如，通过弹出框或其他设计特征来提醒客户的既定目标可能存在不一致之处。

在忠实义务方面，法律应要求智能投顾避免算法中包含损害投资者利益的设置。法律上可以要求智能投资顾问的运营者证明，在整个程序设计中不含任何可能导致结果偏颇或者损害投资者利益的参数，以证明其符合忠实义务的要求。在测试算法的忠实义务时，应主要看其是否有任何利益冲突[1]。

香港证监会于2018年3月28日公布的《网上分销及投资咨询平台》（以下简称《平台指引》）最终稿要求算法的初始设计须满足"合规、合适和记录"三大要求。"合规"要求算法设计及运作符合《证券及期货事务监察委员会特许或注册人士行为守则》（以下简称《行为守则》）的要求，例如，符合诚实、公平、勤勉尽责、遵守法规等一般

---

[1] 高丝敏：《我国智能投资顾问模式中的主体识别制度和义务体系的构建》，载《法学研究》，2018（5）。

性原则的标准和为客户提供资料、客户交易有限处理等具体规定。尤其是要符合《行为守则》第18条"电子交易"的相关要求,包括持牌人和注册人对交易指示的责任、管理及监督义务,保证系统充足性义务,互联网交易和直达市场安排的风险管理、客户管理要求和程序测试、买卖和风险管理等要求。还要符合附表7规定的系统充足性(监控、可靠性、安全性、容量和应变措施)、储存记录和测试等额外规定。"合适"是指算法有具备提供合理适合建议的能力,包括有能力获取客户资料的KYC程序,客观且公正地为客户匹配适合建议的能力。"记录"指算法相关的设计、开发和修改流程应适当记录。这都是针对算法所作出的规定,其中不少是信义义务的内容。

后 记

——智能投顾或许是拯救低迷的中国股市的一条新路

投资者，尤其是中小投资者，是证券市场的基石。保护投资者是证券法和证券监管机构工作的重中之重。证券法的目标是不是要不断吸引越来越多的投资者，尤其是中小投资者进入证券市场？如果不是，证券市场将萎缩，因为没有广大投资者，尤其是中小投资者源源不断的资金注入，证券市场将成为无源之水。如果是，那么，证券法和证券监管该如何保障投资者，尤其是中小投资者取得实实在在的收益，而不沦为强食者口中的"弱肉"呢？答案或许如下。

其一，不断提高证券市场政策制定和实施的公正性，而不是将证券市场视为某类没有盈利前景的企业或地区脱贫解困的工具。但问题是，我国的证券市场肩负了太多的政治功能，证券监管者独立性不足，一时恐怕还难以摆脱经济增长、转型升级、国企改革、扶贫攻坚的"奶牛"的命运。再加上股票发行核准制与寻租空间的存在，"乐视"们难以绝迹，投资者将难以避免"踩雷"。

其二，加大对违法违规行为的惩处力度，从而提高证券市场的公正性，坚定投资者入场交易的信心。但问题是，一方面，究竟是加大执法力度有利于股市繁荣，还是"水至清则无鱼"？目前尚存争议。另一方面，加大打击违法行为的力度会不会带来监管者权力扩张、滥用而较少受到制约，这也是一个需要关注和反思的问题。如果会带来监管者权力扩张、滥用而较少受到制约的负面效果，未必有利于提高证券市场的公正性，带来股市繁荣。

其三，大力发展机构投资者，尤其是大力发展公募基金行业。但问题是，我国缺少信义义务的土壤和文化，某些公募基金的基金经理骨子里不是全心全意为"基民"利益最大化恪尽职守，不是"基民"致富在先，自己享乐在后，而是自己要走捷径先发财。因此他们要么大搞"老鼠仓"，要么拿"基民"的资金冒险，盈利了大家共同分配，亏损了"基民"一方承担，而他们的管理费照提不误，依然享受着"金融精英"的高薪待遇。当然，并不是所有的公募基金和基金经理都是如此，我国依然需要大力发展机构投资者，尤其是大力发展公募投资基金行业，加大对基金业背信行为的打击力度。

或许是在这样的纠结中，中国股市长期低迷，投资者，尤其是中小投资者亏损严重，不敢入场。

在这样的背景下，依靠人工智能投资顾问或许能提高投资者的收益，或许是拯救低迷的中国股市的一条新路，原因如下。

其一，真正的人工智能投资顾问比一般的自然人投资顾问更加智能，更加了解客户，更加了解资产，"大脑容量"、记忆能力和学习能力更强，更会配置和匹配资产，更会赚钱。它们利用大数据进行分析与预测，能够识别出证券市场中的造假者和没有盈利前景的企业，它们更会将资金配置给真正有盈利前景的企业。甚至有人设想，未来会不会出现一个特别能赚钱的智能机器人，它将赚走全世界大部分的钱？

其二，真正的人工智能投资顾问比一般的自然人投资顾问交易速度更快，因为它们是程序化交易的，能够在毫秒级的时间内作出买卖的决策和执行，能够每次交易只赚一点点就足有聚沙成塔累积成不菲的财富。

其三，真正的人工智能投资顾问比一般的自然人投资顾问更加理性，更能克服自然人贪婪、恐惧、优柔寡断的人性弱点。它们对交易的执行更加果断和坚决，从不拖泥带水。

其四，真正的人工智能投资顾问比一般的自然人投资顾问更加公正、忠诚。人工智能投资顾问是机器人，它们不食人间烟火，不需要抓住短暂的生命及时行乐，它们无欲则刚，不需要成为富豪，甚至不需要工资薪金。它们免费为人类打工，它们能够做到全心全意为人类服务，而不会搞所谓的"老鼠仓"。

说到这里，很多人已经开始对人工智能投顾充满了憧憬。但是，以上仅仅是一种"设想"或展望。由于法律的限制、大数据的缺乏，以及技术的不成熟，真正的人工智能投资顾问在我国还未出现，伪智能投顾倒是已经抢先粉墨登场了，还有一些投资者已经急不可耐地，在不甚明了的情况下，就想率先使用智能投顾发家致富了。这是我们不愿看到的。为避免这种情况的蔓延，希望监管部门对智能投顾加紧研究，早日出台明晰的规则予以规范，以切实保护中小投资者的利益，促进智能投顾在我国的规范发展。

另外，人工智能投资顾问是否能够实现以上四点超越自然人投资顾问的优势，也尚待观察和规范。比如，人工智能投资顾问真的就比一般的自然人投资顾问更加智能吗？这取决于技术的进步，在弱人工智能阶段，还不能断言人工智能投资顾问就一定比一般的自然人投资顾问更加智能。再如，人工智能投资顾问的背后是人，是人就一定会有私心，如果人工智能投资顾问受具有私心的人的操控，它真的就公正、忠诚吗？这也有待法律的规制。如果法律规制的效果不佳，人工智能投资顾问就未必公正、忠诚。还有，如果人工智能投资顾问出现了垄断，系统性风险就会增大，股市的暴涨暴跌就不可避免。因此，需要有相应的反垄断措施、人工干预措施和健全的系统性风险防范机制。

总而言之，人工智能的时代已经到来。我们对人工智能投资顾问不能回避，而只能以更加主动的姿态来迎接它的挑战。本课题仅仅是一个开端，很多结论都不成熟，都需要随着实践的发展继续完善。愿本书能够引起监管部门和学界对人工智能投资顾问的关注，共同推定人工智能投资顾问在我国的规范发展。

本书是中国法学会证券法学研究会2019年重点课题《智能投顾法律问题研究》的最终研究成果，课题负责人为邢会强教授，参与人包括李晴、徐凤、焦凯、展凯莉、吕特、银丹妮、宋伟、张昊、董德贤等。上述人员承担了本课题的写作任务，课题组经过多个轮次的内部讨论，并对外征求了相关专家、监管机构和业界代表的意见。特别感谢中国证券法学研究会会长郭锋教授、清华大学法学院汤欣教授、上海对外经贸大学法学院李文莉教授、西南政法大学高等研究院院长侯东德教授、北京师范大学法学院汪庆华教授、中国政法大学李爱君教授和郑佳宁教授、中国社会科学院法学研究所赵磊研究员、清华大学法学院沈朝晖副教授、清华大学法学院高丝敏副教授、武汉大学法学院袁康副教授、西北工业大学法学院吴烨助理教授、中央财经大学法学院杜晶副教授，以及中国证监会法律部张政燕调研员、中国互联网金融协会业务二部季海楠主任、中国证券投资基金业协会窦静高级经理、中国农业银行个金部李建新处长、中国银行财富私行部祝天倚业务经理等对本课题的指导。在本课题写作过程中，课题组多次到蚂蚁金服进行调研，并就其中的技术问题多次向蚂蚁金服的相关员工进行请教，在此，特向蚂蚁金服对本课题的大力支持表示感谢。